2017中国通信统计年度报告

Annual Report of
China's Communication
Industry Statistics in 2017

中华人民共和国工业和信息化部 编

人民邮电出版社

北 京

图书在版编目（ＣＩＰ）数据

2017中国通信统计年度报告 / 中华人民共和国工业
和信息化部编. -- 北京：人民邮电出版社，2019.3
　　ISBN 978-7-115-50727-3

　　Ⅰ．①2… Ⅱ．①中… Ⅲ．①邮电业－经济统计－研
究报告－中国－2017 Ⅳ．①F632

中国版本图书馆CIP数据核字(2019)第013349号

内 容 提 要

　　本书主要包括综述、统计数据和附录三个部分。综述部分主要包括中国电信业 2017 年发展综述、基础电信企业 2017 年发展综述和专题分析三个部分；统计数据主要包括公用通信网统计信息、互联网和相关服务业统计信息、专用通信网统计信息、互联网应用统计信息和国际电信统计信息（国际电信联盟统计数据）；附录部分包括统计指标解释及《中华人民共和国 2017 年国民经济和社会发展统计公报》。

　　本书适合国内外基础电信企业、增值电信企业、电信设备制造企业、电信建设企业以及与电信相关的政府机关、非政府组织、投资机构、科研单位、大专院校、咨询机构等单位参考使用。

◆ 编　　　　　中华人民共和国工业和信息化部
　　责任编辑　王建军
　　责任印制　彭志环

◆ 人民邮电出版社出版发行　　北京市丰台区成寿寺路 11 号
　　邮编　100164　电子邮件　315@ptpress.com.cn
　　网址　http://www.ptpress.com.cn
　　北京圣夫亚美印刷有限公司印刷

◆ 开本：787×1092　1/16
　　印张：17.5　　　　　　　　2019 年 3 月第 1 版
　　字数：397 千字　　　　　　2019 年 3 月北京第 1 次印刷

定价：368.00 元

读者服务热线：(010)81055488　印装质量热线：(010)81055316
反盗版热线：(010)81055315

编写说明

一、《2017 中国通信统计年度报告》（以下简称"本报告"）通过大量翔实的统计数据、图表和分析报告，全面、系统地阐述了 2017 年中国通信业所取得的成就、经济运行情况和发展趋势。

二、本报告分为综述、统计数据和附录三个部分。综述部分包括中国基础电信业 2017 年发展综述、中国互联网和相关服务企业 2017 年发展综述、中国互联网 2017 年发展综述、基础电信企业 2017 年发展综述以及 2017 年全球电信运营业运行分析、中国互联网 2017 年发展报告、2017 年中国泛娱乐产业白皮书等专题分析报告；统计数据部分包括公用通信网统计信息、互联网和相关服务业统计信息、专用通信网统计信息、互联网应用统计信息和国际电信统计信息（国际电信联盟统计数据）五个方面；附录部分包括统计指标解释和《中华人民共和国 2017 年国民经济和社会发展统计公报》。

三、本报告中以所引用的全国通信业统计数据为决算数据，不包括港、澳、台地区的数据。

四、本报告由工业和信息化部信息中心支撑编写，并得到工业和信息化部内相关司局、各省（自治区、直辖市）通信管理局、各基础电信运营企业、中国信息通信研究院以及有关专家的大力支持，在此一并表示感谢！

五、由于编辑水平有限，文中难免存在疏漏之处，敬请各位读者谅解。具体内容由工业和信息化部运行监测协调局负责解释。

工业和信息化部运行监测协调局

2018 年 9 月

编委会

编辑委员会

编写组

全国电信业务收入增长情况

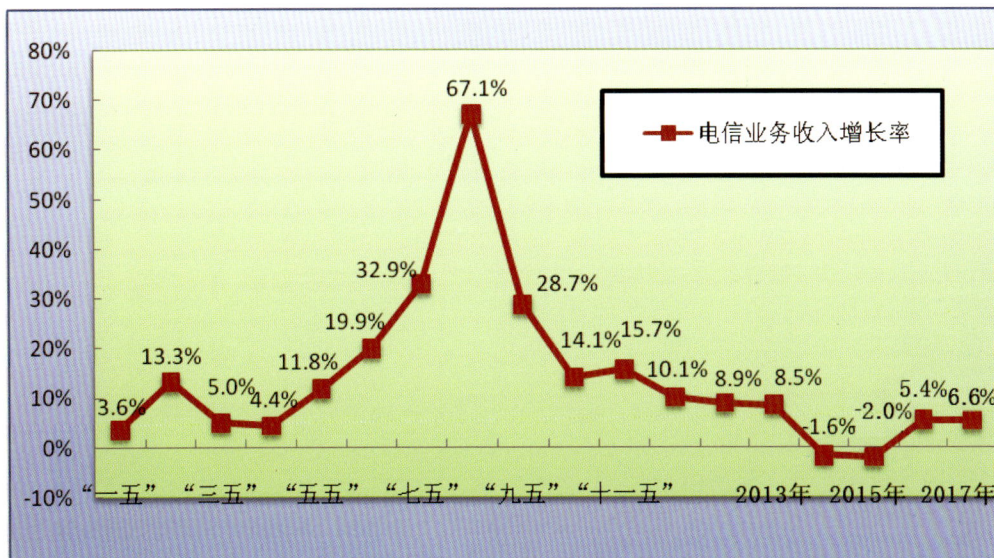

图中折线数据：电信业务收入增长率

- "一五" 3.6%
- 13.3%
- "三五" 5.0%
- 4.4%
- "五五" 11.8%
- 19.9%
- "七七" 32.9%
- 67.1%
- "九五" 28.7%
- 14.1%
- 15.7%
- "十一五" 10.1%
- 8.9%
- 8.5%
- 2013年 -1.6%
- 2015年 -2.0%
- 5.4%
- 2017年 6.6%

2013—2017 年电信业务收入和三大运营商固定资产投资情况

	2013年	2014年	2015年	2016年	2017年
电信业务收入(亿元)	11 669	11 908	11 665	12 002	12 637
固定资产投资(亿元)	3 743	4 006	4 525	3 739	3 280

主要年份电信业务收入和固定资产投资
东、中、西部所占比重

	电信业务收入			固定资产投资		
	2009年	2013年	2017年	2009年	2013年	2017年
东部	58.1%	55.3%	53.4%	51.0%	49.0%	48.7%
中部	21.9%	22.5%	23.0%	24.6%	23.6%	23.8%
西部	20.0%	22.2%	23.6%	24.4%	27.4%	27.5%

东部　中部　西部

2016—2017 年电信投资结构比较

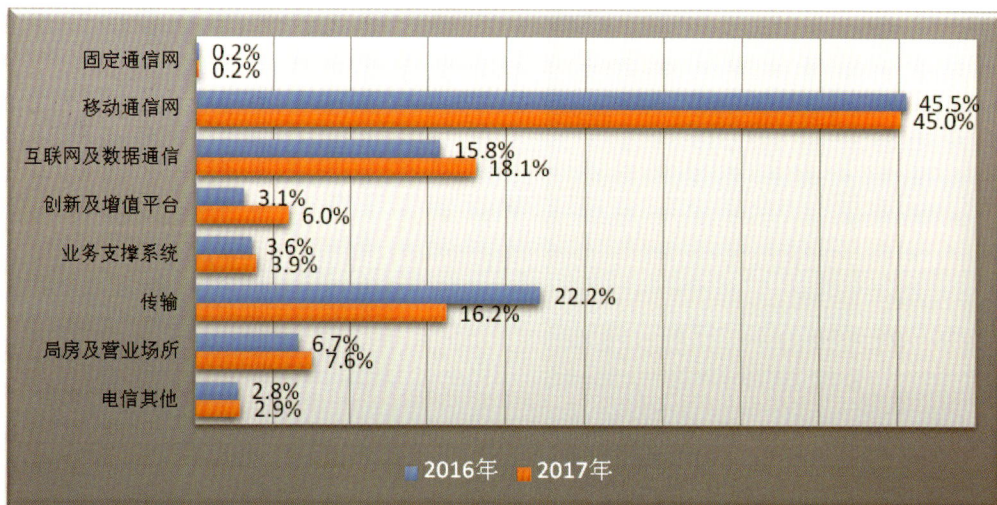

	2016年	2017年
固定通信网	0.2%	0.2%
移动通信网	45.5%	45.0%
互联网及数据通信	15.8%	18.1%
创新及增值平台	3.1%	6.0%
业务支撑系统	3.6%	3.9%
传输	22.2%	16.2%
局房及营业场所	6.7%	7.6%
电信其他	2.8%	2.9%

2016年　2017年

2013—2017 年电信收入结构（固定和移动）

	2013年	2014年	2015年	2016年	2017年
固定通信业务	25.6%	27.8%	29.6%	28.5%	28.1%
移动通信业务	74.4%	72.2%	70.4%	71.5%	71.9%

■移动通信业务 ■固定通信业务

2013—2017 年电信收入结构（话音和非话音）

	2013年	2014年	2015年	2016年	2017年
话音业务收入	47.1%	39.8%	30.5%	24.8%	17.9%
非话音业务收入	52.9%	60.2%	69.5%	75.2%	82.1%

■非话音业务收入 ■话音业务收入

2013—2017 年电信运营企业收入结构

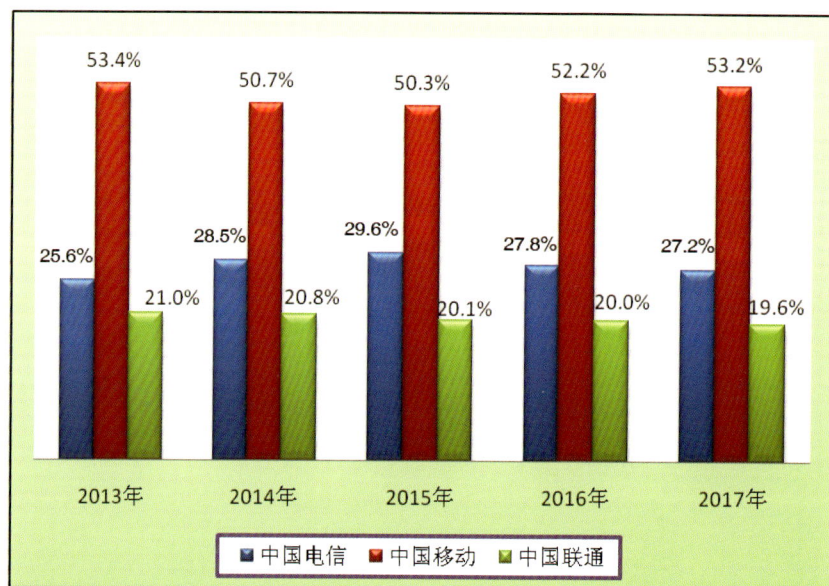

	2013年	2014年	2015年	2016年	2017年
中国电信	25.6%	28.5%	29.6%	27.8%	27.2%
中国移动	53.4%	50.7%	50.3%	52.2%	53.2%
中国联通	21.0%	20.8%	20.1%	20.0%	19.6%

2013—2017 年电信运营企业投资结构

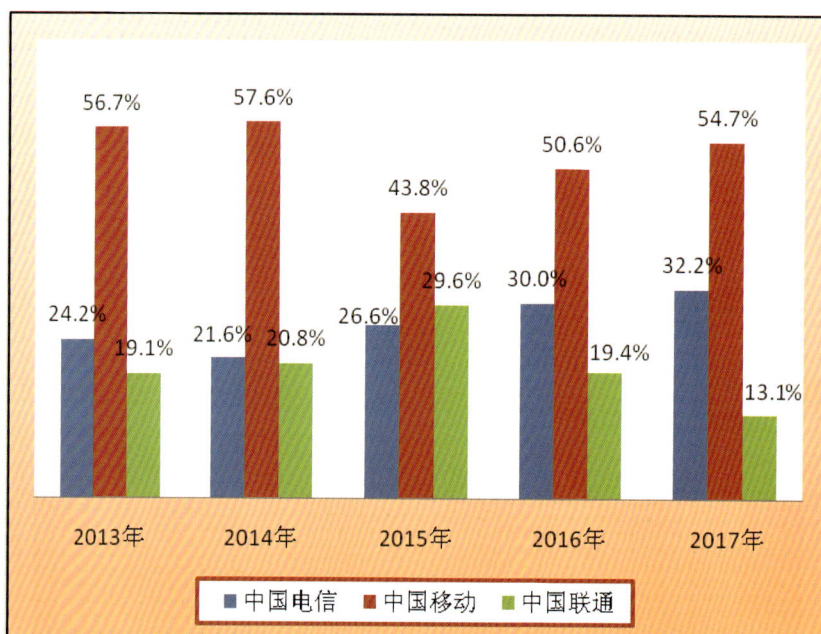

	2013年	2014年	2015年	2016年	2017年
中国电信	24.2%	21.6%	26.6%	30.0%	32.2%
中国移动	56.7%	57.6%	43.8%	50.6%	54.7%
中国联通	19.1%	20.8%	29.6%	19.4%	13.1%

1949—2017 年固定电话、移动电话用户发展情况

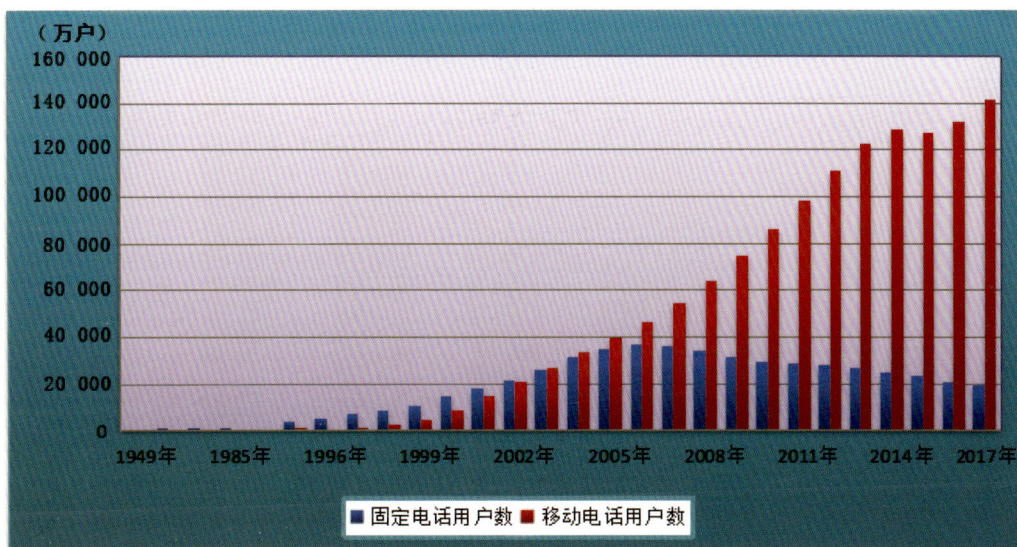

（万户）

图中柱状图纵轴刻度为 0、20 000、40 000、60 000、80 000、100 000、120 000、140 000、160 000，横轴年份为 1949年、1985年、1996年、1999年、2002年、2005年、2008年、2011年、2014年、2017年。

■固定电话用户数　■移动电话用户数

1949—2017 年固定电话、移动电话普及率

（部/百人）

图中折线图纵轴刻度为 0.0、20.0、40.0、60.0、80.0、100.0、120.0，横轴年份为 1949年、1985年、1996年、1999年、2002年、2005年、2008年、2011年、2014年、2017年。

固定电话普及率：0.1 0.4 0.4 0.6 1.1 4.4 5.7 7.0 8.0 9.7 12.4 15.1 17.5 21.0 25.9 30.3 27.0 28.1 27.8 25.8 22.1 20.6 19.6 18.2 16.8 14.9 13.9

移动电话普及率：0.0 0.3 0.6 1.1 1.9 3.5 6.7 11.5 16.1 21.1 24.1 35.3 41.6 48.5 56.3 64.4 73.6 82.5 90.3 94.0 92.5 95.6 102.0

◆固定电话普及率
■移动电话普及率

2013—2017 年移动宽带（3G/4G）电话用户发展情况

（万户）

120000
100000
80000
60000
40000
20000
0

（%）
90.0
80.0
70.0
60.0
50.0
40.0
30.0
20.0
10.0
0.0

29.5　42.6　51.4　68.0　79.8

40 161　58 254　70 611　94 075　113 152

2013年　2014年　2015年　2016年　2017年

移动宽带电话用户数　移动宽带电话用户渗透率

2003—2017 年（固定）互联网宽带接入用户发展情况

（万户）

40 000
35 000
30 000
25 000
20 000
15 000
10 000
5 000
0

（固定）互联网宽带接入用户数

1 115　2 488　3 735　5 085　6 641　8 288　10 398　12 629　15 000　17 518　18 891　20 048　25 947　29 721　34 854

2003年　2005年　2007年　2009年　2011年　2013年　2015年　2017年

2013—2017 年全国增值电信企业主要指标发展情况

（百个）　　　　　　　　　　　　　　　（万人）

	2013年	2014年	2015年	2016年	2017年
增值电信企业总数（百个）	221.0	240.0	263.8	305.5	314.7
增值电信从业人数（万人）	84.0	81.0	85.0	88.5	90.7

■ 增值电信企业总数（百个）　　◆ 增值电信从业人数（万人）

2013—2017 年全国增值电信企业收入规模及构成情况

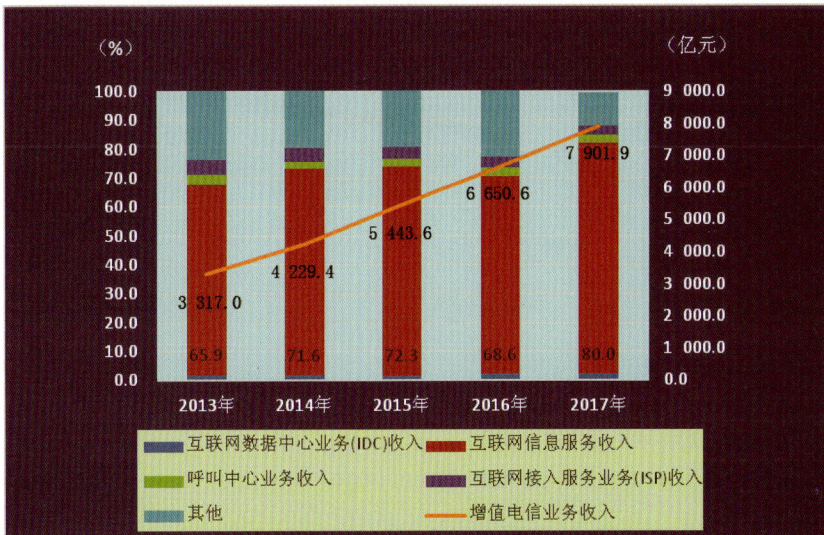

（%）　　　　　　　　　　　　　　　　（亿元）

	2013年	2014年	2015年	2016年	2017年
互联网信息服务收入占比	65.9	71.6	72.3	68.6	80.0
增值电信业务收入	3 317.0	4 229.4	5 443.6	6 650.6	7 901.9

■ 互联网数据中心业务(IDC)收入　　■ 互联网信息服务收入
■ 呼叫中心业务收入　　■ 互联网接入服务业务(ISP)收入
■ 其他　　― 增值电信业务收入

2008—2017 年全球（固定）电话主线、蜂窝移动电话用户、互联网网民数

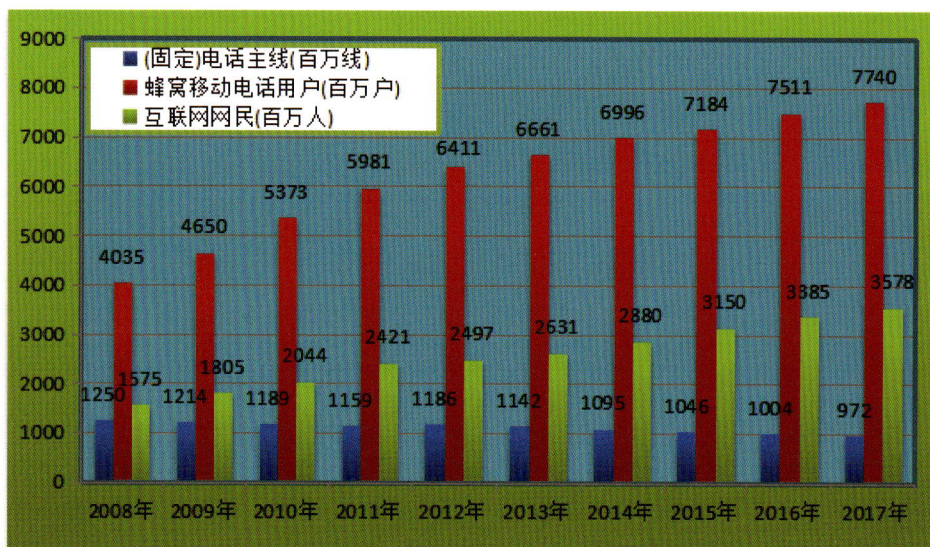

图例：
- （固定）电话主线(百万线)
- 蜂窝移动电话用户(百万户)
- 互联网网民(百万人)

年份	（固定）电话主线	蜂窝移动电话用户	互联网网民
2008年	1250	4035	1575
2009年	1214	4650	1805
2010年	1189	5373	2044
2011年	1159	5981	2421
2012年	1186	6411	2497
2013年	1142	6661	2631
2014年	1095	6996	2880
2015年	1046	7184	3150
2016年	1004	7511	3385
2017年	972	7740	3578

2008—2017 年全球每百人（固定）电话主线、蜂窝移动电话用户、互联网网民数

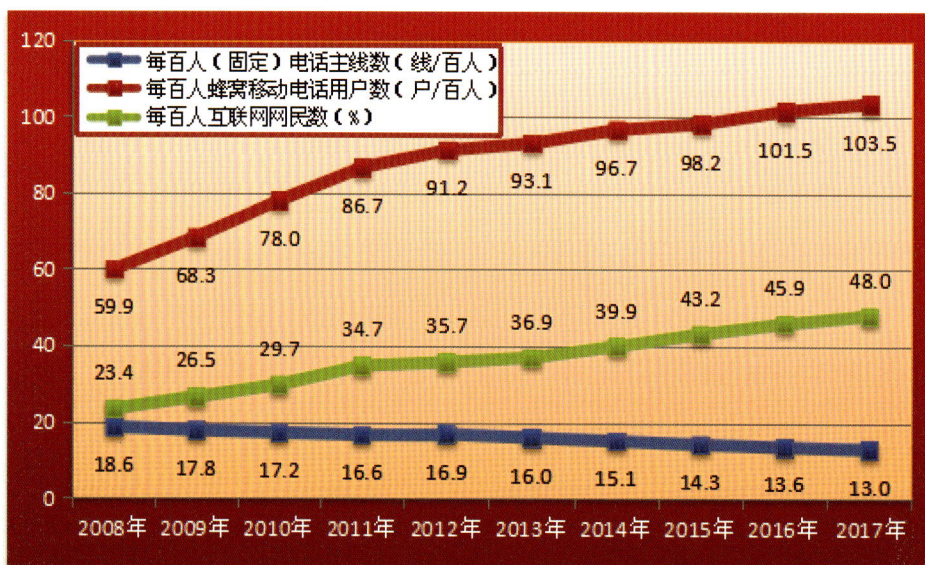

图例：
- 每百人（固定）电话主线数（线/百人）
- 每百人蜂窝移动电话用户数（户/百人）
- 每百人互联网网民数（%）

年份	每百人（固定）电话主线数	每百人蜂窝移动电话用户数	每百人互联网网民数
2008年	18.6	59.9	23.4
2009年	17.8	68.3	26.5
2010年	17.2	78.0	29.7
2011年	16.6	86.7	34.7
2012年	16.9	91.2	35.7
2013年	16.0	93.1	36.9
2014年	15.1	96.7	39.9
2015年	14.3	98.2	43.2
2016年	13.6	101.5	45.9
2017年	13.0	103.5	48.0

目　录

第一部分　综　述

中国电信业 2017 年发展综述 ································· 1

中国基础电信业 2017 年发展综述 ························· 3

中国互联网和相关服务企业 2017 年发展综述 ············· 30

中国互联网 2017 年发展综述 ··························· 35

基础电信企业 2017 年发展综述 ························· 45

中国电信集团有限公司 2017 年发展综述 ··············· 47

中国移动通信集团有限公司 2017 年发展综述 ··········· 60

中国联合网络通信集团有限公司 2017 年发展综述 ········ 75

中国铁塔股份有限公司 2017 年发展综述 ··············· 89

中国广播电视网络有限公司 2017 年发展综述 ··········· 92

中国卫星集团股份有限公司 2017 年发展综述 ··········· 97

交通运输通信信息集团有限公司 2017 年发展综述 ······· 103

中信网络有限公司 2017 年发展综述 ·················· 109

中信数字媒体网络有限公司 2017 年发展综述 ··········· 112

专题分析 ··· 115

2017 年全球电信运营业运行分析 ····················· 117

中国互联网行业 2017 年发展报告 ···················· 126

2017 年中国泛娱乐产业白皮书 ······················· 137

第二部分　统　计　数　据

公用通信网统计信息 ··································· 147

2013—2017 年电信业主要指标发展情况（一） ··········· 149

2013—2017 年电信业主要指标发展情况（二） ··········· 150

2017 年电信业务总量、收入、投资、增加值分省情况 ·········· 151

2013—2017 年电信用户发展情况 ··········· 152

2017 年固定电话用户分省情况 ··········· 153

2017 年移动电话用户分省情况 ··········· 154

2017 年互联网宽带接入用户分省情况 ··········· 155

2013—2017 年固定电话用户分省情况 ··········· 156

2013—2017 年移动电话用户分省情况 ··········· 157

2013—2017 年互联网宽带接入用户分省情况 ··········· 158

2013—2017 年电信业务使用量发展情况 ··········· 159

2017 年固定电话通话量分省情况 ··········· 160

2017 年移动电话通话量分省情况（一） ··········· 161

2017 年移动电话通话量分省情况（二） ··········· 162

2017 年移动互联网接入流量分省情况 ··········· 163

2017 年移动短信和彩信业务量分省情况 ··········· 164

2017 年互联互通业务量分省情况 ··········· 165

2013—2017 年电信通信能力发展情况 ··········· 166

2017 年光缆线路长度分省情况 ··········· 167

2017 年固定通信能力分省情况 ··········· 168

2017 年移动通信能力分省情况 ··········· 169

2017 年互联网宽带接入端口分省情况 ··········· 170

2013—2017 年电信财务、投资、服务水平发展情况 ··········· 171

2017 年电信主要经济效益分省情况（一） ··········· 172

2017 年电信主要经济效益分省情况（二） ··········· 173

2017 年电信固定资产投资分省情况 ··········· 174

2017 年电信通信水平分省情况 ··········· 175

2013—2017 年固定电话普及率分省情况 ··········· 176

2013—2017 年移动电话普及率分省情况 ··········· 177

2017 年地（市）电信用户发展情况 ··········· 178

互联网和相关服务业统计信息 ··········· **193**

2013—2017 年互联网和相关服务业主要指标发展情况 ··········· 195

2017 年全国互联网和相关服务业发展情况 ··········· 196

2017 年互联网和相关服务业主要指标分省情况 ··········· 197

专用通信网统计信息 ··· **199**

2017 年专用通信网电信业务量分省情况 ····························· 201

2017 年专用通信网通信能力分省情况 ································· 202

2017 年专用通信网投资及从业人员分省情况 ······················· 203

互联网应用统计信息 ··· **205**

2013—2017 年互联网主要指标发展情况 ····························· 207

2017 年互联网主要指标分省情况 ····································· 208

国际电信统计信息（国际电信联盟统计数据） ······················· **209**

2013—2017 年全球电信业主要指标发展情况（一） ················· 211

2013—2017 年全球电信业主要指标发展情况（二） ················· 212

2013—2017 年主要国家固定电话主线运营数 ······················· 213

2013—2017 年主要国家每百人电话主线数 ························· 214

2013—2017 年主要国家移动电话用户数 ····························· 215

2013—2017 年主要国家每百人移动电话用户数 ····················· 216

2013—2017 年主要国家固定宽带接入用户数 ······················· 217

2013—2017 年主要国家每百人固定宽带接入用户数 ················· 218

2013—2017 年主要国家每百人互联网网民数 ······················· 219

第三部分 附　录

统计指标解释 ··· 223

中华人民共和国 2017 年国民经济和社会发展统计公报 ················· 235

第一部分　综　述

中国电信业 2017 年发展综述

中国基础电信业 2017 年发展综述

一、综述

（一）电信业发展主要指标

2017 年，我国电信业务总量[1] 达到 27 597 亿元，同比增长 76.7%。其中，固定数据及互联网业务总量为 2 271 亿元；移动数据及互联网业务总量为 19 087 亿元，占电信业务总量比重达到 69.2%。全国电信业务收入累计完成 12 637 亿元，同比增长 6.6%。

2017 年电话用户达到 16.1 亿户，较 2016 年增加 8 269 万户。其中，移动电话用户增加 9 555 万户，总规模达到 14.2 亿户，移动电话用户普及率达到 102 部 / 百人，较 2016 年提高 6.7 个百分点；固定电话用户总规模达到 1.94 亿户，比 2016 年减少 1 287 万户，普及率为 13.9 部 / 百人。固定宽带接入用户数量加速增长，2017 年全年增加 5 133 万户，用户规模达到 3.49 亿户，增速达到 17.3%。

光纤宽带网络加速普及，2017 年全国新建光缆线路 7.38×10^6 km，光缆线路总长度达到 3.78×10^7 km，同比增长 24.3%，增速比 2016 年同期提高 1.9 个百分点。固定互联网宽带接入端口达到 7.76 亿个，同比增长 8.9%，其中 FTTH/O 端口达到 6.55 亿个，占固定互联网宽带接入端口比重提升至 84.4%。

（二）电信业发展主要特点

1. 行业发展稳中有进，经济社会贡献突出

电信业务总量快速增长。2017 年，我国电信业务总量达到 27 597 亿元，同比增长 76.7%。其中，固定话音业务总量达到 276 亿元，固定数据及互联网业务总量达到 2 271 亿元，固定增值及其他业务总量达到 1 411 亿元，移动话音业务总量达到 2 962 亿元，移动数据及互联网业务总量达到 19 087 亿元，移动增值及其他业务总量达到 1 590 亿元。占电信业务总量比重前两名的业务是移动数据及互联网业务和移动话音业务，占比分别为 69.2% 和 10.7%。

---

1. 电信业务总量采用 2015 年不变单价。

电信业务收入平稳增长。2017 年，我国电信业务收入达到 12 637 亿元，同比增长 6.6%，比 2016 年提高 1.2 个百分点。其中，固定数据及互联网业务收入同比增长 7.7%，固定增值业务收入同比增长 9.7%，移动数据及互联网业务收入同比增长 27.6%，移动增值业务收入同比下降 1.9%。移动数据及互联网业务收入占比达到 43.7%，比 2016 年提高 7.6 个百分点。

新一代信息技术促进两化融合水平不断提升。2017 年，我国工业企业两化融合工作持续推进，工作机制和政策环境不断创新。工业企业数字化研发设计工具普及率和关键工序数控化率分别达到 66.4% 和 47.4%，比 2012 年分别提高 17.6 个百分点和 22.6 个百分点，制造业骨干企业"双创"平台普及率达 70.7%，有力支撑了国民经济和社会发展。

电子政务创新加速公共服务均等发展。各级政府部门深入推进政务服务信息化，发展线上、线下相融合的新模式。2017 年，全国各省直部门行政许可事项实现信息全面公开，56.5% 的事项实现在线办理，目前已有 10 个地区实现全程网办[2]。微信公众号、微博和支付宝等互联网平台显著提升政务服务入口和渠道。以支付宝城市服务为例，2017 年全年，电子政务平台为 2 亿人提供了社保、交通、民政等十二大类 100 多种服务[3]。医疗健康信息化加快推进，全国 1 870 家定点医疗机构实现"医保"跨省异地直接结算，互联网医院加快落地，为公众提供便捷普惠的医疗服务。

2. 用户规模加速增长，高速率迁移持续推进

用户净增规模大幅提升。2017 年全年电话用户达到 16.1 亿户，较 2016 年增加 8 269 万户。其中，移动电话用户增加 9 555 万户，总规模达到 14.2 亿户，移动电话用户普及率达到 102 部 / 百人，比 2016 年提高 6.7 个百分点；固定电话用户总规模达到 1.94 亿户，比 2016 年减少 1 287 万户，普及率为 13.9 部 / 百人。

移动用户宽带化快速升级。2017 年，2G、3G 用户继续向 4G 用户迁移，4G 用户规模达到 9.97 亿户，我国成为全球最大的 4G 用户市场。移动宽带用户（3G+4G）渗透率达到 79.8%，比 2016 年提高 8.6 个百分点。

光纤宽带用户占比持续提升。2017 年，固定宽带接入用户数量加速增长，2017 年全年增加 5 133 万户，用户规模达到 3.49 亿户，增速达 17.3%。其中，光纤用户接近 3 亿户，在宽带用户中占比达到 84.3%，比 2016 年提高 7.7 个百分点；20Mbit/s 以上宽带用户总数占宽带用户总数的比重达到 92.0%，比 2016 年提高 14.2 个百分点，用户向宽带化升级的趋势更加明显。

融合业务用户增长显著。2017 年，IPTV 用户净增 3 545 万户，达到 1.22 亿户，同比增长 40.9%；物联网终端用户达到 2.7 亿户。

互联网惠及全民政策取得新成效。截至 2017 年 12 月，我国网民达到 7.72 亿人，普及率达到 55.8%，超过全球平均水平 4.1 个百分点，超过亚洲平均水平 9.1 个百分点。2017 年全年共计新增网民 4 074 万人，增长率为 5.6%，我国网民规模继续保持平稳增长。

---

2. 数据来源：国家行政学院《电子政务蓝皮书：中国电子政务发展报告（2017）》。
3. 数据来源：阿里巴巴。

3．网络基础设施加速发展，技术创新步伐加快

信息通信网络建设扎实推进。 2017 年我国光纤化工作基本完成，FTTH/O 端口占比已超过五分之四，光网城市全面建成。电信普遍服务试点全面完成第三批 3.2 万个行政村通光纤任务部署，累计投入中央财政补助资金 33 亿元，带动基础电信企业投资超过 70 亿元。前两批试点完工率达到 95%，22 个省提前实现 2020 年贫困村宽带普及率目标。4G 网络建设进入平稳发展期，全国城区及人口密度较大的中、东部农村地区已实现较好覆盖。4G 基站总规模超过 328 万个，我国相继续保持全球最大 4G 网络地位。国际互联网出入口高速扩容，总带宽达到 6.5Tbit/s，年增幅超过 100%。国际通信网络不断优化建设，开封、兰州等多城市建设国际互联网数据专用通道；中国移动建设 4 个国际光缆信道口以及昆明区域性国际通信业务出入口局；海外 POP 点达到 118 个。

网络提速降费力度加大。 2017 年年底，50Mbit/s 以上固定宽带用户占比、4G 用户占比双双达到 70%。固定宽带家庭普及率提前完成国家"十三五"规划目标，移动用户月均流量达到 2.69Gbit/s，同比增长 2.5 倍。3 个新增互联网骨干直联点全部投入运行，网间互联带宽新扩容 1 588Gbit/s，超额完成扩容目标。网间通信时延平均值同比降低 10% 以上，丢包率平均值同比降低 40% 以上。固定宽带和移动宽带 4G 网络平均下载速率较 2016 年同期分别增长 60% 和 53%。手机国内长途费和漫游费全面取消，国际长途电话费降幅最高超过 90%，手机上网流量平均资费降至 23 元/GB，互联网网间结算价格从 18 万元/（GB·月）下降到 12 万元/（GB·月），中、小企业专线资费大幅下降。

核心技术创新步伐加快。 2017 年，我国构建了全球最大的 5G 试验外场，已建成 15 个 5G 外场试验基站。2017 年，我国顺利完成 5G 第二阶段试验，测试结果全面满足 ITU 性能指标，第三阶段试验已启动。我国率先发布 5G 中频段频率规划，网络架构等技术被采纳成为国际标准。4G 技术对经济社会发展的支撑效应凸显，TD-LTE 项目获得国家科技进步特等奖。

4．电信市场开放步伐持续加快，混改试点效果明显

市场供给主体趋向多元。 2017 年，移动通信转售 42 家试点企业用户总数超 6 000 万，占全国移动用户的比重突破 4%。13 家企业实现当年累计盈利，行业发展从用户扩张转向价值增长阶段。宽带接入网业务试点范围进一步扩大，吉林、贵州全省以及保定等 7 个城市新增纳入试点，吸引民间资本投资，带动上、下游新增就业岗位超过 5 万个。截至 12 月月底，民资企业宽带接入用户总规模达到 4 565 万户，比 2016 年增长 39.9%。"三网融合"全国推广稳步推进，2017 年全年新增 IPTV 用户超过 3 500 万户，总规模达到 1.22 亿户，27 个省份用户规模超过百万户。

混改试点实现重大突破。 2017 年，中国联通混改方案落地，通过"非公开发行 + 老股转让 + 股权激励"的资本运作手段，形成国有股权混合多元化结构，推动行业供给侧转型，激发产业创新活力，开启我国电信业改革深化新模式。基础电信企业与互联网公司等产业链主体深化跨行业平台开放合作，共同打造"大小王卡"等移动互联网流量运营新模式，构筑融

合线上、线下渠道的新零售模式，探索云计算、大数据、物联网、人工智能等领域融合业务创新。

5. 互联网信息服务快速增长，业务创新高度活跃

行业规模保持快速增长。截至 2017 年年底，我国网民达到 7.72 亿人，普及率达到 55.8%。互联网企业 2017 年全年完成业务收入 7 101 亿元，同比增长 20.8%，对国民经济影响进一步增强。国、内外上市互联网企业总市值[4]2017 年年底达到 9.07×10^4 亿元，较 2016 年同期大幅提升 71.5%，多家企业市值规模位居全球前列。移动互联网应用进入稳定增长阶段，截至 2017 年年底，我国市场上监测到的移动互联网应用数量达到 403 万。

业务创新高度活跃。互联网向传统领域持续渗透，与实体经济加速融合，形成引领全球发展的中国"新四大发明"。2017 年，电子商务发展[5]注入新动力，前三季度服务网上零售额增速高达 78.5%，农村网上零售额增速高于城市 5.6 个百分点，带动我国网络零售额整体增速回升至 34.2%，高于 2015 年和 2016 年。共享单车发展由爆发期进入平稳增长期，行业发展水平持续提升，海外发展持续呈现良好势头，投放量增长强劲[6]。移动支付工具种类不断丰富，应用场景持续多样，以支付宝为例，2017 年 5.2 亿户用户的移动支付笔数已占交易笔数的 82%，无现金社会正在形成。

企业成长步伐加快。我国互联网行业保持较快的创新发展节奏，已是全球主要的独角兽企业诞生地。截至 2017 年年底，我国独角兽企业达到 92 家，仅次于美国，占全球总数的三分之一，这些独角兽企业分布于 17 个细分行业领域[7]。全球排名前十的独角兽企业中，我国占 5 席。我国互联网企业成长为独角兽的步伐不断加快，1997—2007 年平均所需时长为 9.3 年，2008—2017 年已缩短为 3.5 年，成立两年内即成为独角兽的企业数量占企业总数的三分之一[8]。

二、电信业对国民经济贡献分析

信息通信应用服务与经济社会融合创新增强，物联网助力城市管理模式创新。在运营商的推进下，全国主要城市实现 NB-IoT 网络覆盖，面向城市管理的物联网规模应用条件正在形成。江西鹰潭、江苏无锡、山东潍坊等多个城市积极发展基于 NB-IoT 的智能垃圾桶等一批试点应用，有效提升了城市治理的精细化水平。

工业互联网助推先进制造业发展。国务院出台《深化"互联网＋先进制造业"发展工业互联网的指导意见》，工业互联网标准体系框架 1.0 发布推行。工业互联网产业联盟汇聚 426

---

4. 数据来源：中国信息通信研究院《2017 年四季度互联网行业市场运行情况（市值、营收）》报告。
5. 数据来源：央视财经《2017 中国电商年度发展报告》。
6. 数据来源：中国信息通信研究院《共享单车行业发展指数报告》。
7. 数据来源：美国互联网产业投资媒体——TechCrunch。
8. 数据来源：中国信息通信研究院《互联网发展趋势报告（2017—2018 年）》。

家正式会员单位，推动地方产业合作与政策落地。航天云网的 INDICS、树根互联的"根云"、海尔的 COSMOPlat 等一批工业互联网平台发展壮大，平台运营能力持续提升。

云计算、大数据引领产业转型升级。云计算市场规模快速扩大，云服务逐步从互联网向制造、政府、金融、交通、医疗健康、广电等传统行业渗透和发展，促进了传统行业的转型升级。企业"上云"行动成效显现，一批新型行业 App 实现商业化应用。大数据支持智慧旅游、智能出行等服务落地，正在拓宽产业范围，催生新兴产业业态。

三、基础电信业务发展分析

（一）电话用户发展情况

1. 电话用户规模持续扩大，移动电话普及率逐步提升

2017 年，全国电话用户较 2016 年净增 8 269 万户，总数达到 16.1 亿户，同比增长 5.4%。其中，移动电话用户净增 9 555 万户，总规模达 14.2 亿户，比 2016 年增加 7.2%；移动电话用户普及率达 102 部 / 百人，比 2016 年提高 6.7 个百分点，全国已有 16 个省市的移动电话普及率超过 100 部 / 百人；固定电话用户总规模达到 1.94 亿户，比 2016 年减少 1 287 万户，普及率为 13.9 部 / 百人。

2. 移动用户总量增加，4G 用户占比超过七成

2017 年，4G 用户数持续增长，全年新增用户 2.27 亿户，总数达到 9.97 亿户，在移动电话用户中的渗透率达到 70.3%。2G 移动电话用户减少 0.95 亿户，占移动电话用户的比重下滑至 20.2%。3G 用户全年净减 0.36 亿户，总数减少至 1.35 亿户，占移动电话用户的比重下滑至 9.5%。

2010—2017 年新增移动电话用户情况如图 1 所示。

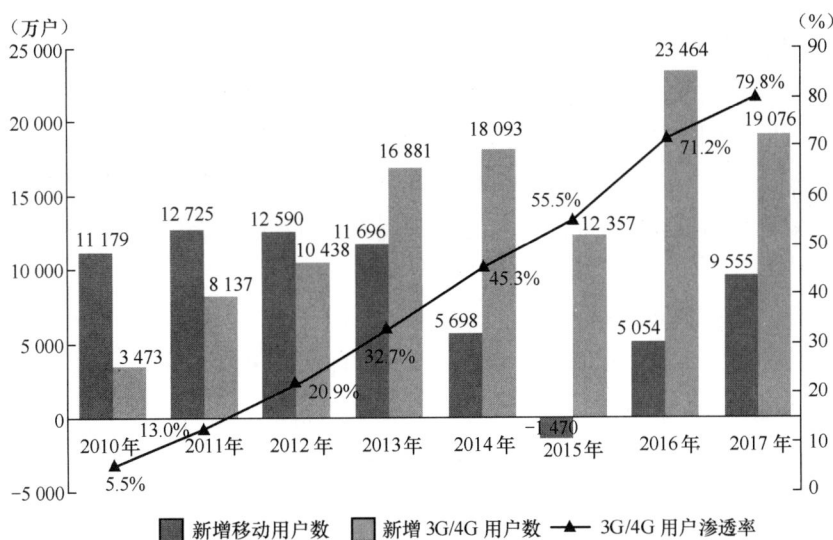

图 1　2010—2017 年新增移动电话用户情况

3. 固定电话用户数量继续下降，无线市话用户逐步退网

2017 年，全国固定电话用户规模为 1.94 亿户，较 2016 年减少 1 287 万户，同比下降 6.2%。其中，城市电话用户减少 888 万户，达到 1.47 亿户；农村电话用户减少 398 万户，达到 4 645 万户；无线市话用户 2017 年全年减少 7.1 万户，同比下降 7.6%，达到 86.5 万户。

4. 物联网用户数量持续保持高速增长态势，用户规模接近 3 亿户

物联网用户数量持续保持高速增长态势，2017 年物联网用户增加了 16 977 万户，同比增长 169%，达到 2.7 亿户。

2005—2017 年物联网用户发展情况如图 2 所示。

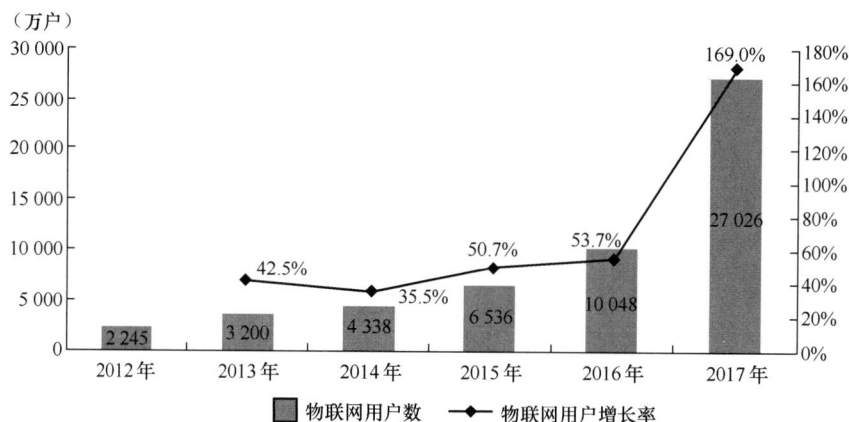

图 2　2005—2017 年物联网用户发展情况

（二）通话量发展情况

1. 移动和固定通话量继续呈下降趋势

2017 年，全国移动电话通话时长累计达到 54 005 亿分钟，同比下降 4.6%。其中，移动非漫游去话通话时长同比下降 4.2%，移动国际漫游和港澳台漫游通话时长分别下降 2.4% 和 12.7%，移动国内漫游通话去话通话时长同比增长 1.3%；固定电话通话量继续大幅下降，本地电话通话时长累计达到 1 528 亿分钟，同比下降 18.6%，固定长途电话通话时长累计达到 314 亿分钟，同比下降 21.6%。

2. 移动电话 MOU 和固定电话 MOU 持续下降

2017 年，移动电话每用户每月通话时长为 317 分钟，连续 6 年下降，降幅达到 11.0%。固定电话每用户每月通话时长继续减少。移动互联网类通信业务替代、多卡用户比例上升等多因素综合作用使得单用户话务量的减少、运营企业从话音经营向流量经营的转变将成为大势所趋。

2005—2017 年移动电话通话时长增长率情况如图 3 所示。

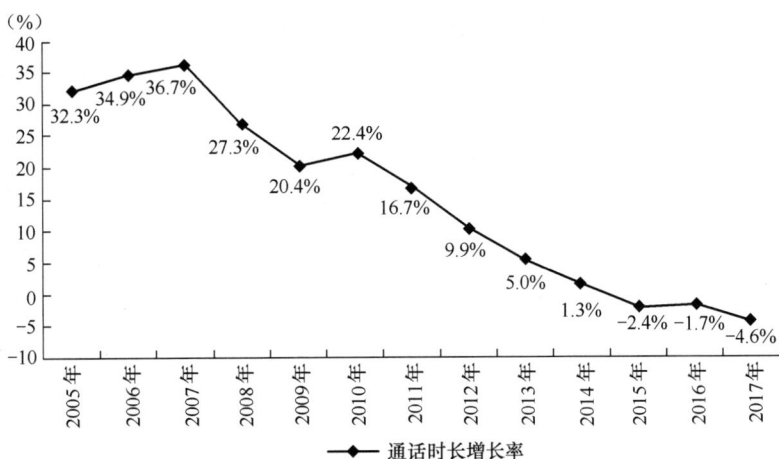

图 3　2005—2017 年移动电话通话时长增长率情况

2005—2017 年移动与固定电话 MOU 如图 4 所示。

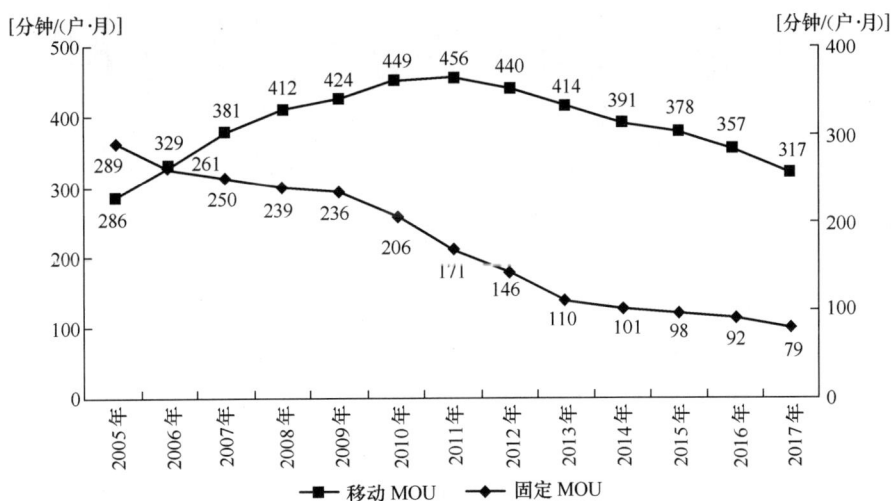

图 4　2005—2017 年移动与固定电话 MOU

（三）互联网接入业务发展情况 [9]

1. 固定宽带用户数继续提升，50Mbit/s 以上光纤用户占比超过七成

固定宽带用户数持续提升。截至 2017 年 12 月底，固定宽带用户累计达到 3.49 亿户，2017 年全年净增 5 133 万户，同比增长 17.3%。

光纤接入成为固定互联网宽带接入的主流，光纤用户（FTTH/O）达到 2.94 亿户，同比增长 7.7%，光纤接入用户占宽带用户的比重超过八成。50Mbit/s 及以上接入速率的固定互联网宽

9. 本篇中除互联网接入用户数、移动互联网流量，其余数据来源于 CNNIC《中国互联网络发展状况统计报告》。

带接入用户达到 2.44 亿户，占总用户数的 70%，较 2016 年提高 27.4 个百分点；100Mbit/s 及以上接入速率的固定互联网宽带接入用户达 1.35 亿户，占总用户数的 38.9%，较 2016 年提高 22.4 个百分点。

2．互联网普及率继续稳步提升，移动互联网用户渗透率超过八成

2017 年，我国互联网网民达到 7.72 亿人，全年共计新增网民 4 074 万人，互联网普及率为 55.8%，较 2016 年年底提升 2.6 个百分点。2005—2017 年互联网网民数及互联网普及率发展情况如图 5 所示。

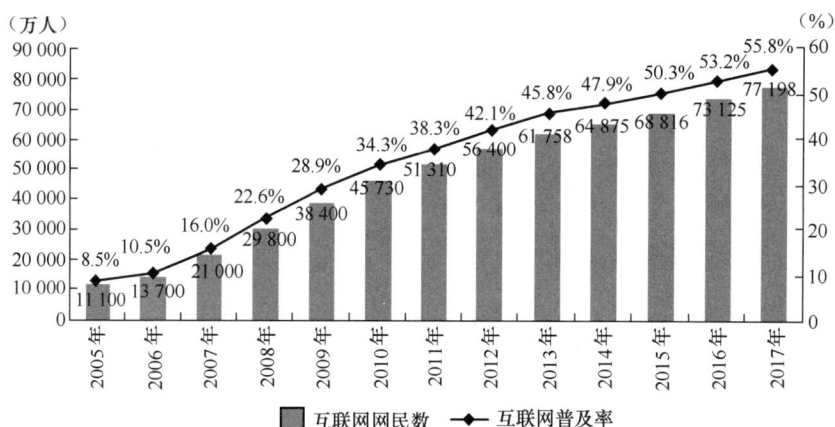

图 5　2005—2017 年互联网网民数及互联网普及率发展情况

移动互联网用户人数继续呈现增长态势，2017 年全年净增 1.78 亿人，达到 12.7 亿人，同比增长 16.2%，对移动电话用户的渗透率达到 89.7%，较 2016 年年末提高 6.9 个百分点。

3．手机网民用户数增长，网民手机上网比例攀升

2017 年，手机网民用户数继续呈现增长态势，2017 年全年净增 5 734 万人，达到 7.53 亿人，网民中使用手机上网的网民比例由 2016 年的 95.1% 提升至 97.5%，网民手机上网比例持续攀升。

4．移动互联网流量加速增长，手机上网流量保持爆发式增长

2017 年，在 4G 移动电话用户大幅增长、移动互联网应用加快普及的带动下，移动互联网接入流量呈现加速增长的态势。2017 年全年移动互联网接入流量为 2.46×10^{10}GB，同比大幅增长 162.2%；月户均接入流量突破 1 775MB，是 2016 年的 2.3 倍。其中，手机上网流量继续保持爆发式增长态势，总量达 2.35×10^{10}GB，同比增速高达 178.%，在总流量中的比重达到 95.6%，成为推动移动互联网流量高速增长的主要因素。

2007—2017 年手机网民数及手机网民占互联网网民比例如图 6 所示。

2011—2017 年我国移动互联网流量发展情况如图 7 所示。

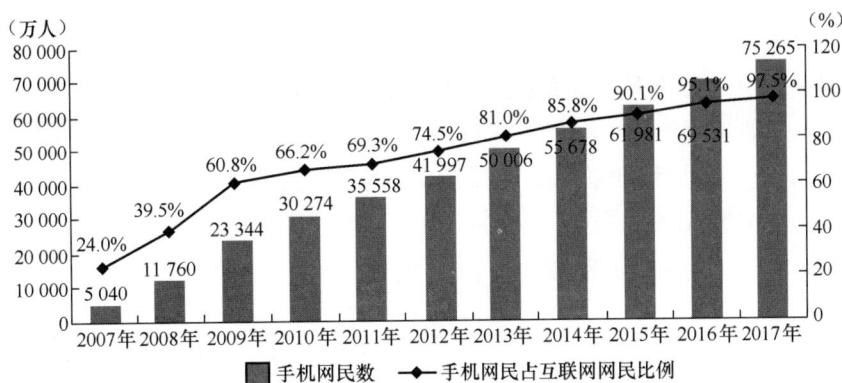

图 6　2007—2017 年手机网民数及手机网民占互联网网民比例

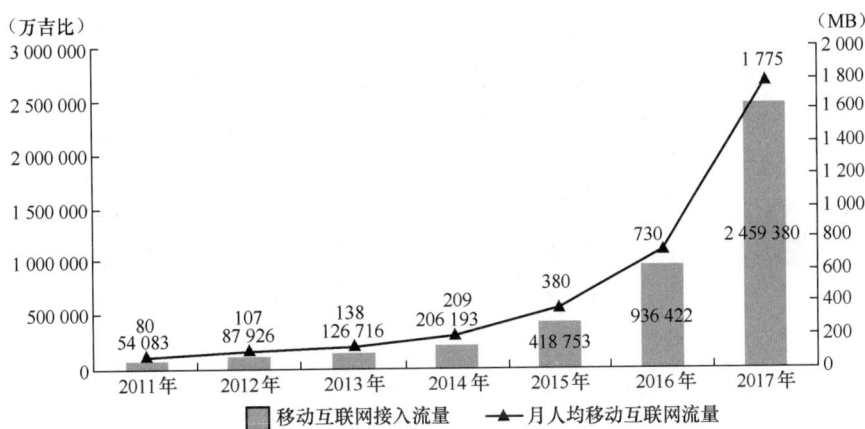

图 7　2011—2017 年我国移动互联网流量发展情况

5. IPv6 地址数加速增长，基础设施升级改造稳步推进

2017 年，我国 IPv6 地址数量达到 23 430 块 /32，较 2016 年同期增长 10.6%，与 2016 年相比实现加速增长。IPv6 网络升级改造稳步推进，运营商骨干网已完成 IPv6 网络改造，支持 IPv6 的网站和应用逐步上线。2010—2017 年我国 IPv6 地址数发展情况如图 8 所示。

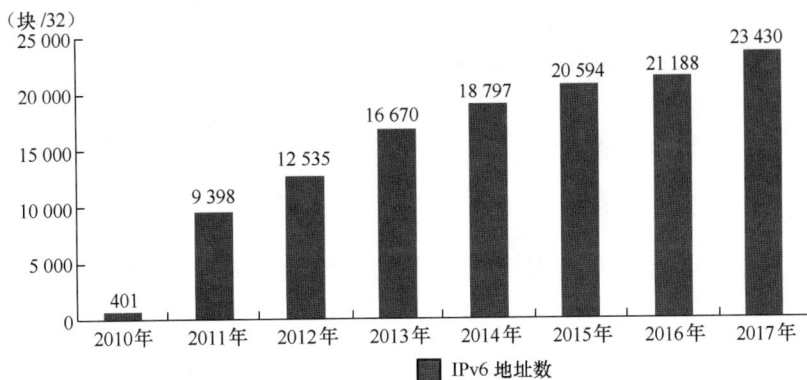

图 8　2010—2017 年我国 IPv6 地址数发展情况

（四）增值业务发展情况

1. 增值业务收入小幅上升，增值业务收入占比略有下降

2017 年，电信业务收入规模达 12 637 亿元，同比增长 6.6%，基础电信企业增值业务收入规模达到 1 539 亿元，同比增加 0.3%。基础电信企业增值业务收入占电信业务收入的比重为 12.2%，较 2016 年下降 0.6 个百分点。2010—2017 年基础电信企业的增值业务收入发展情况如图 9 所示。

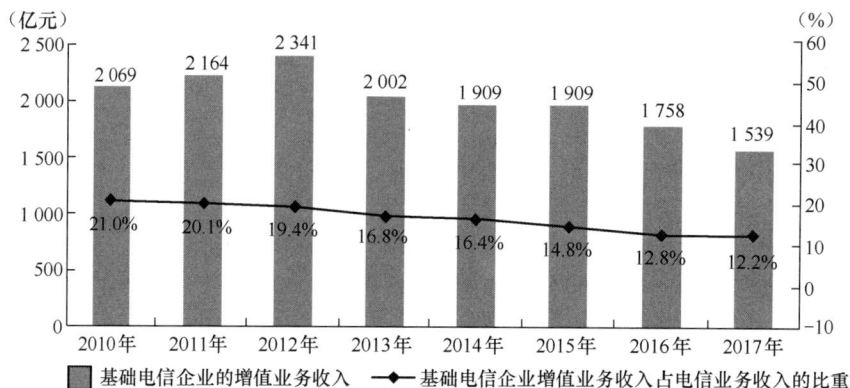

图 9　2010—2017 年基础电信企业的增值业务收入发展情况

2. 移动增值业务收入小幅下滑，固定增值业务收入持续增长

2017 年，基础电信企业的移动增值业务收入规模达到 1 230 亿元，同比下降 1.9%；固定增值业务收入同比增长 9.7%，规模达到 309 亿元。2011—2017 年基础电信企业的移动和固定增值业务收入如图 10 所示。

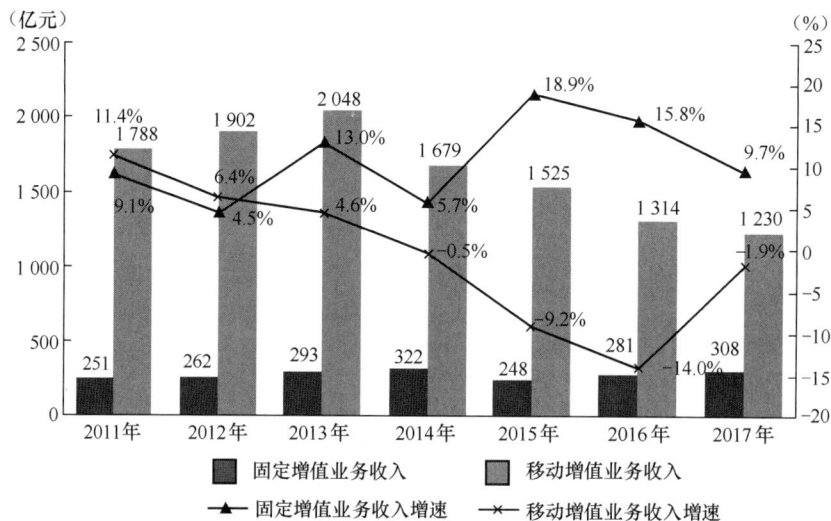

图 10　2011—2017 年基础电信企业的移动和固定增值业务收入

3．IPTV 业务收入保持高速增长，成为拉动固定增值业务收入的主要力量

2017 年，IPTV 业务收入快速增长，规模达到 121 亿元，同比增长 32.0%。基础电信企业 IPTV 业务收入占固定增值业务收入的比重较 2016 年提升 6.7 个百分点，成为拉动固定增值业务收入的主要力量，如图 11 所示。

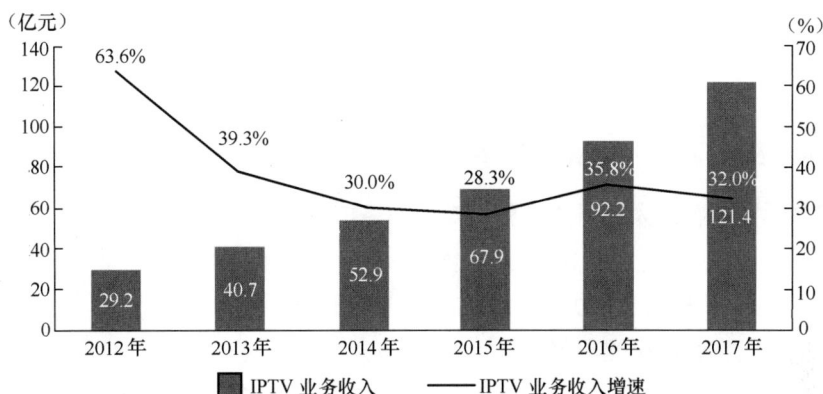

图 11　2011—2017 年基础电信企业 IPTV 业务收入

（五）移动转售业务发展情况

1．转售企业在近 200 个本地网开展试点

截至 2017 年 12 月底，在 42 家获得试点批文的转售企业中，共有 41 家企业正式放号。转售企业在 29 个省份近 200 个本地网开展试点。开通业务的转售企业大部分为通信产业链上、下游企业，例如，通信终端销售企业、通信终端制造企业、信息内容／行业应用企业、互联网基础设施企业等，也包括航空、金融、服装等其他行业的企业。这些企业基本是所在行业的龙头企业，因此，我国移动转售业务发展的起点比较高。从转售企业的品牌策略上看，现阶段转售企业以延伸品牌策略为主，采用全新品牌的属于少数。移动通信转售企业业务开展情况如图 12 所示。

图 12　移动通信转售企业业务开展情况

2．移动转售用户占比持续提升，用户规模突破 6000 万户

移动转售用户数持续实现较快增长。截至 2017 年 12 月底，移动转售用户本年净增
1 669 万户，达到 6 045 万户，移动转售用户占我国移动电话用户比重从 2016 年的 3.2% 提升到 4.3%。

四、电信网络能力分析

（一）固定及移动电话网络规模分析

1．固定电话网络容量大幅下降，移动电话网络扩容加速

2017 年，局用交换机容量为 1.8 亿门，较 2016 年下降 4 043 万门，下降 18.0%。移动电话
网络的扩容速度加快，移动交换机容量同比增长 10.8%，达到 24.2 亿门。

2．移动交换机实装率小幅下降

设备利用率方面，2017 年，移动交换机由于扩容速度加快，实装率小幅下降至 58.5%，下
降 2.0 个百分点。

（二）数据通信网规模分析

1．互联网规模持续扩大，光网改造工作成果显著

2017 年，在"网络强国""提速降费"等政策推动下，互联网规模和能力有所发展。互联
网宽带接入端口数量提升至 77 599 万个，增长了 8.9%。同时，宽带网络加速向全光网升级，
高速率宽带接入能力显著提高。2017 年，我国光纤接入（FTTH/O）端口达到 65 497 万个，同
比增长 21.8%，占互联网宽带接入端口总数比重提升至 84.4%，提高 9 个百分点。2004—2017
年宽带接入网端口数如图 13 所示。

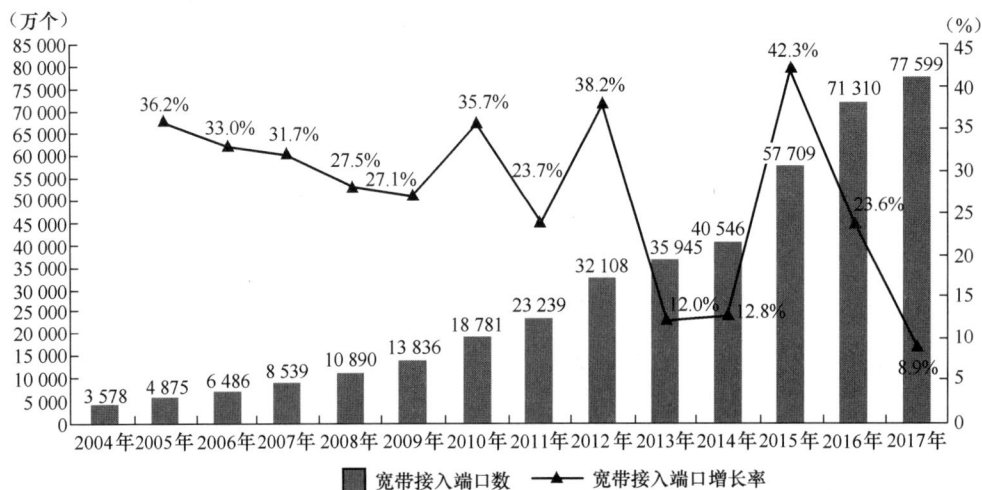

图 13　2004—2017 年宽带接入网端口发展情况

2．国际出口带宽持续增长，总量超过 7×10⁶Mbit/s

2017 年，我国国际出口带宽持续增长，年底增长至 7 320 180Mbit/s，较 2016 年同期增长 10.2%。目前，国际通信网络优化建设需求日益增加，2017 年以来，我国先后批复在洛阳、开封、徐州、兰州、长沙、大连新建 6 条国际互联网数据专用通道。2007—2017 年国际出口带宽及增长率如图 14 所示。

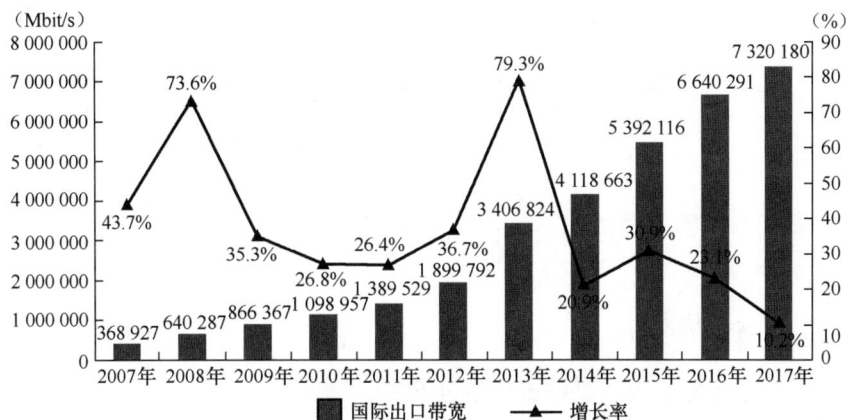

图 14　2007—2017 年国际出口带宽及增长率

（三）传输网规模分析

1．骨干传输网全面进入 100Gbit/s 时代，网络承载能力日新月异

2017 年，全国新建光缆线路 7.38×10⁶km，光缆线路总长度达到 3.78×10⁷km，同比增长 24.3%。2017 年，我国省级干线、大型城域网已基本完成 100Gbit/s 波分系统建设，400Gbit/s 波分系统建设已在部分城市开展试点；传输网已全面引入 PTN、IP RAN 等分组技术，并开始探索结合 SDN 的智能化管控方式。杭州、贵阳、福州 3 个新增骨干直联点建设基本完成并开通，全国 13 个直联点统一协调疏导网间流量。2004—2017 年光缆线路总长度如图 15 所示。

2．接入网光缆和本地中继光缆长度保持快速增长，长途光缆小幅扩容

2017 年，接入网光缆、本地中继光缆、长途光缆的长度分别达到 2.442×10⁷km、1.234×10⁷km、1.04×10⁶km，同比增速分别为 28.6%、18.2% 和 5.1%。全国新建光缆以接入网光缆为主。在新建光缆线路中，接入网光缆、本地网中继光缆和长途光缆线路长度所占比重分别为 64.6%、32.6% 和 2.8%。

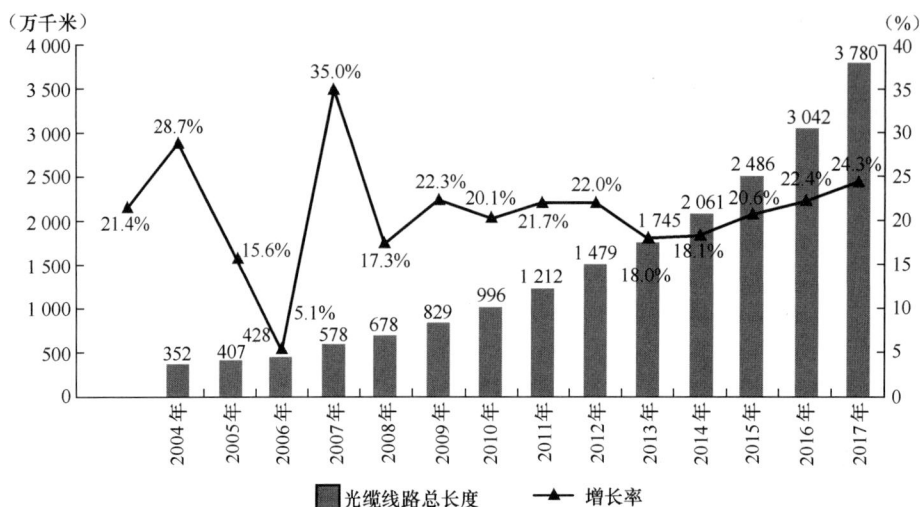

图 15　2004—2017 年光缆线路总长度

（四）4G 网络规模分析

1. 4G 网络规模不断扩大，基站占比超过五成

2017 年，全国净增移动通信基站 59.3 万个，总数达到 618.7 万个。其中 4G 基站快速部署，较 2016 年年末新增 65.3 万个，累计达到 328.4 万个，占移动基站的比重达到 53.1%，4G 网络已经覆盖了全国所有城市和主要乡镇。2014—2017 年移动通信基站数及 4G 基站数如图 16 所示。

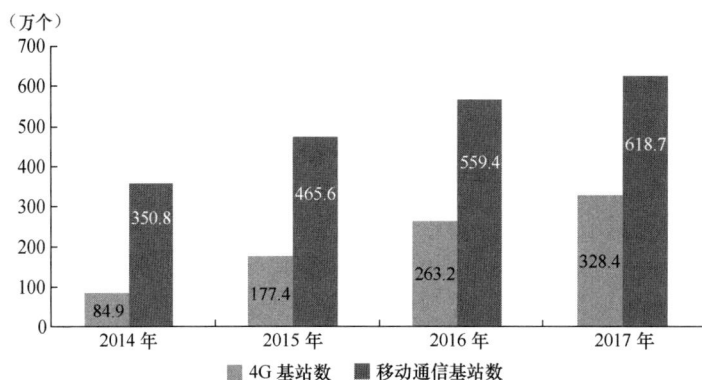

图 16　2014—2017 年移动通信基站数及 4G 基站数

2. VoLTE 正式亮相，超过 300 个城市开启商用

2017 年，我国克服 VoLTE 设备兼容性、用户体验一致性、参数配置复杂性等困难，迎来了 VoLTE 商用，中国移动已经在 29 个省 300 多个城市和地区开启 VoLTE 商用。中国电信、中国联通计划在 2018 年开启 VoLTE 商用，目前，已在部分城市开启试点。

3. 共建共享步入常态化，有力支撑了 4G 网络建设

2017 年，工信部与国资委联合印发《2017 年推进电信基础设施共建共享的实施意见》，"共建共享"要求进一步明确。截至 2017 年年底，铁塔公司为基础电信企业提供的站址总数达到 187 万个，新建铁塔的共享率达到了 70.4%，有力支撑了 4G 网络建设。

五、电信固定资产投资分析

（一）电信业投资概况

1. 固定资产投资继续减少，但降幅缩小

4G 网络大规模建设期结束，5G 大规模建设尚未开始，电信业固定资产投资继续保持下降趋势，投资总额为 3 280 亿元，同比下降 12.3%，降幅较 2016 年有所收容。2004—2017 年电信业固定投资总额及增长率如图 17 所示。

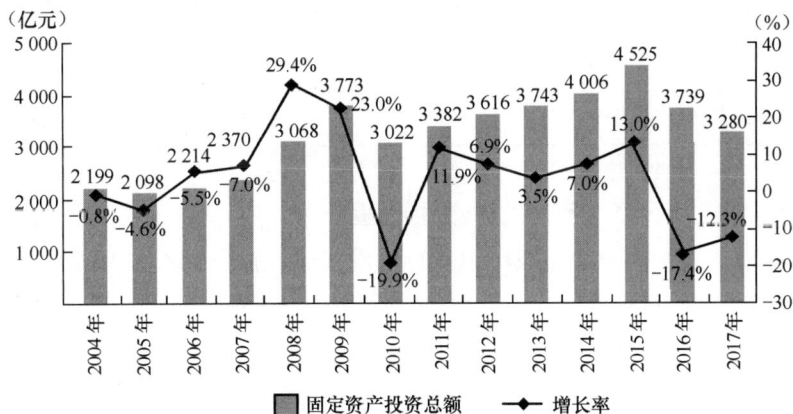

图 17　2004—2017 年电信业固定投资总额及增长率

2. 移动和互联网投资减少，传输、创新及增值平台投资增多

2017 年，移动通信、互联网及数据通信投资分别占固定资产投资的 37.9%、20.4%，是投资的重点。分项看，移动通信投资额为 1 242 亿元，比 2016 年下降 22%，连续两年呈下降趋势。其中，4G 投资随着大规模建设的完成继续呈现负增长趋势，2017 年 4G 投资额为 1 181 亿元，较 2016 年同期下降 21.8%。互联网及数据通信投资额为 671 亿元，同比下降 17.2%；其中，互联网宽带接入是投资重点，投资额为 488 亿元，比 2016 年下降 13.7%，占互联网及数据通信投资的 69.9%，较 2016 年下降 2.9 个百分点。2017 年，传输投资、创新及增值平台投资额分别实现 603 亿元、224 亿元，较 2016 年分别上升了 1.6 个百分点和 29.4 个百分点。

（二）电信业投资效果分析

1. 投资有效支撑互联网及光纤网络建设

4G 及互联网投资支撑了移动用户结构优化升级以及宽带的提速。2017 年，我国 4G 移动电话用户增加 2.27 亿户，达到 9.97 亿户，较 2016 年增长 29.5%，占移动电话用户比提升至70.3%，渗透率提高 12.1 个百分点。此外，在"宽带中国"、电信普遍服务等系列政策推动下，互联网宽带接入端口数较 2016 年增长 8.9%，接入网光缆线路长度较 2016 年增长 28.6%，有效带动互联网宽带接入用户增长。基础电信企业互联网宽带接入用户净增 5 133 万户，总数达到3.49 亿户，同比增长 17.3%。光纤入户稳步推进，FTTH/O 用户净增 6 627 万户，用户总量达 2.94亿户，比 2016 年提高 29.1%，占宽带用户总数的比重达到 84.3%，宽带提速效果明显。2017 年通信业主要通信能力指标增长情况见表 1。

表 1　2017 年通信业主要通信能力指标增长情况

指标名称	单位	2017年年末数量	较2016年年末净增额	较2016年年末增长
长途光缆线路长度	千米	1 044 998	50 906	5.1%
接入网光缆线路长度	千米	24 420 336	5 431 416	28.6%
移动电话交换机容量	万门	242 186	23 646	10.8%
互联网宽带接入端口	万个	77 599	6 322	8.9%

2. 投资收入比持续下降，行业投资效益持续提升

从投入产出水平来看，2017 年我国电信行业固定资产投资收入比为 26.0%，较 2016 年下降 5.2 个百分点，为近十来年的低点，行业整体投资效益持续提升。2004—2017 年电信投资收入比如图 18 所示。

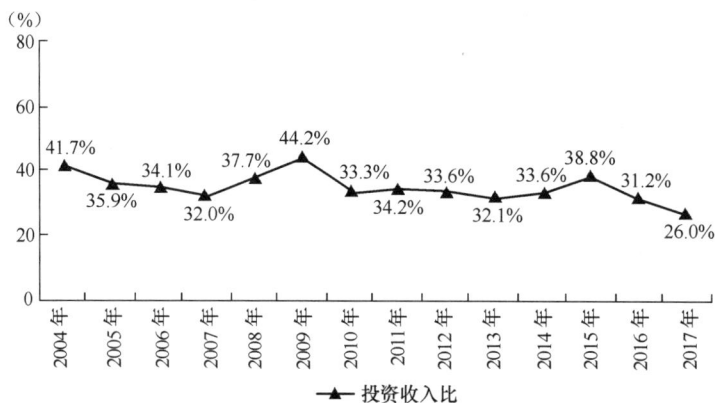

图 18　2004—2017 年电信投资收入比

六、电信业经营效益分析

（一）收入增长情况

2017 年，电信业务收入为 1.2637×10^4 亿元，同比提高 5.3%，增速比 2016 年同期提高 1.2 个百分点。电信业务总量为 2.76 亿元，保持高速增长态势，较 2016 年同期增长 76.7%。

1. 电信业务结构加快调整，非话收入占比持续提高

2017 年，行业发展对话音业务的依赖继续减弱，非话音业务收入占比由 2016 年的 75.2% 提高至 82.1%，其中，移动数据及互联网业务收入占电信业务收入的比重从 2016 年的 36.1% 提高至 43.7%。2007—2017 年非话业务收入占比情况如图 19 所示。

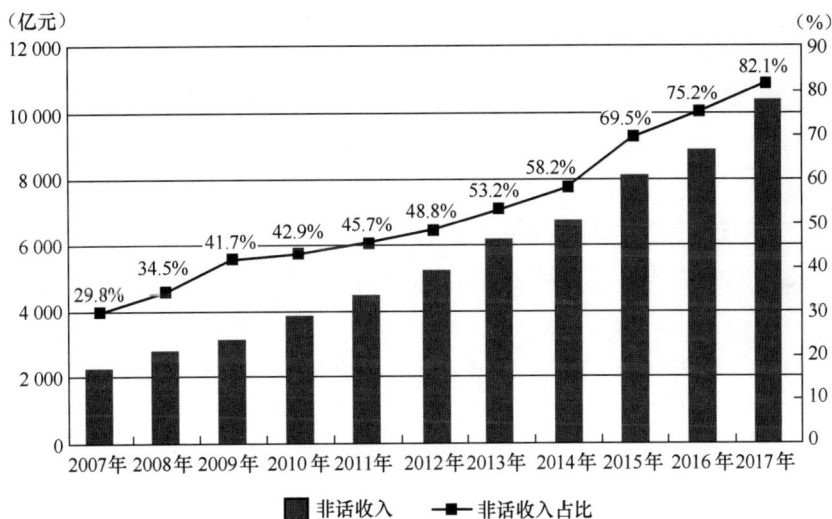

图 19 2007—2017 年非话业务收入占比情况

2. 移动数据业务是收入增长的第一引擎

2017 年，移动数据及互联网业务收入继续保持高速增长，累计达 5 528 亿元，按可比口径计算同比增长 27.6%，对电信业务收入增长贡献率达到 152.5%，有效弥补了话音业务收入的下滑。2009—2017 年移动互联网业务收入发展情况如图 20 所示。

3. IPTV、物联网等新业务发展较快

2017 年，IPTV 业务收入达到 121 亿元，较 2016 年增长 32.0%。物联网业务收入增速达到 83.1%。

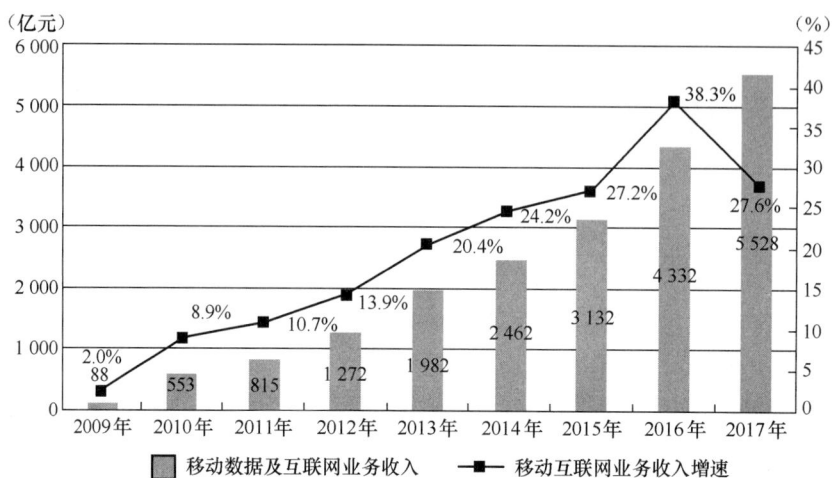

图 20　2009—2017 年移动互联网业务收入发展情况

（二）利润增长情况

1．电信利润总额较快回升

2017 年，电信业务成本总额为 8 632 亿元，较 2016 年提高 5.4%，管理费用、营业费用分别提高 4.6% 和 2.5%。受收入较快增长的拉动，2017 年电信利润总额实现 1 636 亿元，较 2016 年提高 7.3%。

2．多种因素相抵，行业利润率持平

近年来，话音业务收入呈现持续下降趋势。但流量及互联网业务收入、特别是移动流量及互联网业务收入保持较快增长，基本弥补话音业务收入下降带来的影响。2017 年，电信行业利润率为 12.9%，与 2016 年持平。2009—2017 年电信利润和电信行业利润率情况如图 21 所示。

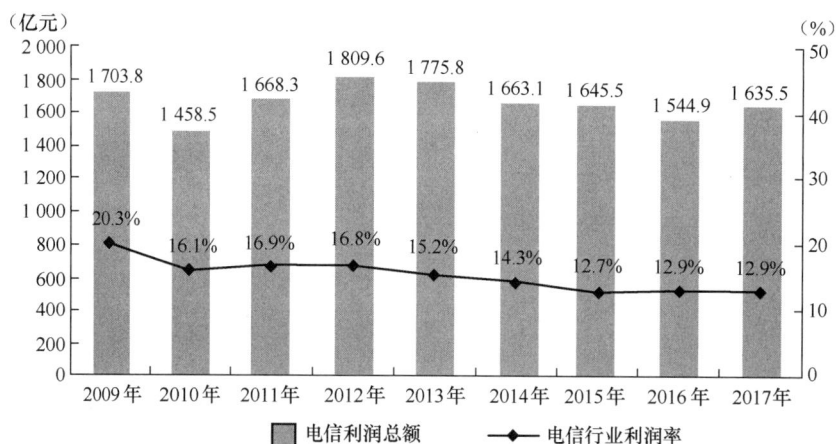

图 21　2009—2017 年电信利润总额和电信行业利润率情况

七、电信业地域发展分析

（一）区域收入和业务消费差距分析

1. 东部地区电信业务收入继续占据半壁江山，中、西部地区电信业务收入占比有所上升

2017 年，东部地区实现电信业务收入 6 759 亿元，比 2016 年增长 1.5%，占全国电信业务收入的比重为 53.4%，较 2016 年减少 0.5 个百分点。中部和西部分别实现电信业务收入 2 915 亿元和 2 983 亿元，比 2016 年分别增长 3% 和 4.4%，占比分别为 23.0% 和 23.6%，比 2016 年分别提升 0.1 个百分点和 0.4 个百分点。

2. 东、中、西部光纤接入用户渗透率均超过八成，西部地区提升明显

2017 年，东、中、西部光纤接入用户分别达到 14 585 万户、7 708 万户和 7 100 万户，比 2016 年分别增长 24.9%、29.3% 和 38.5%。西部地区增速比东部和中部分别快 13.6 个百分点和 9.2 个百分点。东、中、西部光纤接入用户在固定宽带接入用户中的占比分别达到 83.2%、85.2% 和 85.9%，其中，西部地区占比较 2016 年大幅提高 10.4 个百分点。2012—2017 年东、中、西部地区电信业务收入比重如图 22 所示，2015—2017 年东、中、西部地区光纤接入用户渗透率如图 23 所示。

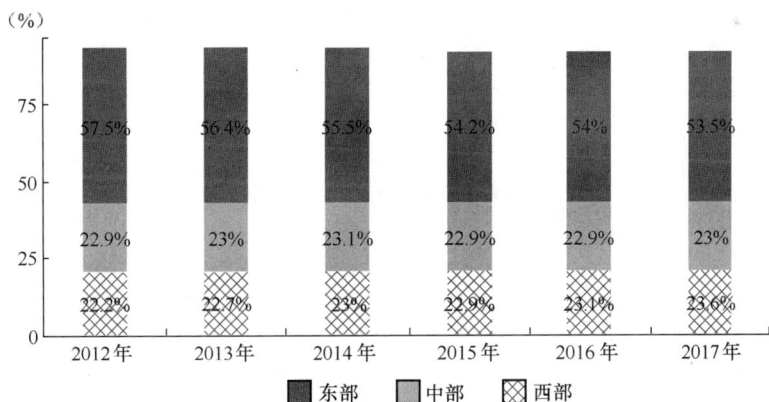

图 22　2012—2017 年东、中、西部地区电信业务收入比重

3. 东、中、西部移动数据业务均呈现快速发展态势，西部地区业务增长接近两倍

2017 年，东、中、西部地区移动互联网接入流量分别达到 1.21×10^{10} GB、5.99×10^9 GB 和 6.49×10^9 GB，比 2016 年分别增长 151%、154% 和 198.1%，西部增速比东部、中部增速分别高 47.1 个和 44.1 个百分点。东、中、西部地区用户月均流量达到 1 780MB/（月·户）、1 680MB/（月·户）、1 865MB/（月·户），西部比东部和中部分别高 85MB/（月·户）和

185MB/（月·户）。2012—2017 年东、中、西部移动互联网接入流量增速如图 24 所示。

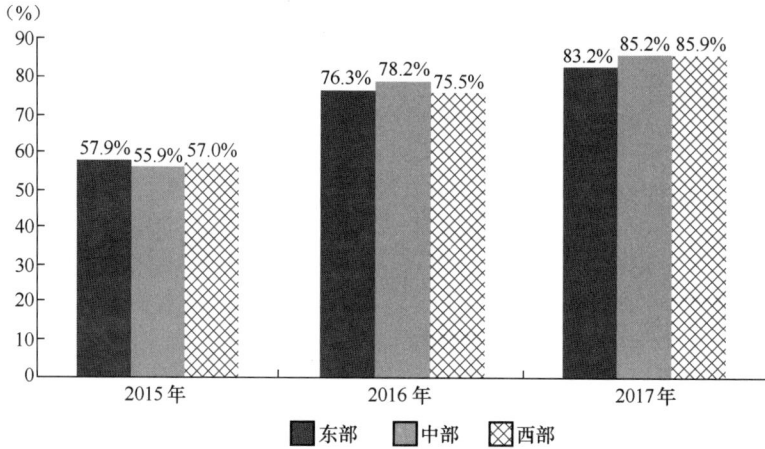

图 23　2015—2017 年东、中、西部地区光纤接入用户渗透率

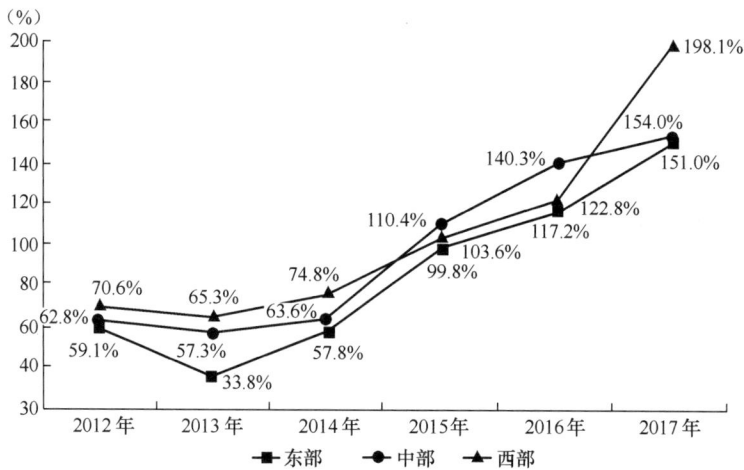

图 24　2012—2017 年东、中、西部移动互联网接入流量增速

（二）城乡发展与差距分析

1. 城市高速率宽带接入用户加速升级，农村普遍服务继续推进

2017 年，城市宽带接入用户净增 3 210 万户，总数达 2.5 亿户，同比增长 14.4%。其中，20Mbit/s 以上的城市接入用户达到 2.32 亿户，相比 2016 年年末净增 3 009 万户，同比增长 14.9%，占城市宽带接入用户的比重进一步提升至 91.2%。

2017 年，完成 3.2 万个行政村通光纤的电信普遍服务任务部署。全国农村宽带接入用户达到 9 377 万户，2017 年全年净增用户 1 923 万户，比 2016 年增长 25.8%，增速较 2016 年提高 9.3 个百分点；在固定宽带接入用户中占 26.9%，较 2016 年提高 1.8 个百分点。2012—2017 年农村宽带接入用户情况如图 25 所示。

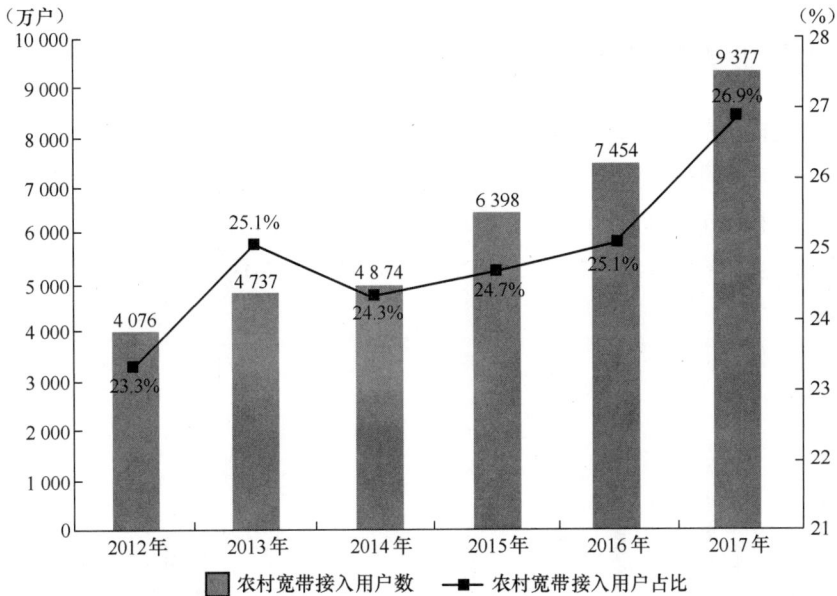

图 25　2012—2017 年农村宽带接入用户情况

2．城乡固定宽带普及水平差距有所减小

2017 年，我国城市宽带接入用户达到 2.5 亿户，占全国城镇总人口的 31.3%；农村宽带接入用户达 9 377 万户，占全国农村总人口的 16.3%，与城市宽带人口普及率的差距为 15 个百分点。2012—2017 年城市和农村宽带接入用户发展情况如图 26 所示。

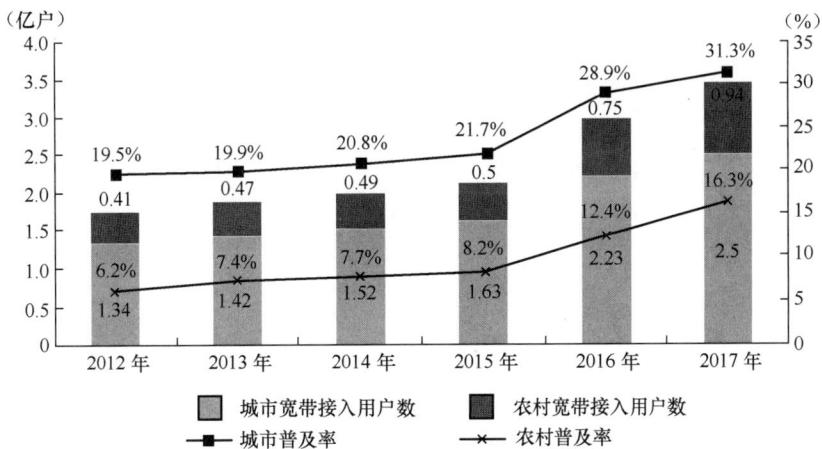

图 26　2012—2017 年城市和农村宽带接入用户发展情况

八、各省电信业发展情况对比分析

1. 各省固定电话普及率差异度有所上升

2017 年，重庆、四川、西藏、甘肃、青海的固定电话普及率有所上升，其他省（自治区、直辖市）均有不同程度的下降，其中，江苏省降幅最大，下降 2.6 个百分点。2017 年各省（自治区、直辖市）的固定电话普及率如图 27 所示。2017 年各省（自治区、直辖市）的固定电话普及率分层情况见表 2。

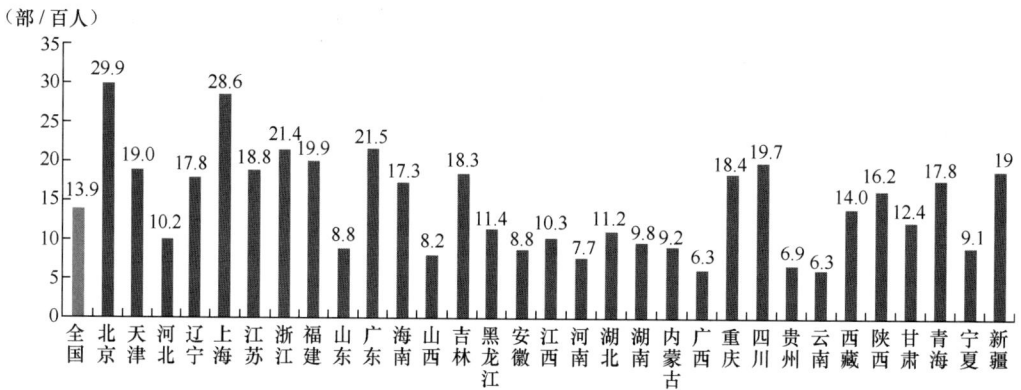

图 27　2017 年各省（自治区、直辖市）的固定电话普及率

表 2　2017 年各省（自治区、直辖市）的固定电话普及率分层情况

普及率水平	省（自治区、直辖市）
20～30部/百人	北京、上海、广东、浙江
10～20部/百人	高于全国平均水平（13.9部/百人）：福建、四川、新疆、天津、江苏、重庆、吉林、青海、辽宁、海南、陕西、西藏 低于全国平均水平（13.9部/百人）：甘肃、黑龙江、湖北、江西、河北
<10部/百人	湖南、内蒙古、宁夏、山东、安徽、山西、河南、贵州、广西、云南

2. 各省移动电话普及率差异度有所下降

2017 年，北京、西藏移动电话普及率均下降，其他省（自治区、直辖市）均有不同程度的上升，其中，内蒙古、广西、重庆、贵州、陕西、甘肃、青海、宁夏涨幅超过 10 个百分点。各省（自治区、直辖市）移动电话普及率差异度有所下降，从 2016 年的 0.22 下降至 0.19。2017 年各省（自治区、直辖市）的移动电话普及率如图 28 所示，2017 年各省（自治区、直辖市）的移动电话普及率分层情况见表 3。

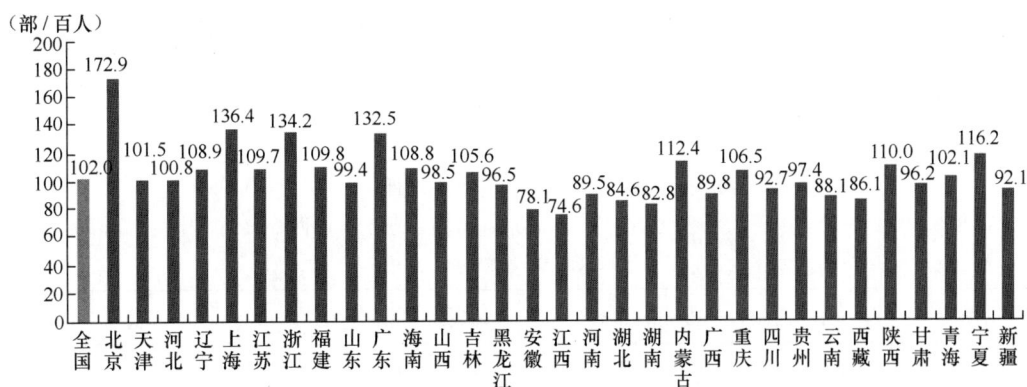

图 28　2017 年各省（自治区、直辖市）的移动电话普及率

表 3　2017 年各省（自治区、直辖市）的移动电话普及率分层情况

普及率水平	省（自治区、直辖市）
>100部/百人	高于全国平均水平（102部/百人）：北京、上海、浙江、广东、宁夏、内蒙古、陕西、福建、江苏、辽宁、海南、重庆、吉林、青海 低于全国平均水平（102部/百人）：河北、天津
80～100部/百人	山东、山西、贵州、甘肃、黑龙江、新疆、四川、广西、河南、云南、西藏、湖北、湖南
60～80部/百人	安徽、江西

3. 各省互联网宽带接入普及率均有所提升

2017 年，全国互联网宽带接入普及率平均水平为 25.1%，浙江最高为 43.6%，贵州最低为 15.9%，相差 27.7 个百分点，差距较大。东部地区互联网宽带接入普及率领跑全国，位于全国平均水平之上的 9 个省（自治区、直辖市）中，东部地区占据 7 个，其中，浙江、江苏、福建 3 个省份互联网宽带接入普及率超过 30%，如图 29 所示。2017 年各省（自治区、直辖市）互联网宽带接入普及率分层情况见表 4。

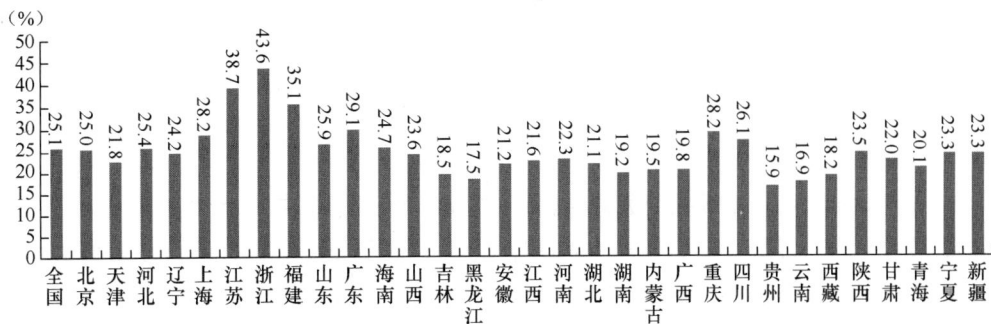

图 29　2017 年各省（自治区、直辖市）互联网宽带接入普及率

表4　2017 年各省（自治区、直辖市）互联网宽带接入普及率分层情况

普及率水平	省（自治区、直辖市）
>30%	浙江、江苏、福建
20%～30%	高于全国平均水平（25.1%）：广东、上海、重庆、四川、山东、河北 低于全国平均水平（25.1%）：北京、海南、辽宁、山西、陕西、宁夏、新疆、河南、甘肃、天津、江西、安徽、湖北、青海
<20%	广西、内蒙古、湖南、吉林、西藏、黑龙江、云南、贵州

九、基础电信企业发展情况对比分析

（一）用户发展对比分析

1. 移动电话市场格局变化不大

中国联通、中国电信借助互联网卡、大流量卡等业务持续发力 4G 业务，4G 用户数量稳步增长。2017 年，两家运营商 4G 用户市场份额分别达到 17.4% 和 18.1%。中国移动用户市场份额为 64.5%。在 4G 用户市场份额仍占据明显优势。2017 年基础电信企业 4G 用户市场份额如图 30 所示。

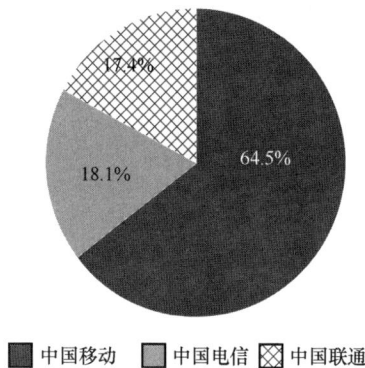

图 30　2017 年基础电信企业 4G 用户市场份额

2. 有线宽带接入用户市场格局大幅调整，中国移动快速追赶中国电信

在宽带接入用户市场上，2017 年，中国电信、中国联通宽带接入用户市场份额持续下降，分别较 2016 年同期下降 3.2 个百分点和 3.5 个百分点，中国移动接入用户市场份额上升 6.8 个百分点。2009—2017 年基础电信企业宽带接入用户市场份额如图 31 所示。

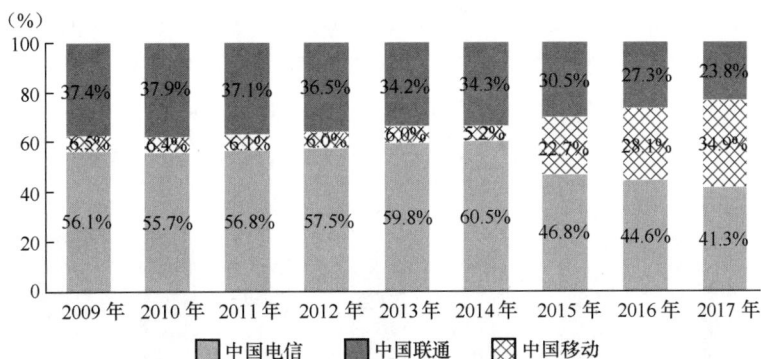

图 31　2009—2017 年基础电信企业宽带接入用户市场份额

（二）经营效益对比分析

1. 在业务收入方面，中国移动份额扩大

从市场集中度看，2017 年中国电信发展平衡，收入市场份额较 2016 年增加 0.1 个百分点，2017 年达到 26.5%。中国联通收入市场份额，较 2016 年下降 0.6 个百分点，中国移动收入市场份额，较 2016 年提高 0.5 个百分点。2011—2017 年基础电信企业收入市场份额如图 32 所示。

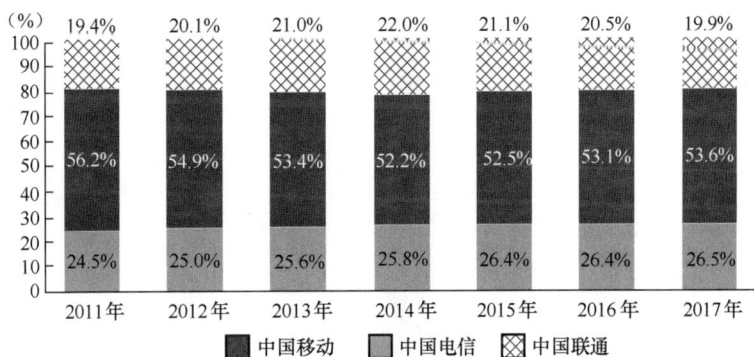

图 32　2011—2017 年基础电信企业收入市场份额

2. 在利润方面，中国联通份额小幅提升

2017 年，中国电信、中国联通推出互联网卡、大流量卡等超高性价比业务。中国联通聚焦基础业务经营状况得已有效改善。中国移动在利润份额方面继续保持绝对优势。2011—2017 年基础电信企业利润占比情况如图 33 所示。

3. 分项业务 ARPU 增长出现分化，有涨有跌

移动电话用户 ARPU 方面，中国移动、中国联通 ARPU 有一定程度提升，中国电信

ARPU 小幅下降。2017 年中国移动、中国联通 ARPU 分别达到 57.7 元 /（月·户）、48.0 元 /（月·户），较 2016 年分别提高 0.2 元 /（月·户）、1.6 元 /（月·户）；中国电信 ARPU 达到 55.1 元 /（月·户），较 2016 年下降 0.3 元 /（月·户）。对比三家基础电信企业，中国移动 ARPU 最高，中国电信 ARPU 虽然小幅下降但仍高于中国联通，中国联通 ARPU 最低。

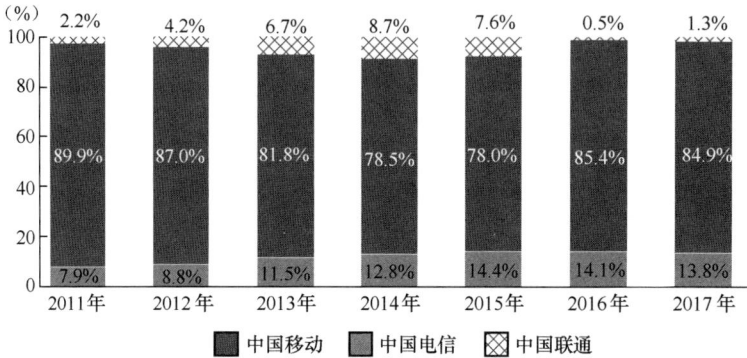

图 33 2011—2017 年基础电信企业利润占比情况

在互联网宽带接入用户的 ARPU 方面，中国电信小幅下降 4.4 元 /（月·户），达到 49.8 元 /（月·户）。中国联通 ARPU 降至 46.3 元 /（月·户），较 2016 年下降 3.1 元 /（月·户）。中国移动 2017 年互联网接入用户 ARPU 较 2016 年提高 1.2 元 /（月·户），达到 33.3 元 /（月·户）。2013—2017 年基础电信企业移动电话用户 ARPU 对比分析如图 34 所示，2009—2017 年基础电信企业互联网宽带接入用户 ARPU 对比分析如图 35 所示。

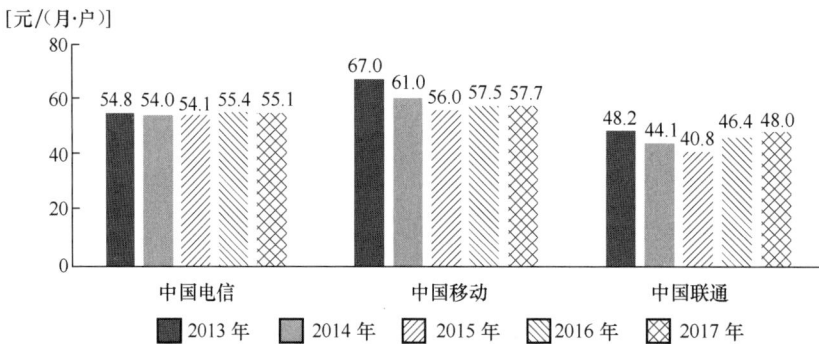

图 34 2013—2017 年基础电信企业移动电话用户 ARPU 对比分析

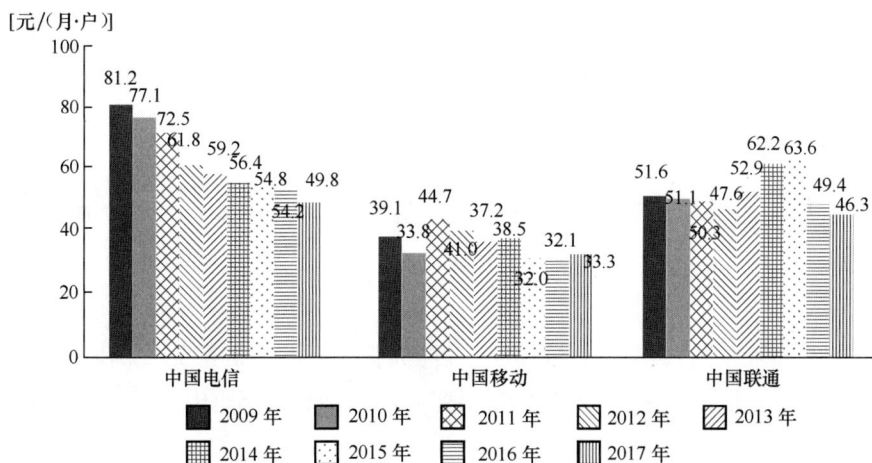

图 35　2009—2017 年基础电信企业互联网宽带接入用户 ARPU 对比分析

中国互联网和相关服务企业 2017 年发展综述

2017 年，我国互联网和相关服务企业运行情况总体平稳，业务收入稳步增长，网络游戏、影音直播等手机应用发展较好，公共生活服务平台收入增长突出，电子商务平台服务规模稳步扩大。

一、互联网和相关服务企业发展主要指标

2017 年，全国互联网和相关服务企业[10]实现收入 7 902 亿元，同比增长 18.8%。互联网和相关服务企业达到 31 470 个，互联网和相关服务企业从业人员达 90.7 万人，同比增长 2.4%。互联网宽带接入用户达到 4 262 万户。

二、互联网和相关服务企业发展主要特点

（一）互联网和相关服务企业发展速度保持较快增长

2017 年，我国互联网和相关服务企业继续保持良好的增长势头。2017 年全年完成业务收入 7 902 亿元，同比增长 18.8%，收入总额占全行业收入[11]的比重约为 38.5%，比 2016 年（35.7%）提高 2.8 个百分点。在全行业新增的 2 035 亿元收入中，互联网和相关服务企业与基础电信企业收入情况如图 1 所示。

（二）民营控股企业占据市场主体地位

2017 年，互联网和相关服务企业市场经营主体数量增加 923 家，总规模达 31 470 家。民营控股企业 27 604 家，占企业总数的 87.7%，比 2016 年（81.3%）提高 6.4 个百分点，牢牢占据市场主体地位，具体如图 2 所示。

---

10. 不含基础电信企业的互联网和相关服务业务，下同。
11. 按包含基础电信企业与互联网和相关服务企业收入在内的全口径计算。

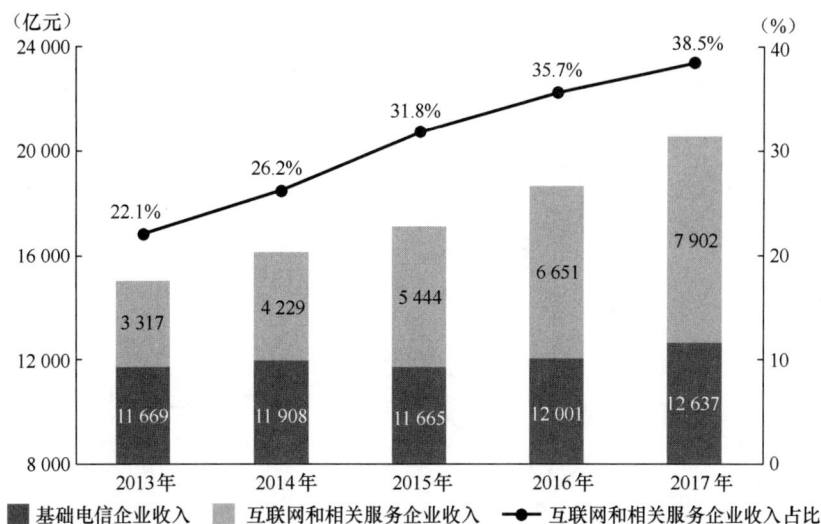

图 1　互联网和相关服务企业与基础电信企业收入对比情况

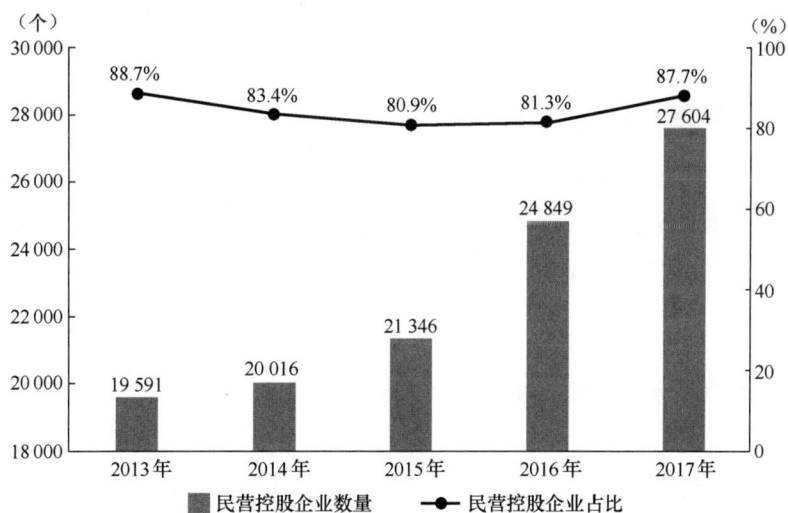

图 2　民营控股互联网和相关服务企业数量对比情况

（三）规模以上企业收入保持稳步增长

2017 年，6 276 家规模以上（年收入 300 万元以上）互联网和相关服务企业实现业务收入 7 781 亿元，占行业总收入的 98.5%。其中，营业收入 1 000 万元至 10 亿元之间的企业达 4 213 家，占规模以上企业总数的 67.1%，较 2016 年（64.7%）提高 2.4 个百分点，这些企业实现业务收入 3 140 亿元；营业收入 10 亿元以上的企业达 218 家，占规模以上企业总数的 3.5%，这些企业实现收入 4 540 亿元。

（四）整体从业人数增长率超两位数

2017 年，我国互联网和相关服务企业直接从业人数持续增长，净增 2.2 万人，达到 90.7 万人，同比增长 2.4%，增速比 2016 年（4.1%）下滑 1.7 个百分点，如图 3 所示。互联网和相关服务企业整体从业人员达到 392 万人（2016 年 353 万人），同比增长 11%。

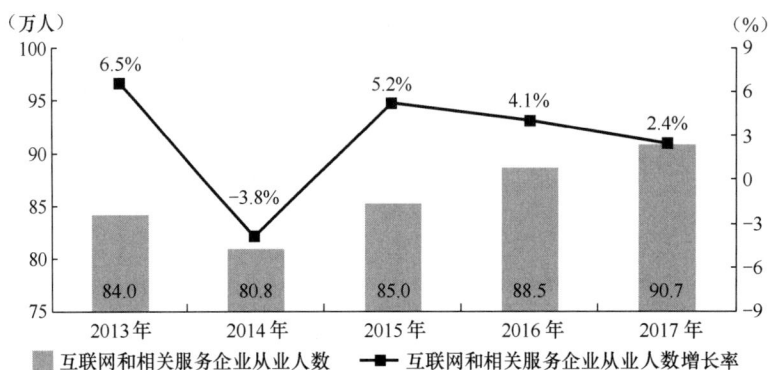

图 3　互联网和相关服务企业从业人数及增长率

（五）信息服务企业从业人员保持行业最大规模

从业务人员的分布看，2017 年从事信息服务业务的从业人员总数为 43.9 万人，占行业直接从业人员的比例为 48.5%；其次是从事呼叫中心业务的从业人员，总数达到 25.5 万人；数据中心业务的从业人员快速增长，总数达到 7.63 万人。此外，从事互联网接入服务业务的人员达到 11.8 万人。

（六）信息服务企业业务收入占比达到八成

2017 年，信息服务企业业务收入完成 6 322 亿元，同比增长 38.7%，占互联网和相关服务企业总收入的 80%，较 2016 年（68.6%）提高 11.4 个百分点，是行业最主要的收入来源和增长动能。互联网接入、呼叫中心及互联网数据中心等业务分别占总收入的 2.9%、2.8% 和 2.1%（2016 年数据为 3.9%、3.1% 和 1.9%）。

（七）互联网接入服务收入下降

2017 年，我国实现互联网接入服务业务收入约 233 亿元，同比下降 11.1%；实现呼叫中心业务收入约 225 亿元，同比增长 10.1%；实现互联网数据中心业务收入约 163 亿元，同比增长 28.1%；实现内容分发网络业务收入 38.2 亿元。

（八）公共生活服务平台收入增长突出

2017 年，信息服务业务中的公共生活服务平台收入增长突出，2017 年全年实现收入 715 亿元，较 2016 年收入翻倍；网络游戏（包括客户端游戏、手机游戏、网页游戏等）业务收入 1 620 亿元，比 2016 年增长 35.4%；电子商务平台收入 2 427 亿元，同比增长 21.8%。

（九）宽带接入用户规模大幅扩大

2017 年，在"宽带中国"战略和宽带接入市场开放试点等政策的推进下，民营资本持续进入宽带接入市场，宽带接入用户数量稳步增长。2017 年全年互联网企业共发展宽带接入用户 4 262 万户，比 2016 年增长 56%。

（十）东部企业数量小幅增长

2017 年，全国互联网和相关服务企业共 31 470 家，其中东部 11 个省（自治区、直辖市）企业数量达 23 237 家，占企业总数的 73.8%，较 2016 年提升 1.1 个百分点。中部 8 个省（自治区、直辖市）企业 4 462 家，占比为 14.2%，比 2016 年减少 121 家。西部地区企业达到 3 771 家，占企业总数的 12.0%，比 2016 年增加 15 家。2016—2017 年全国东、中、西部企业收入及个数对比如图 4 所示。

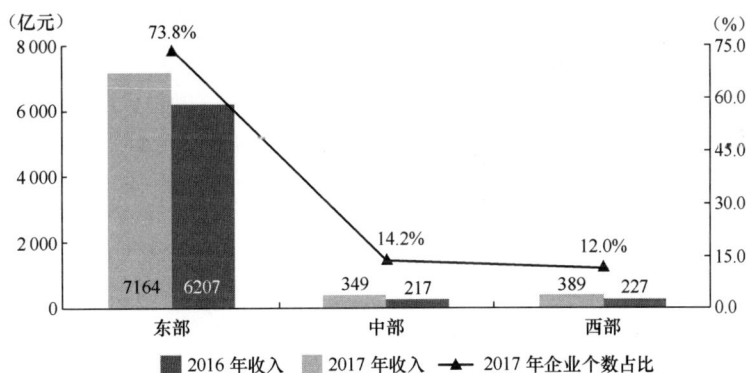

图 4 2016—2017 年全国东、中、西部企业收入及个数对比情况

（十一）企业超八成收入集中于北京、上海、广东、江苏、浙江

互联网和相关服务企业区域聚集特点显著，北京、上海、广东、江苏、浙江等经济发达地区是主要聚集地，有 60.8% 的企业集中在这 5 个地区，贡献了全行业 82.9% 的业务收入。从收入分布看，东部地区收入占比更是高达 90.7%，如图 5 所示。

（十二）行业领域、覆盖地域更加多元广泛

2017 年，互联网和相关服务企业领域覆盖进一步扩大，企业纵横发展趋势明显。一部分企

业在电子商务、网络媒体、泛娱乐、企业服务、医疗健康、互联网金融、出行旅游、在线教育等多个领域不断拓展，融合应用将持续深化，多点开花，形成围绕消费的生活服务，以及涵盖"衣、食、住、行、娱、育"领域的产业生态；另一部分企业在原有优势领域的基础上纵向发展，不断向产业链前端延伸，优化产业结构。文化、娱乐、体育、健康等新消费需求爆发，新闻媒体、在线娱乐、互联网金融、生活服务等垂直行业用户规模加速扩大，网络惠民更将触手可及。行业整体在新兴产业布局、技术研发投入、融合领域信息化发展方面成效显著，聚集效应显著，带动其他企业的全面升级，正逐渐成为撬动经济前沿阵地和引领未来城市战略新优势的支点。

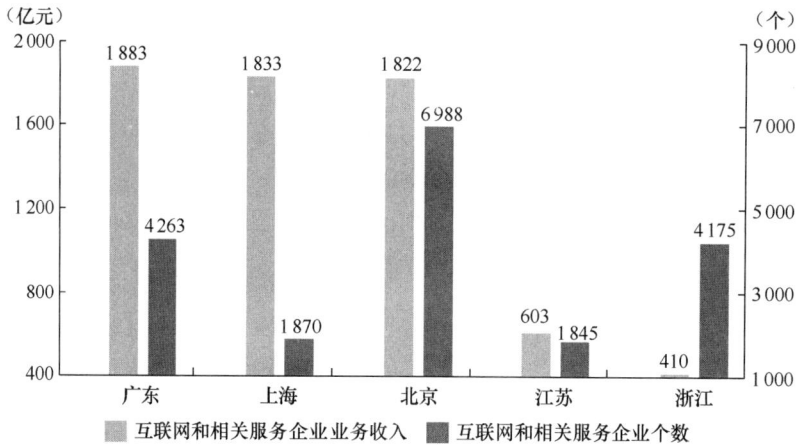

图 5　2017 年全国排名前 5 地区的互联网和相关服务企业业务收入和企业个数情况

中国互联网 2017 年发展综述

一、我国互联网发展概况

2017 年，我国网民数量保持稳定增长态势。中国互联网络信息中心（China Internet Network Information Center，CNNIC）发布的《第 41 次中国互联网络发展状况统计报告》显示：2017 年年末，我国网民规模达 7.72 亿人，较 2016 年年末新增网民 4 074 万人，增长率为 5.6%。我国互联网普及率达到了 55.8%，较 2016 年年底提高 2.6 个百分点。手机网民数较传统互联网网民数增幅更大，成为拉动网民总数攀升的主要动力。2017 年年末，手机网民规模达 7.53 亿人，较 2017 年年末增加 5 734 万人，手机网民在全部网民中的占比从 2016 年年末的 95.1% 提升至 97.5%。

在互联网基础资源方面，2017 年年末，我国 IPv4 地址数量已达 3.39 亿个，较 2016 年增加 60.2 万个；拥有 IPv6 地址 23 430 块 /32，较 2016 年增长了 10.6%。IPv6 的发展可以有效解决 IPv4 时代地址资源枯竭的问题，在支撑物联网、云计算等新兴互联网应用方面能起到积极作用。2017 年，我国加大互联网领域的安全治理力度，网络整体质量得以提高，网站数量已连续 6 年稳步回升，达到 533 万个；域名总数达到 3 848 万个，较 2016 年减少 9.0%。其中："\.COM" 域名数量为 1 131 万个，占我国域名总数的比重由 2016 年的 33.9% 下降至 29.4%；"\.CN" 域名数量为 2 085 万个，占比由 2016 年的 48.7% 提高至 54.2%；". 中国" 域名总数达到 189.6 万个；网页规模达到 2 604 亿个，较 2016 年增长 10.3%；互联网上的内容趋于精简，每个网站的平均网页数达到 4.88 万个，较 2016 年减少 0.2%。

在互联网基础设施建设方面，2017 年，全国光缆线路长度净增 5.64×10^6 km，达到 3.78×10^7 km。基础电信企业互联网宽带接入端口净增 7 166 万个，达到 7.6 亿个。我国国际出口带宽达到 7 320 180Mbit/s，增长 10.2%。基础电信运营商围绕"宽带中国"战略，推进"光进铜退""提速降费""宽带应用水平大幅提升""移动互联网广泛渗透"等政策，大大提升信息基础设施水平。互联网宽带接入端口"光进铜退"的趋势更加明显，光纤接入（FTTH/O）端口比 2016 年净增 9 230 万个，达到 6.55 亿个，占互联网接入端口的比重由 2016 年的 75.6% 提升至 84.4%。2017 年，基础电信企业新增移动通信基站 59.3 万个，总数达 618.7 万个，移动网络服务质量继续提升，覆盖范围继续扩大。

2017 年，我国网络和信息安全形势总体平稳。国家互联网应急中心（CNCERT）发布的《2017 年我国互联网网络安全态势综述》显示：我国网络安全防护和网络安全事件应急响应水平得到提升，网络安全国际合作进一步加强。2017 年，我国境内感染恶意程序的计算机主机为 1 256 万台，同比下降 26.1%，位于境外的约 3.2 万台计算机恶意程序控制服务器控制了我国境内约 1 101 万台主机。我国境内感染远程控制木马、僵尸网络木马和流量劫持木马的主机数量分列前三位，分别达 843 万台、239 万台和 30 万台。为有效控制计算机恶意程序感染主机引发的危害，2017 年，CNCERT 组织基础电信企业、域名服务机构等机构成功关闭 644 个规模较大的僵尸网络。根据第三方的统计报告，位于我国境内的僵尸网络控制端数量保持逐年稳步下降的趋势。

近年来，国家信息安全漏洞共享平台（CNVD）所收录的安全漏洞数量持续走高。自 2013 年以来，CNVD 收录安全漏洞数量年平均增长率为 21.6%，2017 年较 2016 年收录安全漏洞的数量增长了 47.4%，2017 年达 15 955 个，收录安全漏洞数量创历史新高。2017 年，CNVD 持续推进移动互联网、电信行业、工业控制系统和电子政务 4 类子漏洞库的建设工作，分别新增收录安全漏洞 2 016 个（占 2017 年全年收录数量的 12.6%）、758 个（占 4.8%）、376 个（占 2.4%）和 254 个（占 1.6%）。2017 年全年通报涉及政府机构、关键信息基础设施以及行业安全漏洞的事件 26 892 起，同比上升 10.9%。

据 CNCERT 抽样监测：2017 年，我国遭受 DDoS 攻击依然严重，攻击峰值流量持续攀升。为进一步推动 DDoS 攻击的防范打击工作，CNCERT 深入分析 2017 年全年大流量攻击事件，发现大流量攻击事件的主要攻击方式为 TCP SYN Flood、NTP 反射放大攻击和 SSDP 反射放大攻击。从攻击流量看，反射放大攻击中来自境外的伪造流量超过 85%。

网络仿冒事件数量大幅下降。2017 年，CNCERT 监测发现约有 4.9 万个针对我国境内网站的仿冒页面，页面数量较 2016 年呈现大幅下降。从仿冒类型来看，实名认证和积分兑换仿冒页面最多，分别占处置页面总数的 30.9% 和 20.8%；从承载仿冒页面 IP 地址的归属情况来看，同往年一样，仿冒页面 IP 地址大多数位于境外。

二、我国互联网发展的主要特点

（一）5G 成为新一轮全球竞争的产业制高点

2017 年，5G 的进展取得了可喜的成绩。5G 频谱规划逐步落地。2017 年 11 月 15 日，工业和信息化部发布了 5G 系统在 3 000 ～ 5 000MHz 频段（中频段）内的频率使用规划，我国成为国际上率先发布 5G 系统在中频段内使用规划频率的国家。规划明确了将 3 300 ～ 3 400MHz、3 400 ～ 3 600MHz 和 4 800 ～ 5 000MHz 频段作为 5G 系统的工作频段。工业和信息化部已正式颁布 5G 在中频段内使用频率的规范。此外，在国际方面，美国监管机构联邦通信委员会（FCC）在 2017 年 7 月率先公布了美国的 5G 频率规划；此后，欧盟在前期出台的 5G 行动计划的基础上，紧锣密鼓地发布了涉及中、低频段和高频段的 5G 频谱战略和路线图；同时，韩国和日本也在加速推进 5G 技术研发和频率规划，首个 5GNR 标准冻结；2017 年 12 月 21 日，第五代移动通信技术"5GNR"首发版在 RAN 第 78 次全会代表的掌声中正式冻结并发布，这是 5G 标准化的又一重要里程碑。

（二）我国窄带物联网建设加快布局

工业和信息化部发布的《信息通信行业发展规划物联网分册（2016—2020 年）》成为我国物联网产业未来 5 年发展的指导性文件。2017 年 6 月，工业和信息化部又印发了《关于全面推进移动物联网（NB-IoT）建设发展的通知》，从政策方面为物联网的快速发展创造良好的外部环境。到 2017 年年末，NB-IoT 网络覆盖直辖市、省会城市等主要城市，基站规模达到 40 万个。中国经济信息社发布的《2016—2017 年中国物联网发展年度报告》显示：我国物联网正迈入"重点突破、系统创新、跨界融合、协同发展"的新阶段；我国物联网与云计算、大数据、人工智能、5G、低功耗广域通信网等新技术加速融合，呈现集成创新、迭代升级等特征；物联网产业生态全面优化，提升了平台化和细分领域应用热度。

（三）加快推进 IPv6 规模部署开启互联网发展新时代

2016 年 12 月，工业和信息化部印发《信息通信行业发展规划（2016—2020 年）》，提出到"十三五"期末，国内主要商业网站、教育科研网站和政府网站支持 IPv6，手机应用排名前 100 的中文 App 中有 80% 的 App 支持 IPv6，IPv6 流量占比达到 5%。2017 年 11 月，中共中央办公厅、国务院办公厅印发《推进互联网协议第六版（IPv6）规模部署行动计划》，吹响了中国互联网全面进军 IPv6 时代的号角。该计划指出：我国要用 5 到 10 年，建成全球最大规模的 IPv6 商用网络，到 2018 年年末，IPv6 活跃用户数达到 2 亿人，IPv6 用户在互联网用户中的占比不低于 20%；2020 年 IPv6 用户数达 5 亿人，IPv6 用户在互联网用户中的占比不低于 50%，新增网络地址不再使用私有 IPv4 地址；到 2025 年年末，我国 IPv6 网络规模、用户规模、流量规模位居世界第一位，网络、应用、终端全面支持 IPv6，全面完成向下一代互联网的平滑演进升级。加快推进 IPv6 规模部署，构建高速率、广普及、全覆盖、智能化的下一代互联网是加快网络强国建设、加速国家信息化进程、助力经济社会发展、赢得未来国际竞争新优势的迫切要求。中国互联网将全面进入一个新时代，并将对未来全世界互联网发展产生重大影响。

（四）区块链产业链条初步形成

中国工业和信息化部信息中心发布的《2018 中国区块链产业白皮书》显示：目前，中国区块链产业处于高速发展阶段，产业链条已经初步形成。截至 2018 年 3 月底，我国以区块链业务为主营业务的区块链公司数量达 456 家，从上游的硬件制造、基础设施、安全服务，到下游的产业技术应用服务，到保障产业发展的行业投融资、媒体、人才服务，各领域的公司已经基本完备，不同公司正协同有序地推动产业不断前行。从公司的地域分布状况来看，区块链产业分布相对集中，产业集聚效应明显。北京、上海、广东、浙江依然是区块链创业的集中地，位于这 4 省（市）的区块链企业占比超过 80%。除此以外，中国区块链创业活跃度前十名的省（市）还包括江苏、四川、福建、湖北、重庆、贵州。从区块链产业细分领域分布状况来看，截至 2018 年 3 月底，区块链领域的行业应用服务类公司数量最多，其中主要为金融行业应用服务的公司达 86 家，主要为实体产业应用服务的公司达 109 家。此外，区块链解决方案、底层平台、区块链媒体及社区领域的相关公司均在 40 家以上。从融资轮次分布状况来看，区块链产业目前还处于非常早期的发展阶段。目前，有接近 90% 的投资事件集中在早期阶段（A 轮及以前），另外有 9% 的投资事件属于战略投资，B 轮及以后的投资事件占比仅为 2%。区块链产业发展方兴未艾。

（五）中国数字经济发展进入快车道

麦肯锡公司 2017 年 12 月发布的《数字中国：提升经济全球竞争力》报告指出：当前中国拥有全球最大的电子商务市场，已成为全球最大的移动支付市场，2016 年中国电商交易额占全球电商交易总额的比重超过 40%，移动支付交易额是美国的 11 倍。中国在虚拟现实、自动驾驶、3D 打印、机器人、无人机、人工智能等多个数字经济领域的风险投资规模均位列全球前三位。党的十九大提出要建设网络强国、数字中国、智慧社会，发展数字经济、共享经济，培育新增长点，形成新动能。2017 年 12 月 8 日，中共中央政治局就实施国家大数据战略进行第二次集体学习，强调要构建以数据为关键要素的数字经济，推动实体经济和数字经济融合发展。

（六）我国网络安全立体防控体系逐渐成型

近年来，垃圾短信、诈骗信息、个人信息泄露等造成的经济损失数额巨大。2017 年，全国人大常委会在多个省（自治区、直辖市）开展执法检查，了解《网络安全法》《全国人大常委会关于加强网络信息保护的决定》的实施情况。2017 年 9 月，第四届国家网络安全宣传周以"网络安全为人民，网络安全靠人民"为主题，宣传了从政府主导的骨干网的网络安全空间监测，到关键设施至各个企业的安全保护机制，再到通过一系列的网络安全软硬件设施对单个终端用户进行保护的内容，我国"三位一体"的网络安全防护格局不断健全，安全工作机制逐渐完善，保障服务机构支撑有力。与此同时，我国网络安全产品和服务基本覆盖安全防护生命周期的各个阶段，2017 年相关产业规模达到 457.13 亿元，产业发展进入了快车道。

三、我国互联网发展趋势分析

（一）下一代网络建设带动 5G 产业崛起

物联网时代，一个家庭往往会有超过 100 样东西需要连接网络，所以我们需要对整体网络频谱利用率更高的新一代网络，这样的网络能连接更多的终端。5G 技术刚刚爆发，因此，在一段时间内，4G 和 5G 会并存；进入物联网时代后，IP 地址的需求会大幅度增加，IPv6 的加快商用正逢其时。目前我国正在加快推进 IPv6 部署，立争通过 5 ～ 10 年建成全球最大商用网络。预计到 2025 年年末，我国 IPv6 网络规模、用户规模、流量规模将位居世界第一，网络、应用、终端将全面支持 IPv6，全面完成向下一代互联网的平滑演进升级，全球领先的下一代互联网技术产业体系形成。全球移动通信系统协会（GSMA）表示：2020 年，全球将有第一批国家正式应用 5G，而中国必将是其中之一。在移动通信领域，中国不仅是一个领先国家，还是创新驱动型国家。

（二）工业互联网促进制造业集成创新

制造业与互联网进一步融合发展，网络化协同、个性化定制、在线增值服务、分享制造等"互联网 + 制造业"新模式有新的进步。工业化与信息化融合管理体系进一步完善，信息技术服务基础能力进一步加强，企业数字化、网络化、智能化水平进一步提升；基于网络、平台、安全体系的工业互联网将取得较大的发展；低功耗、广覆盖、低时延、高可靠的工业物联网将大量投入使用；基于多源数据建模的信息物理系统（CPS）架构将进入实用阶段；基于云计算的工业大数据存储、维护、分析和挖掘技术有望获得突破。工业互联网发展提速，转型升级加快推进。互联网和新一代信息技术与工业系统全方位深度融合所形成的产业和应用生态将进一步形成，面向网络、平台和安全三大体系的大型企业集成创新、中小企业应用普及将进一步完善，逐步具备产业、生态与国际化的支撑能力。

（三）大数据、人工智能将加速推进产业深度融合

高速、移动、安全、泛在的新一代信息基础设施构建取得进展，并将逐步统筹规划政务数据资源和社会数据资源，完善基础信息资源和重要领域信息资源建设，形成万物互联、人机交互、天地一体的网络空间。人工智能的应用将更加广泛，嵌入式 AI 等新模式将推动计算需求向更深层次发展。人工智能与大数据、物联网、云计算、移动互联网等技术加速融合，推动边缘计算在智能化领域崛起，将智能化应用带给用户和企业。

四、国际互联网发展情况

国际电信联盟（ITU）发布的数据显示：2017 年，全球网民达到 35.78 亿人，互联网普及率达到 48%。在全球各地区中，亚太地区的网民人数最多，达到 18.13 亿人，占全球网民总数的 50.7%；美洲地区的网民人数居第二位，达到 6.62 亿人，占全球网民的 18.5%；欧洲名列第三，网民人数达到 5.01 亿人，占全球网民的 14.0%。

在网民数量增长速度方面，非洲、亚太地区和阿拉伯国家的网民数量增速较快，这几个地区 2017 年的网民数量增长率分别为 12.2%、6.8% 和 6.5%；欧洲增长率仅为 2.3%，但其互联网普及率属全球最高，达到 79.6%，具体见表 1。

表 1　全球各地区互联网网民数

单位：百万人

地区	2012 年	2016 年	2017 年	2017 年增长率（%）	5 年复合增长率（%）
全球	2 458.8	3 384.6	3 578.4	5.7	7.8
非洲	99.6	190.1	213.3	12.2	16.5
阿拉伯国家	92.8	162.1	172.7	6.5	13.2
亚太地区	988.7	1 696.9	1 813.0	6.8	12.9
独联体国家	111.1	183.2	190.6	4.1	11.4
欧洲	419.5	489.9	501.0	2.3	3.6
美洲	483.0	637.1	661.9	3.9	6.5

（数据来源：ITU）

在互联网普及程度方面，虽然亚太地区网民总量最多，但与发达国家相比，该地区的互联网普及率仍处于较低水平，仅为 43.9%，低于全球平均水平 4.1 个百分点，仅高于非洲和阿拉伯国家。同时，亚太地区的互联网普及率增长速度较快，在 2017 年增长了 2.0 个百分点，仅略低于阿拉伯国家，高于全球总体的增长幅度（0.9 个百分点）。互联网普及率增长速度最快的地区是阿拉伯国家，独联体排在亚太地区之后，增加幅度为 1.1 个百分点，如图 1 所示。

全球互联网用户超过 34 亿人，同比增长 10%，互联网全球渗透率达 46%。其中，印度互联网用户达 3.55 亿人，同比增长 28%，是仅次于中国的全球第二大互联网市场。全球智能手机出货量增长 3%，2015 年增长 10%，2014 年为 28%，增速持续放缓。2016 年，全球网络广告支出达 370 亿美元，增速为 22%，2015 年增速为 20%。得益于电子商务的迅猛发展，全球包裹数量持续增长，2016 年增长率为 9%。而随着亚马逊等电商巨头纷纷开设实体店，线下零售店倒闭数量打破了 20 年来的纪录。手机游戏开始迅速渗透到人们的日常生活中，从 2015 年 7 月到

2017 年 3 月，全球玩家每日玩手机游戏的时长增长了 33%。云基础设施迅速增长，份额正逐步接近传统数据中心。2016 年，全球公有云与私有云基础设施建设支出达 360 亿美元，占 IT 基础设施建设总支出的 37%。在线娱乐方面，2016 年，互联网已经占据中国用户 55% 的媒体时间，移动互联网使用时长超过电视；与此同时，付费内容崛起，中国消费者越来越愿意为网络游戏、在线直播、在线视频等娱乐内容买单。在共享出行市场方面，中国已经走在世界前列。目前，中国每年共享出行次数已超过 100 亿，占全球市场份额的 67%。中国移动支付市场迅猛发展，百元以下小额交易占比快速增长，移动支付逐步取代现金支付。

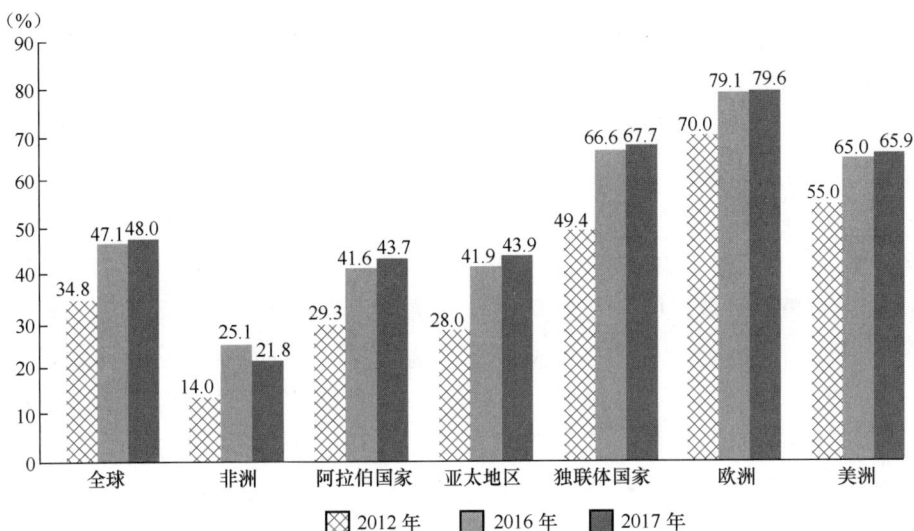

（数据来源：ITU）

图 1　全球各地区互联网普及率

　　2017 年，全球 5G 移动通信时代脚步越来越近，各国政府纷纷将 5G 建设及应用发展视为国家重要目标。2018 年，美国运营商将在部分城市 5G 部署，Verizon 将在 28GHz 的毫米波频段开始部署针对固定无线接入场景的非 3GPP 标准的 5G 独立组网，随后将转向 3GPP 标准的 5G 部署；而 AT&T 则宣称将开始基于 3GPP 标准的 5G NSA 的商用部署。俄罗斯两家大型电信运营商 MegaFon 和 Rostelecom 为共同克服在俄罗斯市场建设 5G 网络所面临的巨大成本挑战，共同成立了一个工作组，两家运营商将使用 3.4 ~ 3.6GHz 和 26GHz 频段频谱探索推出 5G 技术的"选择"。日本 2020 年东京奥运会以及残奥会也成为日本发展 5G 的重要助力，为配合 2020 年东京奥运会和残奥会的举办，日本各运营商将在东京等部分地区启动 5G 的商业应用，随后逐渐扩大区域，日本 NTT DoCoMo、KDDI 和软银三大移动运营商计划于 2020 年在部分地区启动 5G 服务，在 2023 年将 5G 的商业应用范围扩大至日本全国，而总投资额或达 5×10^{12} 日元。在 2017 年 7 月初步协议的基础上，欧盟确立了 5G 发展路线图，该路线图列出了主要活动及时间框架，通过路线图，欧盟就协调 5G 频谱的技术使用和目的以及向电信运营商分配的计划达成了一致，欧盟电信委员会的成员国代表同意到 2025 年将在欧洲各城市推出 5G 的计划。

2018 年平昌冬季奥运会，韩国实现了 5G 首秀，韩国电信运营商 KT 联手爱立信等产业链各环节公司全程提供 5G 网络服务，这成为全球首个大范围的 5G 准商用服务。

以谷歌和 IBM 为代表的国际巨头依托强大的技术实力与数据资源，在基础层、技术层、应用层全面布局人工智能，夯实自身产品基础能力。以自身产品和服务为载体，谷歌全力布局人工智能技术：一方面，谷歌利用人工智能技术持续优化传统业务，不断拓展智能家居、自动驾驶、机器人等创新领域的人工智能业务应用，围绕 Nest、谷歌助手等产品，通过产业并购、开放合作、软硬件一体化等模式构建智能家居生态系统，其推出的基于对谷歌庞大用户数据需求的分析的 Google Home，与亚马逊 Echo 智能音箱展开正面竞争，谷歌还凭借人工智能基础技术优势与福特合作探索无人驾驶领域，并发布了全球首款自动驾驶原型车"豆荚车"；另一方面，谷歌正全力探索发展人工智能基础技术，以深度学习技术为牵引增强图像识别和语音识别能力，实现对数据信息的深度挖掘和智能分析。谷歌推出开源深度学习系统 TensorFlow，依托开源模式快速吸引产业参与者驻留生态圈，并以信息回馈模式实现技术持续演进。DeepMind则将深度学习与强化学习相结合，构建模仿人类认知模式的无监督学习路径。Alpha Go Zero不依赖于人类经验，从零开始，通过 3 天的强化学习与自我互搏，以 100:0 的绝对优势击败 Alpha Go，目前谷歌正逐步将单一围棋学习能力拓展至医疗诊断、无人驾驶等领域，加速谷歌人工智能商业化应用的进程。IBM 围绕 Watson 大力布局认知计算实现医疗等众多领域的先期突破。Watson 通过大数据分析、物联网、异构计算、认知型机器系统等前沿技术，在新能源利用、污染防治、城市管理、生态改善、医疗、交通、食品安全追溯及社区服务等领域提供特色化商业价值挖掘服务，如基于认知技术，通过传感器实时监测水量、流速和水质，确保饮用水安全。此外，IBM 还加快对神经元芯片 TrueNorth 以及量子计算等新兴计算体系架构的布局。

随着互联网的快速发展和用户规模的不断扩大，现有的网络面临着全新的挑战，全球互联网正面临网络地址消耗殆尽、服务质量难以保证等问题，加快部署高速率、广覆盖、智能化的下一代互联网成为当务之急。据了解，当前各国均加大相关战略部署和推进力量，力图抓住互联网向下一代互联网演进的重大机遇。美国、德国、比利时、印度等国家的 IPv6 部署数分别已经接近或者超过 30%，未来 5 ~ 10 年，全球 IPv6 用户数和流量将呈指数性的规模增长，并有望在 2021 年超越 IPv4。我国自 1999 年决定发展 IPv6，在此期间，越来越多的企业，越来越多的互联网使用者，已经采纳了 IPv6，IPv6 对中国的影响非常大。中国 IPv6 用户已接近 2.5 亿人。中国早在 2003 年就已经开展 IPv6 相关研究和部署，2017 年 11 月，中共中央办公厅、国务院办公厅印发了《推进互联网协议第六版（IPv6）规模部署行动计划》，这是具有重大历史意义的政策文件，标志着我国向下一代互联网新时代迈进。

附：我国互联网相关组织介绍

（一）国家互联网应急中心

国家互联网应急中心（全称为国家计算机网络应急技术处理协调中心，CNCERT 或 CNCERT/CC）成立于 1999 年 9 月，是工业和信息化部领导下的国家级网络安全应急机构，致力于建设国家级的网络安全监测中心、预警中心和应急中心，以支撑政府主管部门履行网络安全相关的社会管理和公共服务职能，支持基础信息网络的安全防护和安全运行，支援重要信息系统的网络安全监测、预警和处置。

2003 年，CNCERT 在我国 31 个省（自治区、直辖市）成立分中心，完成了跨网络、跨系统、跨地域的公共互联网网络安全应急技术支撑体系建设，中心具备全国性的互联网网络安全信息共享、技术协同能力。目前，CNCERT 作为国家公共互联网网络安全应急体系的核心技术协调机构，在协调国内网络安全应急组织（CERT）共同处理公共互联网网络安全事件方面发挥着重要作用。

CNCERT 的业务能力主要包括：依托"863-917 网络安全监测系统"实现对网络安全事件的监测；依托对丰富数据资源的综合分析和多渠道的信息获取对网络安全威胁进行分析预警，对网络安全事件进行情况通报，对宏观网络安全状况的态势进行分析等，并承担通信行业互联网网络安全信息通报工作；依托运营商、域名注册商、安全服务厂商等相关部门的快速工作机制和涉及国计民生的重要信息系统部门及执法机关密切合作机制实现对于网络安全事件的快速处置。同时，CNCERT 作为国际知名网络安全合作组织 FIRST 和 APCERT 的重要成员，与多个世界知名的网络安全机构和各个国家级应急组织建立了网络安全事件处理合作机制，可及时掌握和处置重大网络安全突发事件。

（二）中国互联网协会

中国互联网协会于 2001 年 5 月 25 日成立，由互联网行业的网络运营商、服务提供商、设备制造商、系统集成商以及科研、教育机构等 70 多家互联网从业机构共同发起成立。中国互联网协会现有会员单位 400 余家，下设 12 个工作委员会。

中国互联网协会的宗旨是遵守国家宪法、法律和法规，遵守社会道德风尚；坚持以创新的思维、协作的文化、开放的平台、有效的服务指导思想，为会员服务、为行业发展服务、为政府决策服务。中国互联网协会自成立以来，通过开展行业自律举措、举办年度中国互联网大会、开展反垃圾邮件和抵制恶意软件行动、开展互联网公益活动和"信息无障碍"活动等，为建设人人受益的互联网做出了不懈努力。

中国互联网协会的基本任务包括团结互联网行业相关企业、事业单位和社会团体，向政府主管部门反映会员和业界的愿望及合理要求，向会员宣传国家相关政策、法律、法规；制订并实施互联网行业规范和自律公约，协调会员之间的关系，促进会员之间的沟通与协作，充分发挥行业自律作用，维护国家信息安全，维护行业整体利益和用户利益，促进行业服务质量的提高；开展对于我国互联网行业发展状况的调查与研究工作，促进互联网的发展和应用普及，向政府有关部门提出行业发展的政策建议；组织开展有益于互联网发展的研讨、论坛等活动，促进互联网行业内的交流与合作，发挥互联网对我国社会、经济、文化发展的积极作用；积极开展国际交流与合作，组织国内互联网相关企业和事业单位参与国际互联网相关组织举办的活动，在国际互联网事务中发挥积极作用；办好协会网站、刊物，组织编撰出版《中国互联网发展报告》，为业界提供互联网信息服务等。

（三）中国互联网络信息中心

中国互联网络信息中心（China Internet Network Information Center，CNNIC）是于 1997 年 6 月 3 日成立的互联网管理和服务机构，作为中国信息社会基础设施的建设者和运行者，CNNIC 以"为我国互联网络用户提供服务，促进我国互联网络健康、有序发展"为宗旨，负责管理维护我国互联网地址系统，引领我国互联网地址行业发展，权威发布我国互联网统计信息，代表中国参与国际互联网社群。

CNNIC 的主要职责包括以下几个方面。一是互联网地址资源注册管理，具体负责运行和管理国家顶级域名 .CN、中文域名系统、通用网址系统及无线网址系统，为全球用户提供不间断的域名注册、域名解析和 Whois 查询服务。以 CNNIC 为召集单位的 IP 地址分配联盟负责为我国的网络服务提供商和网络用户提供 IP 地址和 AS 号码的分配管理工作。二是互联网调查与相关信息服务，具体负责开展中国互联网络发展状况等多项互联网络统计调查工作，描绘中国互联网络的宏观发展状况，记录其发展脉络。三是提供目录数据库服务，具体负责建立并维护全国最高层次的网络目录数据库，提供对域名、IP 地址、AS 号码等方面信息的查询服务；四是互联网寻址技术研发，跟踪国际互联网技术的最新发展情况，承担相关研发工作和国家有关科研项目。五是开展国际交流与政策调研。

基础电信企业 2017 年发展综述

中国电信集团有限公司 2017 年发展综述 [12]

中国电信集团有限公司（以下简称公司）是一家全球大型的、领先的全业务综合信息服务提供商，主要在中国提供固定及移动通信服务、互联网接入服务、信息服务，以及其他增值电信服务。截至 2017 年年底，公司拥有约 2.50 亿户移动用户、约 1.34 亿户有线宽带用户及约 1.22 亿户固定电话用户。公司发行的 H 股及美国存托股份分别在香港联合交易所有限公司（"香港联交所"）和纽约证券交易所挂牌上市。

一、财务重点

财务重点见表 1。

表 1　财务重点

	2015年 （重列）	2016年 （重列）	2017年
经营收入（人民币百万元）	331 517	352 534	366 229
EBITDA[1]（人民币百万元）	94 113	95 162	102 171
EBITDA率[2]	32.1%	30.7%	30.9%
净利润[3]（人民币百万元）	20 058	18 018	18 617
资本开支（人民币百万元）	109 094	96 817	88 712
自由现金流[4]（人民币百万元）	21 533	7 648	7 267
债务权益比[5]	38.4%	35.7%	32.0%
每股净利润（人民币元）	0.2478	0.2226	0.2300
每股股息（港元）	0.095	0.105	0.115

注：1. EBITDA计算方法为"经营收入"减去"经营费用"加上"折旧"及"摊销"。
　　2. EBITDA率计算方法为"EBITDA"除以"服务收入"。
　　3. 净利润为本公司股东应占利润。
　　4. 自由现金流的计算方法为"EBITDA"扣减"资本支出"和"所得税"。
　　5. 权益为本公司股东应占权益。

---

12. 内容选自 2017 年中国电信集团有限公司上市财报。

二、业务概览

2015 年、2016 年及 2017 年公司主要经营数据见表 2。

表 2　2015 年、2016 年及 2017 年公司主要经营数据

	单位	2015年	2016年	2017年	2017年较2016年的变化率
移动用户数	百万户	197.90	215.00	249.96	16.3%
其中：4G用户数	百万户	58.46	121.87	182.04	49.4%
移动语音通话总分钟数	十亿分钟	667.50	720.60	769.20	6.7%
手机上网总流量	kTB	554.70	1 277.00	3 597.00	181.7%
4G用户月均流量（DOU）	MB/（月·户）	751.00	1 029.00	2 012.00	95.5%
有线宽带用户数	百万户	113.06	123.12	133.53	8.5%
其中：光纤宽带（FTTH）用户数	百万户	70.99	105.99	126.17	19.0%
天翼高清用户数	百万户	40.38	61.33	85.76	39.8%
物联网连接数	百万个	0.98	14.19	44.30	212.2%
翼支付月均活跃用户数	百万户	3.51	16.21	33.00	103.6%
固定电话用户数	百万户	134.32	126.86	121.80	-4.0%
固定电话本地语音通信总次数	十亿次	110.90	93.40	75.10	-19.6%

2017 年，公司加快推进网络智能化、业务生态化和运营智能化发展，聚焦五大生态圈的规模发展，收入增长势头良好，业务结构持续优化，用户规模不断扩大，综合实力显著增强。

1. 经营收入稳步增长，业务结构持续优化

2017 年，公司实现经营收入为 3 662 亿元人民币，较 2016 年增长 3.9%；服务收入为 3 310 亿元人民币，较 2016 年增长 6.9%。公司收入结构持续优化，新兴业务收入占比 46%，较 2016 年提升 6.4 个百分点，其中，手机上网和新兴 ICT 业务收入分别较 2016 年增长 33% 和 20%，成为收入增长的主要驱动力。

2. 经营收入稳步增长，业务结构持续优化

移动用户净增实现同比翻番。公司积极释放流量价格弹性，推出大流量套餐和互联网卡套餐，扩大流量消费，提升流量价值，实现量收同步增长，手机上网总流量同比增长 182%，手机上网收入同比增长 33%；加快推进"全网通"终端普及，推动六模"全网通"获得国际标准认证，聚合产业链深化终端运营。2017 年全行业"全网通"销量同比增长超过 20%，占手机销量的比重达到近 80%，其中中国电信"全网通"终端销量超过 1.3 亿部，同比增长近 70%，移动业务的发展空间得到了进一步拓展。

3．宽带品牌差异化优势突显，抗压性和成长性增强

2017 年，公司有线宽带用户净增 1 041 万户，达到 1.34 亿户，其中百兆及以上用户占比近 50%；天翼高清用户净增 2 443 万户，达到 8 576 万户。

2017 年，在宽带竞争日益严峻、市场格局面临变化的情况下，公司宽带业务继续保持快速增长，净增用户数创近 5 年新高，体现了良好的抗压性和成长性。公司以智能家庭为突破口，紧盯智能家居、视频娱乐、家庭组网等日益增长的市场需求，推出光宽、天翼高清、智能组网、家庭云等多业务融合的模式，加速构建智能家庭生态圈；秉承领先的发展理念，持续深化"宽带中国·光网城市"战略，率先实现全光网覆盖和千兆引领，优化网络架构，保障端到端优质上网体验；加快装维响应速度，推广"当日装、当日修、慢必赔"的服务标准，制定行业首个高清视频服务标准，提升用户服务感知，公司固定上网满意度保持行业领先。

4．生态化运营成效显著，新兴业务发展动能强劲

2017 年，新兴 ICT 生态圈收入同比增长 20%，其中，IDC 业务收入同比增长 20%，云业务收入同比增长 62%，大数据业务收入同比增长 88%，物联网生态圈收入同比增长近 200%。

2017 年，云计算、大数据、物联网市场进入爆发期，政务云和智能城市市场实现规模扩张，公司加快新兴业务拓展，整合云计算、大数据等智能平台，聚合内容、解决方案和应用等合作伙伴，为企业用户提供 ICT 能力开放云平台，聚焦政务、教育、健康医疗、工业互联网四大重点行业，加大开放合作，拓展信息化应用，推动产业转型升级。公司充分发挥 NB-IoT 网络先发优势和 800MHz 频段深度覆盖、高上线率的先天优势，全面升级物联网开放平台，率先发布 NB-IoT 模块白皮书，以模块补贴、项目牵引等多种方式促进产业链上游的成熟发展，目前已有 30 个品牌 34 个型号的 NB-IoT 通信模块具备量产能力。公司还积极向智慧城市、白色家电、畜联网等垂直领域拓展，联合业内领先合作伙伴率先发布智能应用和产品，打造新一代物联网新标杆；推动消费金融发展模式创新，推出翼支付红包和橙分期产品，与基础业务相互借力、协同发展；借助线下渠道拓展消费环境，提升用户消费频次，翼支付活跃用户、活跃商户、交易额规模快速扩大。

5．深化渠道运营，渠道销售与服务能力稳步提升

公司持续推进渠道专业化运营，有效拓展渠道规模，强化渠道协同，渠道销售与服务能力显著增强。实体渠道聚焦商圈、社区、农村三大重点区域，强化重点区域网点覆盖，优化渠道布局，建设社区清单化销售体系，推进渠道积分落地，提升门店效能，有效支撑了经营发展。2017 年实体渠道有效网点同比增加 20 000 家，自有厅单店销量同比提升 26%。电子渠道推进 O2O 协同运营，通过互联网卡合作、精准营销等销售模式的创新，线上销售能力进一步提升，线上销量占总销量的比重为 13%。政企渠道加强直销体系建设，打造销售、支撑、服务一体化团队，提升新兴业务销售能力；拓展新型服务渠道，深入开展服务注智，推出视频直播客服、微信客服、智能客服机器人等智能化服务手段，全面提升客户服务效率。

6. 精品网络基本建成，网络领先优势进一步确立

2017 年，公司加快推进 4G、全光网和物联网精品网络建设和网络智能化建设，建成国内首张、全球最大的 LTE-FDD 4G 网络，基站总数达到 117 万座，全国人口覆盖率达到 98%；建成全球最大的光纤到户网络，城区及乡镇住宅已基本实现全光网覆盖；150 多个重点城市按需部署千兆光网，有效保障光网领先优势。公司依托 800MHz LTE 低频网络，率先低成本建成全球首张全覆盖的 NB-IoT 网络，该网络已成为智能家居、智慧城市和智能制造等万物互联的主要承载网络。公司基本建成统一运营的云基础设施和大数据平台等，有力地支撑了生态圈新兴业务规模发展。

三、2018 年展望

2018 年是公司进一步创建竞争优势、促进转型升级的关键之年。公司将继续加强战略引领，深入推进网络智能化、业务生态化和运营智能化发展，加快五大生态圈建设，打造差异化竞争优势，实现规模和收入新突破。在智能连接生态圈方面，公司落实全业务融合策略，整合大流量、"全网通"、翼支付红包、高品质宽带、4K 高清、智能家庭应用等差异化优势，进一步加快 4G 和光宽带规模发展，推动基础业务发展再提速；加强流量经营和存量经营，优化流量与内容相结合的流量经营模式，实现客户价值提升。在智能家庭生态圈，公司加速天翼高清规模发展和价值变现，推动家庭云、智能组网、智能音箱、视频监控、统一账号等重点应用快速上量、快速迭代、快速加载，加快生态落地。在互联网金融生态圈，公司融合基础业务优势，做大翼支付交易规模、活跃用户规模和活跃商户规模，扩展支付场景，增强支付能力，做优客户体验。在物联网生态圈，公司发挥 4G 专网和低频 NB-IoT 网络优势，聚焦智慧城市、垂直行业、个人消费三类市场，打造使能平台优势，抢占物联网应用市场，实现规模突破。在新兴 ICT 生态圈，公司以云引领重点业务，建立"两 T"两融合发展优势，变裸连接为云网融合、物云融合，以云带动移动、专线、卫星发展，实现融合式发展、差异化竞争与生态化协同。

2018 年，公司加快推进运营智能化，着力创建 IT、大数据、渠道、客户服务等支撑使能优势，面向企业内部和客户打造数字化能力开放运营平台，聚合全网 IT、数据、平台等标准能力，围绕典型应用场景，加大在市场营销、客户服务、产品开发和网络运营等领域的应用力度，促进提质增效，优化客户体验。公司推动以需求为中心、以大数据应用为驱动、线上线下融合的新型综合渠道体系的建设，提升渠道销售服务能力；构建全国统一的人工智能平台，开展"主动服务、智能预警"，持续提升服务效率；建立产品质量、运营质量和服务质量监控体系，持续完善品质管理体系，确保全部产品和服务品质优势。

公司将以 CTNet2025 为指引，深入推进网络智能化发展，打造 4G 网、全光网、物联网三张精品基础网络，创建综合网络优势。4G 网络实现"四领先一确保"，做到广域覆盖适度领先、连续覆盖相对领先、浅层覆盖绝对领先、深度覆盖针对性领先，确保用户对 4G 国际信息通信展览会网络有全新的体验感知，支撑 VoLTE 高清语音业务的规模商用。公司将强化宽带网络端

到端梳理，巩固光网覆盖优势，确保家庭宽带和政企接入的绝对优势；持续优化 NB-IoT 网络，加快引入 eMTC，打造高品质物联网络；统筹规划云、IDC 基础设施和 CDN 布局，按计划推进 SDN/NFV 部署；积极推动公司转型升级战略稳步实施，有力支撑业务规模发展，不断提高企业发展质量和效益，促进企业价值、客户价值和员工价值共同成长。

（一）概要

2017 年，公司在转型升级战略的引领下，深化改革创新，加速规模发展，不断积蓄发展动能，使效率和效益得到了有效提升，整体经营业绩稳健增长。2017 年，经营收入为人民币 3 662 亿元，较 2016 年 [13] 增长 3.9%；服务收入 [14] 为人民币 3 310 亿元，较 2016 年增长 6.9%；经营费用为人民币 3 390 亿元，较 2016 年增长 4.2%；本公司股东应占利润为人民币 186 亿元，较 2016 年增长 3.3%，每股基本净利润为人民币 0.23 元；EBITDA[15] 为人民币 1 022 亿元，较 2016 年增长 7.4%，EBITDA 率 [16] 为 30.9%，较 2016 年提升 0.2 个百分点。

（二）经营收入

2017 年，公司积极创新融合发展模式，有效应对市场竞争，使用户规模加速增长，收入结构持续优化，经营收入稳步增长。2017 年，公司经营收入为人民币 3 662 亿元，较 2016 年增长 3.9%，其中，移动业务收入为人民币 1 805 亿元，较 2016 年增长 4.8%；固网业务收入为人民币 1 857 亿元，较 2016 年增长 3.0%。

表 3 所示为 2016 年和 2017 年公司的各项经营收入的金额及其变化率。

表 3　2016 年和 2017 年各项经营收入的金额及其变化率

（除百分比数字外，单位皆为人民币百万元）

经营收入	分别截至各年度12月31日		
	2017年	2016年（重列）	2017年较2016年的变化率
话音	61 678	70 185	−12.1%
互联网	172 554	150 449	14.7%

---

13. 2017 年本公司收购了卫星通信业务及陕西中和恒泰保险代理有限公司，将其作为共同控制下的企业合并，以前年度比较数字已予重列。详情请参阅 2017 年度经审核的合并财务报表附注 1。

14. 服务收入为"经营收入"减去"移动商品销售收入"（2017 年为人民币 267.59 亿元，2016 年为人民币 346.12 亿元）、"固网商品销售收入"（2017 年为人民币 64.46 亿元，2016 年为人民币 59.02 亿元）和"其他非服务收入"（2017 年为人民币 19.80 亿元，2016 年为人民币 22.08 亿元）。

15. EBITDA 计算方法为"经营收入"减去"经营费用"加上"折旧"及"摊销"。由于通信业是资本密集型产业，资本开支、债务水平和财务费用可能对具有类似经营成果的公司净利润产生重大影响。因此，我们认为对于像我们这样的通信公司而言，EBITDA 有助于帮助公司分析经营成果。虽然 EBITDA 在世界各地的通信业被广泛地用作反映经营业绩、借债能力和流动性的指针，但是按公认会计原则，它不作为衡量经营业绩和流动性的尺度，也不代表经营活动产生的净现金流量。此外，本公司的 EBITDA 也不一定与其他公司的类似指针具有可比性。

16. EBITDA 率计算方法为"EBITDA"除以"服务收入"。

经营收入	分别截至各年度12月31日		
	2017年	**2016年（重列）**	**2017年较2016年的变化率**
信息及应用服务	73 044	66 881	9.2%
通信网络资源服务及网络设施出租	19 125	17 781	7.6%
其他	39 828	47 238	−15.7%
经营收入合计	366 229	352 534	3.9%

1．话音

2017 年，受 OTT 等移动互联网业务替代的持续影响，话音业务收入为人民币 617 亿元，较 2016 年下降 12.1%，占经营收入的比重为 16.8%。其中，固网话音收入为人民币 223 亿元，较 2016 年下降 14.3%；移动话音收入为人民币 394 亿元，较 2016 年下降 10.8%。话音收入风险进一步降低，收入结构持续改善。

2．互联网

2017 年，互联网业务收入为人民币 1 726 亿元，较 2016 年增长 14.7%，占经营收入的比重为 47.1%。公司进一步深化融合经营，强化应用填充，优化网络和服务质量，巩固宽带市场主导地位，在维持宽带用户规模增长的同时，努力保护企业价值。截至 2017 年年底，有线宽带用户达 1.34 亿户，净增 1 041 万户。有线宽带接入收入为人民币 767 亿元，与 2016 年基本持平。公司立体布局 4G 发展，积极推进"全网通"终端的普及，创新推出大流量产品，持续打造 4G 精品网络，为移动业务发展提供高速增长新动能，有效驱动移动数据流量与收入快速增长，移动互联网接入收入为人民币 930 亿元，较 2016 年增长 31.5%，其中手机上网收入为人民币 909 亿元，较 2016 年增长 33.1%。

3．信息及应用服务

2017 年，信息及应用服务收入为人民币 730 亿元，较 2016 年增长 9.2%，占经营收入的比重为 20.0%。其中，固网信息及应用服务收入为人民币 520 亿元，较 2016 年增长 17.3%，增长主要得益于 IDC 业务、云业务、大数据业务和天翼高清业务的快速发展。移动信息及应用服务收入为人民币 210 亿元，较 2016 年下降 6.7%，这主要是由信息查询类等传统增值业务收入的下降造成的。

4．通信网络资源服务及网络设施出租

2017 年，通信网络资源服务及网络设施出租业务收入为人民币 191 亿元，较 2016 年增长 7.6%，占经营收入的比重为 5.2%。其中，固网通信网络资源服务及网络设施出租业务收入为人民币 188 亿元，较 2016 年增长 7.0%，这主要得益于 IP-VPN 业务和数字电路业务收入的良好增长。

5．其他

2017 年，其他业务收入为人民币 398 亿元，较 2016 年下降 15.7%，占经营收入的比重为 10.9%。其中，移动商品销售收入为人民币 268 亿元，较 2016 年下降 22.7%，出现下降的原

因主要是随着"全网通"终端的大力推广普及，通过开放渠道销售的终端数量得到了提升，公司集采力度减小。

（三）经营费用

公司持续优化成本结构，合理资源配置，支撑规模发展。2017 年，公司经营费用为人民币 3 390 亿元，较 2016 年增长 4.2%；经营费用占经营收入的比重为 92.6%，较 2016 年增长 0.3 个百分点。

表 4 所示为 2016 年和 2017 年公司各项经营费用的金额及其变化率。

表 4　2016 年和 2017 年公司各项经营费用的金额及其变化率

（除百分比数字外，单位皆为人民币百万元）

经营费用	分别截至各年度12月31日		
	2017年	2016年（重列）	2017年较2016年的变化率
折旧及摊销	74 951	67 942	10.3%
网络运营及支撑成本	103 969	94 156	10.4%
销售、一般及管理费用	58 434	56 426	3.6%
人工成本	56 043	54 504	2.8%
其他经营费用	45 612	52 286	-12.8%
经营费用合计	339 009	325 314	4.2%

1. 折旧及摊销

2017 年，折旧及摊销为人民币 750 亿元，较 2016 年增长 10.3%，占经营收入的比重为 20.5%。增长的主要原因是公司从 2017 年 10 月 1 日起将部分固定资产的会计折旧年限由 10 年变更为 5 年，折旧费用相应增加人民币 40 亿元；同时，公司近几年持续大规模投资建设 4G 和光宽网络，新增资产折旧增加大于存量资产折旧的减少。

2. 网络运营及支撑成本

2017 年，网络运营及支撑成本为人民币 1 040 亿元，较 2016 年增长 10.4%，占经营收入的比重为 28.4%。增长的主要原因是，为提升网络能力和质量，铁塔租赁费用以及修理费用有所增加；同时，公司加强成本管控，成本增幅得到有效控制。

3. 销售、一般及管理费用

2017 年，销售、一般及管理费用为人民币 584 亿元，较 2016 年增长 3.6%，占经营收入的比重为 16.0%；销售费用为人民币 503 亿元，较 2016 年增长 5.3%。公司持续优化营销模式，适度加大渠道费用的投入，同时终端补贴成本大幅下降，整体营销费用使用效率得到有效提升。其中，第三方佣金及服务支出为人民币 363 亿元，较 2016 年增长 17.9%；广告及宣传等销售费用为人民币 141 亿元，较 2016 年下降 17.6%，其中，终端补贴为人民币 47.1 亿元，较 2016 年下降 49.8%。

4．人工成本

2017 年，人工成本为人民币 560 亿元，较 2016 年增长 2.8%，占经营收入的比重为 15.3%。

5．其他经营费用

2017 年，其他经营费用为人民币 456 亿元，较 2016 年下降 12.8%，占经营收入的比重为 12.4%。移动终端设备销售支出为人民币 255 亿元，较 2016 年下降 22.5%，下降的主要原因是随着移动终端销售收入的下降，支出同比下降。

（四）财务成本净额

2017 年，财务成本净额为人民币 32.9 亿元，较 2016 年增长 1.7%。2017 年汇兑净损失为人民币 1.34 亿元，汇兑损益的变动主要受人民币对美元汇率变动的影响。

（五）盈利水平

1．所得税

公司的法定所得税率为 25%。2017 年，公司所得税费用为人民币 62 亿元，实际税率为 24.8%。公司实际税率与法定税率存在差异的主要原因是部分子公司和处于西部地区的部分分公司享受税收优惠政策，执行的税率低于法定税率。

2．本公司股东应占利润

2017 年，本公司股东应占利润为人民币 186 亿元，较 2016 年增长 3.3%。

（六）会计估计变更

自 2016 年 6 月实施转型升级战略以来，公司加速构建新一代网络，由此对资产的高性能和快速迭代提出了更高的要求。2017 年，公司经过评估认为，随着视频业务的高清化快速发展、IT 的快速演进和设备的快速更新迭代，企业信息系统设备、IPTV 设备和 CDN 设备的预计使用年限发生了变化。为确保固定资产会计折旧年限更加符合资产实际使用情况，公司决定将上述资产的会计折旧年限由 10 年变更为 5 年，以进一步夯实资产质量，提升业务市场竞争力，促进公司的长期可持续发展，上述变更自 2017 年 10 月 1 日起开始执行。此次会计估计变更相应带来 2017 年折旧费用人民币 40.45 亿元的增加。

（七）资本支出及现金流量

1．资本支出

2017 年，公司继续加强资本支出管控力度，持续优化投资结构，利用大数据实施精准投资，提升投资效率和效益。2017 年资本支出为人民币 887.12 亿元，较 2016 年下降 8.4%。

2．现金流量

2017 年，现金及现金等价物净减少人民币 49.08 亿元，2016 年的现金及现金等价物净减少人民币 74.63 亿元，具体见表 5。

表5　2017 年和 2016 年公司现金流量

（人民币百万元）

	分别截至各年度12月31日		
	2017年	2016年（重列）	2017年较2016年的变化率
经营活动产生的现金流量净额	96 502	101 135	-4.6%
投资活动所用的现金流量净额	85 263	99 043	-13.9%
融资活动所用的现金流量净额	16 147	9 555	69.0%
现金及现金等价物净减少	4 908	7 463	-34.2%

2017 年，经营活动产生的现金净流入为人民币 965 亿元，净流入较 2016 年下降 4.6%，下降的主要原因是与经营活动有关的支出有所增长。

2017 年，投资活动所用的现金净流出为人民币 852 亿元，净流出较 2016 年下降 13.9%，下降的主要原因是资本开支有所减少。

2017 年，融资活动所用的现金净流出为人民币 161 亿元，净流出较 2016 年提高 69.0%，提高的主要原因是偿还 2017 年到期的收购移动网络资产的递延对价金额高于新取得的借款。

3. 营运资金

公司一贯坚持稳健审慎的财务政策和严格的资金管理制度。2017 年年底，营运资金（即总流动资产减总流动负债）短缺为人民币 2 039 亿元，比 2016 年（短缺）减少人民币 411 亿元，短缺减少主要是偿还 2017 年到期的收购移动网络资产的递延对价。截至 2017 年 12 月 31 日，未动用信贷额度为人民币 1 548 亿元（2016 年为人民币 1 612 亿元）。考虑到经营活动净现金流入保持稳定以及公司保持了良好的信贷信用，公司有足够的营运资金满足生产经营需要。2017 年年底，现金及现金等价物为人民币 194 亿元，其中人民币现金及现金等价物占 81.6%（2016 年为 81.8%）。

（八）资产负债情况

2017 年，公司财务状况继续保持稳健。截至 2017 年年底，公司总资产由 2016 年年底的人民币 6 526 亿元增加至人民币 6 612 亿元，增长 1.3%；总债务由 2016 年年底的人民币 1 125 亿元减少至人民币 1 044 亿元。总债务对总资产的比例由 2016 年年底的 17.2% 下降至 15.8%。

1. 债务

公司于 2016 年年底和 2017 年年底的债务见表6。

表6　2016 年和 2017 年公司债务

（人民币百万元）

	分别截至各年度12月31日	
	2017年	2016年
短期贷款	54 558	40 780

（续表）

	分别截至各年度12月31日	
	2017年	**2016年**
一年内到期的长期贷款及应付款	1 146	62 276
长期贷款	48 596	9 370
融资租赁应付款项（含一年内到期的部分）	77	102
总债务	104 377	112 528

2017 年年底，公司总债务为人民币 1 044 亿元，较 2016 年年底减少了人民币 82 亿元，减少的主要原因是公司开展资金集约化管理，有效降低了付息债规模。在总债务中，人民币贷款、美元贷款和欧元贷款分别占 99.4%（2016 年为 99.4%）、0.4%（2016 年为 0.4%）和 0.2%（2016 年为 0.2%）。债务中固定利率贷款占 99.5%（2016 年为 44.3%），其余为浮动利率贷款。

截至 2017 年 12 月 31 日，本公司或附属公司无抵押任何资产作为债务的抵押品（2016 年无）。

公司大部分业务获得的收入和支付的费用都以人民币进行交易，因此无任何外汇波动导致的重大风险。

2．公司于中国铁塔的投资

2017 年，公司持有中国铁塔股份有限公司（以下简称"中国铁塔"）27.9% 的股权。公司未来可通过中国铁塔获得更多的基础网络资源；同时作为中国铁塔股东之一，公司预计未来可获益于中国铁塔利润和价值的提升。

附：财务报表

1. 合并权益变动表

截至 2017 年 12 月 31 日（以人民币百万元列示）。

	本公司股东应占权益								非控制性	
	股本	资本公积	股本溢价	盈余公积	其他储备	汇兑储备	留存收益	合计	权益	权益合计
2016年1月1日余额	80 932	17 150	10 746	70 973	876	(812)	123 919	303 784	967	304 751
就第八次收购做出的调整	—	10	—	—	—	—	29	39	—	39
重列后的2016年1月1日余额	80 932	17 160	10 746	70 973	876	(812)	123 948	303 823	967	304 790
本年利润（重列）	—	—	—	—	—	—	18 018	18 018	105	18 123
本年其他综合收益	—	—	—	—	(165)	190	—	25	—	25
本年综合收益合计（重列）	—	—	—	—	(165)	190	18 018	18 043	105	18 148
处置附属公司	—	—	—	—	—	—	—	—	(15)	(15)
分配子非控制性权益	—	—	—	—	—	—	—	—	(86)	(86)
股息	—	—	—	—	—	—	(6 489)	(6 489)	—	(6 489)
利润分配	—	—	—	1 638	—	—	(1 638)	—	—	—
重列后的2016年12月31日余额	80 932	17 160	10 746	72 611	711	(622)	133 839	315 377	971	316 348
本年利润	—	—	—	—	—	—	18 617	18 617	144	18 761
本年其他综合收益	—	—	—	—	(293)	(259)	—	(552)	—	(552)
本年综合收益合计	—	—	—	—	(293)	(259)	18 617	18 065	144	18 209
取得非控制性权益	—	46	—	—	—	—	—	46	(196)	(150)
分配子非控制性权益	—	—	—	—	—	—	—	—	(89)	(89)
股息	—	—	—	—	—	—	(7 530)	(7 530)	—	(7 530)
利润分配	—	—	—	1 686	—	—	(1 686)	—	—	—
其他	—	(80)	—	—	(4)	—	(7)	(91)	—	(91)
2017年12月31日余额	80 932	17 126	10 746	74 297	414	(881)	143 233	325 867	830	326 697

2. 合并现金流量表

截至各年度 12 月 31 日（以人民币百万元列示）。

	2017年	2016年 （重列）
经营活动产生的现金净额	96 502	101 135
投资活动所用的现金流量		
资本支出	（87 334）	（96 678）
预付土地租赁费所支付的现金	（89）	（99）
投资所支付的现金	（443）	（3 099）
处置物业、厂房及设备所收到的现金	2 066	1 560
转让预付土地租赁费所收到的现金	72	10
处置附属公司导致的现金净流入/（流出）	184	（50）
短期银行存款投资额	（2 815）	（3 237）
短期银行存款到期额	3 096	2 550
投资活动所用的现金净额	（85 263）	（99 043）
融资活动所用的现金流量		
融资租赁所支付的本金	（84）	（59）
取得银行及其他贷款所收到的现金	123 250	110 446
偿还银行及其他贷款所支付的现金	（69 953）	（113 366）
偿还移动网络收购递延对价	（61 710）	—
支付股息	（7 530）	（6 489）
支付予非控制性权益的现金	（89）	（87）
取得非控制性权益所支付的现金	（31）	—
融资活动所用的现金净额	（16 147）	（9 555）
现金及现金等价物减少净额	（4 908）	（7 463）
于1月1日的现金及现金等价物	24 617	31 869
汇率变更的影响	（299）	（211）
于12月31日的现金及现金等价物	19 410	24 617

① 税前利润与经营活动产生的现金净额的调节（以人民币百万元列示）。

	2017年	2016年 （重列）
税前利润	24 953	24 116
调整：		
折旧及摊销	74 951	67 942
呆坏账的减值损失	2 036	2 278
长期资产的减值损失	10	62
存货的减值损失	178	176
投资收益	（147）	（40）
应占联营公司的收益	（877）	（91）
利息收入	（429）	（354）
利息支出	3 586	3 702
净汇兑亏损/（收益）	134	（113）
报废和处置长期资产的净损失	1 841	1 867
营运资金变动前的经营利润	106 236	99 545
应收账款增加	（2 770）	（2 306）
存货减少	905	1 038
预付款及其他流动资产增加	（2 618）	（3 783）
其他资产（增加）/减少	（231）	366
应付账款（减少）/增加	（4 213）	3 755
预提费用及其他应付款增加	7 232	10 878
递延收入减少	（202）	（418）
经营产生的现金	104 339	109 075
收到的利息	433	366
支付的利息	（3 707）	（3 737）
取得的投资收益	63	57
支付的所得税	（4 626）	（4 626）
经营活动产生的现金净额	96 502	101 135

② 截至 2016 年 12 月 31 日，该金额包含 2015 年向中国铁塔股份有限公司（中国铁塔）出售若干通信铁塔及相关资产（铁塔资产处置）的交易中本公司向中国铁塔支付的现金代价人民币 29.66 亿元。现金代价已于 2016 年 2 月支付。

中国移动通信集团有限公司 2017 年发展综述 [17]

中国移动通信集团有限公司（以下简称"公司"）于 1997 年 9 月 3 日在香港成立，并于 1997 年 10 月 22 日和 23 日分别在纽约证券交易所（纽约交易所）和香港联合交易所有限公司（香港交易所）上市。公司股票在 1998 年 1 月 27 日成为香港恒生指数成份股。

中国移动通信集团有限公司为中国的 31 个省（自治区、直辖市）以及香港特别行政区提供全业务通信服务，业务主要涵盖移动话音和数据、有线宽带以及其他通信信息服务。截至 2017 年 12 月 31 日，中国移动通信集团有限公司的员工达 464 656 人，移动客户达 8.87 亿人，有线宽带客户达 1.13 亿人，2017 年收入超过人民币 7 400 亿元。

中国移动通信集团有限公司的最终控股股东是中国移动通信集团有限公司（原称为中国移动通信集团有限公司，简称移动集团）。截至 2017 年 12 月 31 日，移动集团间接持有本公司约 72.72% 的已发行总股数，余下约 27.28% 由公众人士持有。

一、财务摘要

财务摘要见表 1。

表 1　财务摘要

	2017 年	**2016 年**
营运收入（人民币百万元）	740 514	708 421
其中：通信服务收入（人民币百万元）	668 351	623 422
EBITDA（人民币百万元）	270 421	256 677
EBITDA 率	36.5%	36.2%
EBITDA 占通信服务收入比	40.5%	41.2%
股东应占利润（人民币百万元）	114 279	108 741
股东应占利润率	15.4%	15.3%
每股基本盈利（人民币元）	5.58	5.31
每股股息——中期（港元）	1.623	1.489
——末期（港元）	1.582	1.243
——特别股息（港元）	3.200	—
——全年（港元）	6.405	2.732

---

17. 内容选自 2017 年中国移动通信集团有限公司上市财报。

营运收入
（人民币百万元）

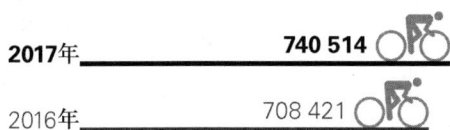

2017年	**740 514**
2016年	708 421

通信服务收入
（人民币百万元）

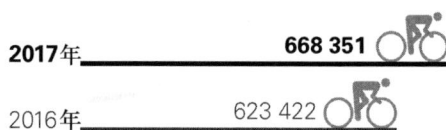

2017年	**668 351**
2016年	623 422

EBITDA
（人民币百万元）

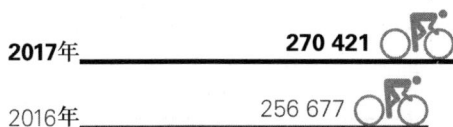

2017年	**270 421**
2016年	256 677

股东应占利润
（人民币百万元）

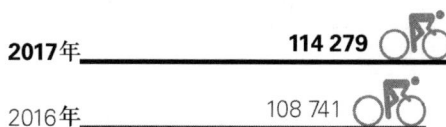

2017年	**114 279**
2016年	108 741

二、业务概览

2017 年，中国移动通信集团有限公司加快实施"大连接"战略，坚持"四轮驱动"融合发展，深化改革创新和协同运营，不断增强转型升级持续发展的能力，进一步夯实战略实施的基础，保持了良好的发展势头，取得了出色的业绩。

（一）主要运营数据

主要运营数据见表 2。

表 2　主要运营数据

	分别截至各年度12月31日		
	2017年	**2016年**	**2017年较2016年的变化率**
移动业务			
客户数（百万户）	887	849	4.5%
其中：4G客户数（百万户）	650	535	21.4%
净增客户数（百万户）	38	23	69.1%
其中：净增4G客户数（百万户）	114	223	−48.6%
平均每月每户通话分钟（MOU）［分钟/（户·月）］	366	408	−10.2%
平均每月每户手机上网流量（DOU）［MB/（户·月）］	1 399	697	100.9%
4G客户平均每月每户手机上网流量（DOU）［MB/（户·月）］	1 756	1 027	71.0%
平均每月每户收入（ARPU）［人民币元/（户·月）］	57.7	57.5	0.3%

（续表）

	分别截至各年度12月31日		
	2017年	2016年	2017年较2016年的变化率
宽带业务			
有线宽带客户数（百万户）	113	78	44.9%
其中：家庭宽带客户数（百万户）	109	74	47.3%
有线宽带ARPU［人民币元/（户·月）］	35.1	32.1	9.3%
家庭宽带综合ARPU［人民币元/（户·月）］	33.3	28.3	17.7%
物联网业务			
物联网智能连接数（百万个）	229	103	122.3%

（二）经营业绩

中国移动通信集团有限公司于 2017 年继续保持行业领先地位。4G 客户净增 1.14 亿户，总数达到 6.50 亿户，4G 业务保持行业领先；手机上网流量增长 121.3%；宽带业务高速发展，家庭宽带客户达到 1.09 亿户；物联网业务发展迅速，物联网智能连接数净增 1.26 亿个，总规模达到 2.29 亿。"四轮驱动"势头良好。

1. 个人移动市场

4G 既是"四轮驱动"的重点，也是市场竞争的焦点。2017 年，中国移动通信集团有限公司一方面努力做大增量规模，另一方面强化存量经营，保持 4G 领先发展：提升发展效率，4G 渗透率达到 73%；深耕客户价值，推动流量快速增长，4G 手机客户 DOU 达到 1756MB/（户·月）；优化终端销售模式，网内 4G+ 终端销量超过 1 亿部；提升 VoLTE 高清语音服务，实现无感知自动开通，VoLTE 客户达到 2 亿户，实现快速增长。

2. 家庭市场

家庭业务作为"四轮驱动"的重要增长极，进入发展快车道。公司坚持以"提速、提质、定向"的模式发展家庭宽带，实现规模、价值双突破：2017 年，客户净增超 3 495 万户，与行业领先的差距进一步缩小，50MB 以上宽带客户占比达到 68%；加快向平台服务和应用领域拓展，"魔百和"客户数超过 5 725 万户；家庭宽带综合 ARPU 升至人民币 33.3 元，较 2016 年增长 17.7%。

3. 政企市场

公司通信和信息化领域仍是蓝海，发展潜力巨大；2017 年，公司着力提升政企市场竞争能力，加强重点业务拓展，专线和 IDC 收入分别增长 30.8% 和 85.9%；深耕重点垂直行业，完善面向工业、农业、教育、政务、金融、交通、医疗等垂直领域的行业信息化解决方案；拓展中、小企业客户规模，推出"速率倍增行动"和"小微宽带"特惠产品。

4. 新业务市场

新业务是"四轮驱动"面向未来的重要一环。随着专业化布局的进一步完善，中国移动通信集团有限公司更加注重产品运营，不断扩大数字化业务规模，物联网、互联网等产品竞争力持续提升；规模推广成熟型业务，"和视频""和阅读"收入分别增长 67.2% 和 10.3%，"和包"在 2017 年的交易额超过人民币 21 000 亿元；加速发展物联网业务，物联网智能连接数净增 1.26 亿，规模达到 2.29 亿个；加速行业应用落地，年收入超亿元级的行业应用达到 9 项，其中"和教育"年收入超过人民币 40 亿元。

（三）质量服务持续提升

质量是通信企业的生命线。2017 年，中国移动通信集团有限公司继续坚持"客户为根、服务为本"的理念，全力保障产品质量，打造"百年老店"。

2017 年，公司努力提升网络端到端客户感知，流量点击本网率提升，视频卡顿减少 66%，4G 客户网络质量满意度保持行业领先；增强内容网络能力，实现全网内容统一调度，内容分发后平均下载速率提升 2.7 倍；保护客户信息安全和隐私安全，参与打击治理新型电信网络违法犯罪，为客户创造健康、安全的通信环境。

2017 年，公司坚持"两个毫不犹豫"理念，持续提高客户服务水平；优化产品体系，全网统一套餐客户占比提升 20.2 个百分点；满足客户需求，推出日租卡和"任我"系列内容型流量产品；深化服务转型，推进传统服务向智能化、互联网化迈进，全网电子渠道重点业务办理占比接近 60%。

（四）转型支撑更加有力

中国移动通信集团有限公司坚持以管理集中化、运营专业化、机制市场化、组织扁平化、流程标准化为方向，面向"四轮驱动"积极推动能力全覆盖。

公司网络能力再次提升。2017 年，4G 基站总数达到 187 万座，网络覆盖率进一步提升；打造优质全光网，光纤接入用户占比超过 98%。NB-IoT 在 346 个城市开通，实现端到端规模商用。内容分发网络覆盖全国 340 个地市。国际传输带宽达到 23TB，公司自建海外 POP 新增 73 个。

公司的自主核心能力日益增强。2017 年，中国移动通信集团有限公司建立核心能力产品清单，推出四大领域 43 项核心能力；建设集中化大数据平台，对内构建大数据应用模型，对外推出全网性旅游和金融大数据产品和服务；引领 5G 标准制订，牵头制订 5G 系统架构国际标准，成为 ITU、3GPP 中负责 5G 项目最多的公司之一。

公司开放合作能力不断提升。中国移动通信集团有限公司积极与合作伙伴一同创造新产品，提供新服务，开发新能力，在产业链开放合作中培育新的竞争优势。中国移动通信集团有限公司促进能力开放，出台"139 合作计划"；加快现有成熟能力向社会开放，通信能力开放平台服务企业超过 13 万家，统一认证平台日均认证 5 亿次。

（五）资本开支效率提升

中国移动通信集团有限公司正处于转型发展的关键时期，面对"四轮驱动"带来的高流量、高带宽需求，公司一方面专注为核心业务规模发展和下一步市场竞争奠定基础，另一方面专注于精细规划、合理布局，努力提高资本开支使用效率。

2017 年，中国移动通信集团有限公司实际完成资本开支达到人民币 1 775 亿元，投资投入到 4G、传输、宽带接入、NB-IoT、IT 支撑等领域，支撑"四轮驱动"发展，持续增强网络基础能力。公司资本开支占通信服务收入较 2016 年下降 3.4 个百分点，投资效率提升。

2018 年，中国移动通信集团有限公司将继续合理把握投资节奏，优化投资方向，确保资源投入效能的持续改善。

为确保在网络能力和客户感知方面的领先优势，中国移动通信集团有限公司将在巩固 4G 网络领先优势、打造优质全光宽带网络、储备布局未来发展的网络基础设施资源、增强 IT 整合能力等方面重点投入资源，计划在 2018 年资本开支为人民币 1 661 亿元，较 2017 年下降 6.4%，资本开支占通信服务收入比也将进一步下降。

三、财务概览

2017 年，中国移动通信集团有限公司继续坚持"四轮驱动"融合发展，在个人移动、家庭、政企和新业务市场均取得可喜的经营成果，业务转型效果显著，收入结构不断优化，通信服务收入整体展现较好增长势头，增幅高于行业平均水平，行业主导运营商地位进一步巩固。

中国移动通信集团有限公司继续积极推进低成本高效运营模式，在关键领域开展资源效能评估，优化战略、预算、绩效与薪酬挂钩的管理模式，保持良好的运营状态，努力实现净利润率的提升，努力将盈利水平保持在国际一流运营商水平，持续为股东创造价值。

公司财务概览见表 3。

表 3　财务概览

	分别截至各年度12月31日		
	2017年	**2016年**	**2017年较2016年的变化率**
营运收入（人民币百万元）	740 514	708 421	4.5%
通信服务收入（人民币百万元）	668 351	623 422	7.2%
销售产品收入及其他（人民币百万元）	72 163	84 999	−15.1%
EBITDA（人民币百万元）	270 421	256 677	5.4%
EBITDA率	36.5%	36.2%	0.3%
股东应占利润（人民币百万元）	114 279	108 741	5.1%

（续表）

	分别截至各年度12月31日		
	2017年	2016年	2017年较2016年的变化率
股东应占利润率	15.4%	15.3%	0.1%
每股基本盈利（人民币元）	5.58	5.31	5.1%

（一）营运收入

2017 年，中国移动通信集团有限公司营运收入达到 7 405 亿元（如未特别注明，本财务概览金额均以人民币列示），比 2016 年增长 4.5%，其中，通信服务收入为 6 684 亿元，比 2016 年增长 7.2%，增幅达到近 6 年高点。

1. 话音业务收入

话音业务受移动互联网业务替代及国内手机长途漫游费取消等因素影响，收入继续下滑。2017 年，话音业务收入为 1 569 亿元，比 2016 年下降 25.3%；话音业务收入占通信服务收入比重为 23.5%，比 2016 年下降 10.2 个百分点。

2. 数据业务收入

2017 年，数据业务收入为 4 934 亿元，比 2016 年增长 24.9%，占通信服务收入比重达到 73.8%，比 2016 年提升 10.5 个百分点，收入结构进一步优化。

中国移动通信集团有限公司持续丰富流量产品，强化精准营销，深耕流量精细运营，流量业务保持快速增长。2017 年，无线上网业务收入达到 3 649 亿元，比 2016 年增长 26.6%，是收入增长的主要引擎；无线上网收入占通信服务收入比重提升至 54.6%，年度占比首次过半；短、彩信业务收入为 281 亿元，比 2016 年下降 1.7%。

中国移动通信集团有限公司继续秉持"提速、提质、定向"策略发展宽带业务，不断提高宽带产品质量与市场竞争力，实现客户与价值的双提升。2017 年，有线宽带业务收入达到 397 亿元，比 2016 年增长 55.1%，成为公司收入的重要增长点。

中国移动通信集团有限公司应用及信息服务发展模式实现突破，专线、IDC、物联网、"和视频"等业务实现快速增长。2017 年，应用及信息服务收入为 607 亿元，比 2016 年增长 15.3%，规模进一步扩大。

3. 销售产品收入及其他收入

中国移动通信集团有限公司为客户提供品类更丰富、功能更多样的终端选择，积极推动手机公开渠道销售。2017 年，销售产品收入及其他收入为 722 亿元，比 2016 年下降 15.1%。中国移动通信集团有限公司终端销售业务主要服务于通信主业拓展，利润贡献较低。

（二）营运支出

中国移动通信集团有限公司继续坚持"前瞻规划、有效配置、理性投入、精细管理"的成本管理原则，努力增收节支，保持良好的盈利水平。

2017 年，中国移动通信集团有限公司营运支出为 6 204 亿元，比 2016 年增长 5.1%；营运支出占营运收入的比重为 83.8%，剔除资产注销和减值增加影响后与 2016 年基本持平，营运支出见表 4。

表 4 营运支出

	分别截至各年度12月31日		2017年较2016年的变化率
	2017年 人民币（百万元）	2016年 人民币（百万元）	
营运支出	620 388	590 333	5.1%
电路及网元租赁费	46 336	39 083	18.6%
网间互联支出	21 762	21 779	−0.1%
折旧	149 780	138 090	8.5%
雇员薪酬及相关成本	85 513	79 463	7.6%
销售费用	61 086	57 493	6.2%
销售产品成本	73 668	87 352	−15.7%
其他营运支出	182 243	167 073	9.1%

1．电路及网元租赁费

2017 年，电路及网元租赁费为 463 亿元，比 2016 年增长 18.6%，占营运收入的比重为 6.3%。为保持网络质量和覆盖优势，公司铁塔租赁费增长较快，为 369 亿元，比 2016 年增长 31.3%，是电路租赁费增长的主因。2017 年，TD-SCDMA 网络容量租赁费为 10 亿元，比 2016 年下降 61.2%；村通资产租赁费为 25 亿元，比 2016 年下降 8.9%。

2．网间互联支出

2017 年，网间互联支出为 218 亿元，比 2016 年下降 0.1%，占营运收入的比重为 2.9%。

3．折旧

2017 年，折旧为 1 498 亿元，比 2016 年增长 8.5%，占营运收入的比重为 20.2%。增长的主要原因是公司近年持续保持投资高位，资产规模增加。

4．雇员薪酬及相关成本

2017 年，雇员薪酬及相关成本为 855 亿元，比 2016 年增长 7.6%，占营运收入比重为 11.5%。增长的原因是公司持续调整和优化用工结构，加大对基层一线员工的薪酬倾斜和激励。

5．销售费用

2017 年，销售费用为 611 亿元，比 2016 年增长 6.2%，占营运收入的比重为 8.3%。增长的原因是公司积极推动营销模式转型，加强对客户的精准营销，努力提升营销资源使用效率，使销售费用占通信服务收入比持续保持行业领先。

6．销售产品成本

2017 年，销售产品成本为 737 亿元，比 2016 年下降 15.7%，其中，终端补贴为 97 亿元，比 2016 年下降 4.1%。由于公司鼓励手机公开渠道销售，2017 年，销售产品成本有所下降。

7．其他营运支出

2017 年，其他营运支出为 1 822 亿元，比 2016 年增长 9.1%，占营运收入的比重为 24.6%。其中，维护费、经营租赁费、动力水电取暖费合计为 1 014 亿元，比 2016 年增长 2.2%，主要原因是资产规模增大、资源价格上涨。为支撑网络转型与业务创新及落地，公司加大了业务支撑及研发相关费用投入，投入达到 380 亿元，增长 17.7%；会议、办公、差旅、业务招待等行政管理费用为 32 亿元，与 2016 年基本持平；此外，公司根据 2G 网络利用率及 VoLTE 业务量的变化情况，为 2G 无线网络设备计提了 104.5 亿元减值拨备。

（三）盈利水平

得益于良好的收入增长和成本管控，2017 年，中国移动通信集团有限公司盈利水平继续保持行业领先：营运利润为 1 201 亿元，比 2016 年增长 1.7%，见表 5；EBITDA 为 2 704 亿元，EBITDA 率为 36.5%，比 2016 年增长 0.3 个百分点；股东应占利润为 1 143 亿元，股东应占利润率为 15.4%。

表 5 盈利水平

	分别截至各年度12月31日		
	2017年 人民币（百万元）	2016年 人民币（百万元）	2017年较2016年的 变化率
营运利润	120 126	118 088	1.7%
其他利得	2 389	1 968	21.4%
利息收入	15 883	16 005	−0.8%
融资成本	210	235	−10.6%
应占按权益法核算的投资的利润	9 949	8 636	15.2%
税项	33 723	35 623	−5.3%
股东应占利润	114 279	108 741	5.1%

（四）资本结构

2017 年，中国移动通信集团有限公司财务状况继续保持稳健。2017 年年底，公司资产总额达 15 221 亿元，负债总额为 5 332 亿元，资产负债率为 35.0%，见表 6。

中国移动通信集团有限公司已于 2017 年 10 月赎回由广东移动发行的人民币担保债券，公司一贯坚持审慎的财务风险管理政策，拥有较强偿债能力，实际平均借款利息率为 4.50%。

表 6　资本结构

	分别截至各年度12月31日		
	2017年 人民币（百万元）	**2016年** 人民币（百万元）	**2017 年较 2016 年** 的变化率
流动资产	558 196	586 645	−4.8%
非流动资产	963 917	934 349	3.2%
资产总额	1 522 113	1 520 994	0.1%
流动负债	529 982	536 389	−1.2%
非流动负债	3 250	2 467	31.7%
负债总额	533 232	538 856	−1.0%
非控制性权益	3 245	3 117	4.1%
股东应占权益	985 636	979 021	0.7%
总权益	988 881	982 138	0.7%

（五）资金管理和现金流

中国移动通信集团有限公司一贯坚持稳健审慎的财务政策和严格的资金管理制度，努力保持健康的现金流水平，力争通过高度集中的投、融资管理制度，确保资金安全与完整；同时，中国移动通信集团有限公司持续加大资金集中管理力度，合理调度资金，提升资金使用效率。

2017 年，中国移动通信集团有限公司现金流状况持续保持健康发展，经营业务现金流入净额为 2 455 亿元，投资业务现金流出净额为 1 065 亿元，融资业务现金流出净额为 1 082 亿元，自由现金流为 680 亿元，见表 7。2017 年年底，中国移动通信集团有限公司现金及银行结存余额为 4 072 亿元，其中，人民币资金占 97.5%，美元资金占 1.4%，港币资金占 1.1%。稳健的资金管理和健康的现金流为公司持续健康发展奠定了坚实的基础。

表 7　资金管理

	分别截至各年度 12 月 31 日		
	2017年 人民币（百万元）	**2016年** 人民币（百万元）	**2017 年较 2016 年** 的变化率
经营业务现金流入净额	245 514	253 701	−3.2%
投资业务现金流出净额	106 533	194 523	−45.2%
融资业务现金流出净额	108 231	48 958	121.1%
自由现金流	67 981	66 410	2.4%

附：财务报表

1．合并综合收益表

	2017 年 （百万元）	2016 年 （百万元）
营运收入		
通信服务收入	668 351	623 422
销售产品收入及其他	72 163	84 999
	740 514	708 421
营运支出		
电路及网元租赁费	46 336	39 083
网间互联支出	21 762	21 779
折旧	149 780	138 090
雇员薪酬及相关成本	85 513	79 463
销售费用	61 086	57 493
销售产品成本	73 668	87 352
其他营运支出	182 243	167 073
	620 388	590 333
营运利润	120 126	118 088
其他利得	2 389	1 968
利息收入	15 883	16 005
融资成本	（210）	（235）
应占按权益法核算的投资的利润	9 949	8 636
除税前利润	148 137	144 462
税项	（33 723）	（35 623）
本年度利润	114 414	108 839
本年度其他综合（亏损）／收益，除税后：		
以后不会重分类至损益的项目		
应占按权益法核算的投资的其他综合亏损	—	（16）
以后可能重分类至损益的项目		
可供出售金融资产的价值变动	（5）	24
境外企业的财务报表汇兑差额	（735）	774
应占按权益法核算的投资的其他综合亏损	（1 038）	（1 043）
本年度总综合收益	112 636	108 578
股东应占利润		

（续表）

	2017 年 （百万元）	2016 年 （百万元）
本公司股东	114 279	108 741
非控制性权益	135	98
本年度利润	114 414	108 839
股东应占总综合收益		
本公司股东	112 501	108 480
非控制性权益	135	98
本年度总综合收益	112 636	108 578
每股盈利——基本及摊薄	人民币 5.58 元	人民币 5.31 元

2. 合并资产负债表

	截至 2017 年 12 月 31 日 （百万元）	截至 2016 年 12 月 31 日 （百万元）
资产		
非流动资产		
物业、厂房及设备	648 029	622 356
在建工程	78 112	89 853
预付土地租赁费及其他	28 322	26 720
商誉	35 343	35 343
其他无形资产	1 721	1 708
按权益法核算的投资	132 499	124 039
递延税项资产	33 343	29 767
可供出售金融资产	44	35
受限制的银行存款	6 504	4 528
	963 917	934 349
流动资产		
存货	10 222	8 832
应收账款	24 153	19 045
其他应收款	31 201	25 693
转让铁塔资产应收款项	—	57 152
预付款及其他流动资产	24 552	16 801
应收最终控股公司款项	221	221
预付税款	1 519	1 097

（续表）

	截至 2017 年 12 月 31 日 （百万元）	截至 2016 年 12 月 31 日 （百万元）
可供出售金融资产	65 630	31 897
受限制的银行存款	691	197
银行存款	279 371	335 297
现金及现金等价物	120 636	90 413
	558 196	586 645
总资产	1 522 113	1 520 994
权益及负债		
负债		
流动负债		
带息借款	—	4 998
应付账款	233 169	250 838
应付票据	3 303	1 206
递延收入	85 282	84 289
应计费用及其他应付款	190 866	180 950
应付最终控股公司款项	8 646	5 563
税项	8 716	8 545
	529 982	536 389
非流动负债		
递延收入——非即期	2 888	2 175
递延税项负债	362	292
	3 250	2 467
总负债	533 232	538 856
权益		
股本	402 130	402 130
储备	583 506	576 891
归属于本公司股东权益	985 636	979 021
非控制性权益	3 245	3 117
总权益	988 881	982 138
总权益及负债	1 522 113	1 520 994

3. 合并权益变动表

截至 2017 年 12 月 31 日止（以人民币百万元列示）。

| | 本公司股东应占权益 | | | | | | | 非控制性权益 | 总权益 |
	股本	资本储备	一般储备	汇兑储备	中国法定储备	保留利润	总计		
于 2016 年 1 月 1 日	402 130	（264 289）	72	（165）	279 484	500 104	917 336	3 032	920 368
2016 全年的权益变动									
本年利润	—	—	—	—	—	108 741	108 741	98	108 839
可供出售金融资产的价值变动	—	24	—	—	—	—	24	—	24
外币报表折算差额	—	—	—	774	—	—	774	—	774
应占按权益法核算的投资的其他综合亏损	—	（1 043）	—	—	—	（16）	（1 059）	—	（1 059）
本年度总综合收益	—	（1 019）	—	774	—	108 725	108 480	98	108 578
2016 年度核准的股息	—	—	—	—	—	（20 764）	（20 764）	（13）	（20 777）
本年度宣布分派的股息	—	—	—	—	—	（26 227）	（26 227）	—	（26 227）
转入中国法定储备	—	—	—	—	25 721	（25 525）	196	—	196
于 2016 年 12 月 31 日	402 130	（265 308）	72	609	305 205	536 313	979 021	3 117	982 138
于 2017 年 1 月 1 日	402 130	（265 308）	72	609	305 205	536 313	979 021	3 117	982 138
2017 全年的权益变动									
本年利润	—	—	—	—	—	114 279	114 279	135	114 414
可供出售金融资产的价值变动	—	（5）	—	—	—	—	（5）	—	（5）
外币报表折算差额	—	—	—	（735）	—	—	（735）	—	（735）
应占按权益法核算的投资的其他综合亏损	—	（1 038）	—	—	—	—	（1 038）	—	（1 038）
本年度总综合收益	—	（1 043）	—	（735）	—	114 279	112 501	135	112 636
2016 年度核准的股息	—	—	—	—	—	（22 204）	（22 204）	（7）	（22 211）
本年度宣布分派的股息	—	—	—	—	—	（83 832）	（83 832）	—	（83 832）
转入中国法定储备	—	—	—	—	21 958	（21 808）	150	—	150
于 2017 年 12 月 31 日	402 130	（266 351）	72	（126）	327 163	522 748	985 636	3 245	988 881

4. 合并现金流量表

截至各年度 12 月 31 日（以人民币百万元列示）。

	2017年	2016年
经营业务		
除税前利润	148 137	144 462
调整：		
物业、厂房及设备折旧	149 780	138 090
其他无形资产摊销	515	499
预付土地租赁费摊销	446	443
出售物业、厂房及设备亏损/（收益）	8	（180）
物业、厂房及设备注销和减值	12 593	7 216
呆账减值亏损	3 392	3 734
存货减值亏损	297	282
利息收入	（15 883）	（16 005）
融资成本	210	235
应占按权益法核算的投资的利润	（9 949）	（8 636）
未实现汇兑（收益）/亏损净额	（27）	115
营运资金变动前的经营业务现金流	289 519	270 255
存货（增加）/减少	（1 690）	886
应收账款增加	（8 367）	（4 930）
其他应收款减少/（增加）	648	（4 668）
预付款及其他流动资产增加	（6 330）	（5 071）
应收最终控股公司款项减少	—	26
用户备付金增加	（3 047）	—
应付账款（减少）/增加	（1 246）	11 931
应付票据增加	1 695	227
递延收入增加	1 811	7 231
应计费用及其他应付款增加	9 956	17 545
应付最终控股公司款项增加	24	10
经营业务现金流入	282 973	293 442

（续表）

	2017年	2016年
经营业务现金流入净额	245 514	253 701
投资业务		
资本开支	（193 015）	（188 209）
预付土地租赁费及其他	（590）	（1 157）
购置其他无形资产所付款项	（638）	（1 399）
出售物业、厂房及设备所得款项	287	564
银行存款减少/（增加）	53 889	（11 967）
受限制的银行存款（不含用户备付金）减少/（增加）	578	（135）
已收利息	15 204	13 862
购买按权益法核算的投资所付款项	（168）	（2 451）
已收按权益法核算的投资之股息	847	1 944
购买可供出售金融资产	（106 296）	（77 320）
可供出售金融资产到期	75 550	65 881
中国移动财务公司提供短期借款及其他投资支出	（14 417）	（1 650）
中国移动财务公司收回短期借款及其他投资收款	4 650	2 500
收到中国铁塔对价	57 585	5 000
其他	1	14
投资业务现金流出净额	（106 533）	（194 523）
融资业务		
已付利息	（247）	（232）
已付本公司股东股息	（106 036）	（46 991）
已付附属公司非控股股东股息	（7）	（13）
收到最终控股公司短期存款	8 611	5 552
偿还最终控股公司短期存款	（5 552）	（7 274）
偿还债券	（5 000）	——
融资业务现金流出净额	（108 231）	（48 958）
现金及现金等价物净增加	30 750	10 220
年初现金及现金等价物	90 413	79 842
外币汇率变动的影响	（527）	351
年末现金及现金等价物	120 636	90 413

主要非现金交易

截至 2017 年 12 月 31 日，本集团应付款项余额中记录本年度为添置在建工程而应付设备供货商的金额为人民币 100 584 000 000 元（2016 年为人民币 103 940 000 000 元）。

中国联合网络通信集团有限公司 2017 年发展综述 [18]

中国联合网络通信集团有限公司（以下简称"公司"）连续多年入选世界 500 强企业，在 2017 年《财富》世界 500 强中位列第 241 位，并连续两年被《机构投资者》评选为"亚洲最受尊崇电信企业第一名"。

公司致力成为客户信赖的智慧生活创造者，联通世界，创享美好智慧生活，不断提高产品与服务的质量来满足客户需求，公司未来的产品与服务将向"智慧"方向发展，公司致力于利用物联网、云计算、大数据等技术对数据和信息进行智能化处理。公司拥有覆盖中国、通达世界的现代通信网络，为广大用户提供全方位、高质量的信息通信服务，包括移动宽带（WCDMA、LTE FDD、TD-LTE）、固网宽带、GSM、固网本地电话、信息通信技术服务、数据通信服务以及其他相关增值服务。截至 2017 年年底，公司拥有约 2.84 亿户移动出账用户，其中包括约 1.75 亿户 4G 用户、约 7 700 万户固网宽带用户及约 6 000 万户固网本地电话用户。

一、财务摘要

财务摘要见表 1。

表 1　财务摘要

主要财务指标	分别截至各年度 12 月 31 日		
	2017 年	2016 年	同比变化率
营业收入（人民币亿元）	2 748.29	2 741.97	0.2%
其中：服务收入 [1]	2 490.15	2 380.33	4.6%
EBITDA [2]（人民币亿元）	814.25	794.98	2.4%
EBITDA（剔除 2017 年光改项目相关资产报废净损失）（人民币亿元）	843.25	794.98	6.1%
占服务收入比	33.9%	33.4%	0.5%
净利润 [3]（人民币亿元）	18.28	6.25	192.5%

18. 内容选自 2017 年中国联合网络通信集团有限公司上市财报。

主要财务指标	分别截至各年度 12 月 31 日		
	2017 年	**2016 年**	**同比变化率**
净利润（剔除 2017 年光改项目相关资产报废净损失）（人民币亿元）	40.03	6.25	540.5%
每股基本盈利（人民币元）	0.074	0.026	184.6%
自由现金流（人民币亿元）	429.20	24.83	1 628.6%

注： 1. 为更好地满足内部经营管理的需要，原固网业务服务收入所包含的 ICT 业务相关产品销售收入已重分类为销售通信产品收入，并已重列 2016 年相关数据。

 2. EBITDA 反映了计算财务费用、利息收入、应占联营公司净盈利、应占合营公司净盈利、净其他收入、所得税、折旧及摊销前的年度盈利。由于电信业是资本密集型产业，资本开支和财务费用可能对具有类似经营成果的公司盈利产生重大影响，因此，公司认为，对于与公司类似的电信公司而言，EBITDA 有助于帮助公司分析经营成果。

 3. 净利润为本公司权益持有者应占盈利。

二、业务概览

2017 年，公司深入实施聚焦创新合作战略，积极推进混改落地促进业务发展，业务结构进一步优化，在线发展比例大幅提升，创新业务实现较快增长，在成本资源持续优化的情况下，经营业绩实现良好发展。

（一）移动业务

2017 年，公司积极推进营销模式转型，2I2C 业务快速发展，驱动移动服务收入和用户双增长。公司在线及线下渠道协同发展，在线渠道实现加速发展，线下渠道实现提质增效。2012 年，公司致力构建存量价值经营体系，加快推进 2G 网络向 4G 网络迁移，创新推出畅视计划，改善用户结构，提升用户价值。移动出账用户 2017 年全年净增 2 034 万户，达到 28 416 万户；移动出账用户 ARPU 为人民币 48.0 元；移动手机数据流量达到 77 860×10^{8}MB，同比增长 384%；畅视注册用户达到 820 万户，月活跃用户超过 300 万户，沃视频用户达到 3 099 万户，月活跃用户达到 863 万户。

（二）固网业务

2017 年，公司实施"大连接、大带宽、大融合、大视频"策略，发布"光宽带＋"宽带品牌产品，积极推进宽带电商化、融合化、视频化发展，以市场牵引网络建设，全面推进光改，提升网络质量。2017 年，公司全力推进划小承包改革落地，激发一线活力，促进业务发展。2017 年，借助混改，公司深化开展社会化合作：宽带用户净增 130 万户，达到 7 654 万户；宽带用户接入 ARPU 为人民币 46.3 元；FTTH 用户占比达到 77.3%，同比提高 6.1 个百分点；本地电话用户流失 665 万户，用户总数达到 6 000 万户。

（三）网络能力

2017 年，公司推进精准建设，持续提升网络能力，积极打造 4G 匠心网络，4G 平均上、下行速率行业领先，重点区域、重点场景差异化精准优势明显。截至 2017 年年底，公司的 4G 基站累计达到 85.2 万座，4G 乡镇覆盖率达到 90%。公司积极按照"南北有别"策略提升宽带能力，打造具有差异化优势的光宽带网络，截至 2017 年年底，固网宽带端口达到 2 亿个，FTTx 端口占比达到 98.8%。

公司持续完善国际网络布局，截至 2017 年年底，国际海缆资源容量达到 16.2TB；互联网国际出口容量为 2.46TB，带宽为 2.08TB；国际漫游覆盖 252 个国家和地区的 607 家运营商。

（四）市场营销

1. 市场营销品牌策略

2017 年，公司借助世乒赛、全运会等大事件重塑形象，持续通过互联网精准、创新、跨界传播提升业务口碑；同时，策划"匠心网络万里行"等热点活动以发挥网络优势，持续打造匠心网络形象，全方位提升了"中国联通"及"沃"品牌影响力。

2. 营销策略

2017 年，公司加强与混改战略合作伙伴的业务协同，创新商业模式促进 2I2C 业务迅速发展；推广"冰激凌"套餐等系列重点产品，促进了用户价值提升；通过强化高速带宽、融合产品及优质视频内容，不断提升宽带竞争力，有效推动了经营转型。

公司与阿里巴巴、腾讯等合作伙伴打造以"沃云"为品牌的公有云产品；与阿里巴巴通过钉钉应用拓展中、小企业信息化应用市场；持续优化 IDC 业务运营模式，提升 ICT 业务专业化能力，规模化发展物联网业务，助力创新型业务实现较快增长。

3. 营销渠道

2017 年，公司积极推进在线渠道与线下渠道的一体化运营，在线渠道加快发展，成为公司服务客户的主要渠道和用于产品销售的重要渠道；同时积极推进线下渠道转型，提升效能，创新模式。2017 年，公司积极扩展轻触点，强化专业化运营能力，稳定用户发展；建立存量用户互联网体系及价值经营体系，提升存量用户保有率；推行全成本核算，大力优化门店布局，控制门店数量，持续清理低效、无效渠道，确保营销成本效能最大化。

4. 客户服务

2017 年，公司进一步完善服务标准及制度，实现服务前移；持续推进传统服务渠道、互联网服务渠道的智能化改造及协同运营，丰富积分及俱乐部的运营手段，实现客户感知的不断提升；聚焦客户痛点、难点问题，开展攻坚专项行动，年度申诉率保持行业第二，不明扣费申诉率达到行业最低。

三、财务概览

（一）概述

2017 年，公司全面深化实施聚焦战略，实现营业收入 2 748.3 亿元（如未特别注明，本财务概览金额均以人民币列示），同比增长 0.2%；服务收入稳步提升，达到 2 490.2 亿元，同比增长 4.6%；实现净利润 18.3 亿元，同比增长 192.5%，剔除光改项目相关的资产报废净损失后，实现净利润 40.0 亿元，同比增加 33.8 亿元。

2017 年，公司经营活动现金流量净额为 850.5 亿元，资本开支为 421.3 亿元。截至 2017 年年底，公司资产负债率为 46.8%。

（二）营业收入

2017 年，公司营业收入实现 2 748.3 亿元，同比增长 0.2%，其中，服务收入为 2 490.2 亿元，同比增长 4.6%。

表 2 反映了公司 2017 年和 2016 年服务收入构成的变化情况及各业务服务收入所占服务收入百分比的情况。

表 2　2017 年和 2016 年服务收入构成及占比对比

亿元（人民币）	分别截至各年度12月31日			
	2017年		2016年	
	累计完成	所占服务收入百分比	累计完成	所占服务收入百分比
服务收入	2 490.2	100.0%	2 380.3	100.0%
其中：话音业务	535.2	21.5%	624.1	26.2%
非话音业务	1 955.0	78.5%	1 756.2	73.8%

1. 话音业务

2017 年，公司话音业务收入实现 535.2 亿元，同比下降 14.2%。

2. 非话音业务

2017 年，公司非话音业务收入实现 1 955.0 亿元，同比增长 11.3%。

（三）成本费用

2017 年，公司成本费用合计为 2 722.4 亿元，同比下降 0.4%。

表 3 列出了公司 2017 年和 2016 年公司成本费用项目以及每个项目所占营业收入的百分比变化情况。

表3　2017 年和 2016 年成本费用项目及其占比变化情况

亿元（人民币）	分别截至各年度12月31日			
	2017年		2016年	
	累计发生	所占营业收入百分比	累计发生	所占营业收入百分比
成本费用合计	2 722.4	99.06%	2 734.1	99.71%
营业成本	2 708.9	98.57%	2 714.9	99.01%
其中：网间结算支出	126.2	4.59%	127.4	4.65%
折旧及摊销	774.9	28.20%	768.0	28.01%
网络、营运及支撑成本	545.1	19.83%	511.7	18.66%
雇员薪酬及福利开支	424.7	15.45%	369.1	13.46%
销售通信产品成本	266.4	9.69%	393.0	14.33%
销售费用	340.9	12.40%	346.5	12.64%
其他经营及管理费	230.7	8.41%	199.2	7.26%
财务费用（抵减利息收入）	40.9	1.49%	38.6	1.41%
应占联营公司净盈利	-8.9	-0.32%	-2.0	-0.07%
应占合营公司净盈利	-5.7	-0.21%	-1.5	-0.06%
净其他收入	-12.8	-0.47%	-15.9	-0.58%

1. 网间结算支出

网间结算支出主要受网间话务量下滑影响，2017 年公司网间结算支出为 126.2 亿元，同比下降 0.94%，所占营业收入的比重由 2016 年的 4.65% 下降至 4.59%。

2. 折旧及摊销

2017 年，公司资产折旧及摊销为 774.9 亿元，同比增长 0.9%，所占营业收入的比重由 2016 年的 28.01% 提高至 28.20%。

3. 网络、营运及支撑成本

2017 年，由于网络规模扩大带来铁塔使用费增加，网络、营运及支撑成本达到 545.1 亿元，同比增长 6.5%，所占营业收入的比重由 2016 年的 18.66% 提高至 19.83%。

4. 雇员薪酬及福利开支

2017 年，随着公司经营业绩的提升，雇员薪酬及福利开支达到 424.7 亿元，同比增长 15.1%，所占营业收入的比重由 2016 年的 13.46% 提高至 15.45%。

5. 销售通信产品成本

2017 年，公司销售通信产品成本为 266.4 亿元，其中，终端补贴成本为 12.5 亿元，同比下降 59.1%。

6. 销售费用

2017 年，公司持续推进营销模式转型，销售费用发生 340.9 亿元，同比下降 1.6%，所占营业收入的比重由 2016 年的 12.64% 下降至 12.40%。

7. 其他经营及管理费

2017 年，其他经营及管理费发生 230.7 亿元，同比增长 15.8%，所占营业收入的比重由 2016 年的 7.26% 提高至 8.41%，提高的主要原因是光改项目相关的资产报废净损失发生 29.0 亿元。

8. 财务费用（抵减利息收入）

2017 年，公司净财务费用达到 40.9 亿元，同比增长 6.0%。

9. 净其他收入

2017 年，公司实现净其他收入 12.8 亿元，比 2016 年减少人民币 3.1 亿元。

（四）盈利水平

1. 税前利润

2017 年，公司税前利润实现 25.9 亿元，剔除光改项目相关的资产报废净损失后，税前利润实现人民币 54.9 亿元，同比增加 47.1 亿元。

2. 所得税

2017 年，公司的所得税为 7.4 亿元，2017 年全年实际税率为 28.6%。

3. 净利润 [19]

2017 年，公司净利润实现 18.3 亿元，剔除光改项目相关的资产报废净损失后，净利润实现 40.0 亿元，同比增加 33.8 亿元。每股基本盈利为 0.074 元，同比增长 184.6%。

（五）EBITDA

2017 年，公司 EBITDA 为 814.3 亿元，同比增长 2.4%，剔除光改项目相关的资产报废净损失后，EBITDA 为 843.3 亿元，同比增长 6.1%，EBITDA 占服务收入的百分比为 33.9%，比 2016 年增加 0.5 个百分点。

（六）资本开支及现金流

2017 年，公司各项资本开支合计 421.3 亿元，主要用于移动网络、宽带及数据、基础设施及传送网建设等方面。2017 年，公司经营活动现金流量净额为 850.5 亿元，扣除本年资本开支后自由现金流量净额为 429.2 亿元。

---

19. 净利润为本公司权益持有者应占盈利。

表 4 列出了 2017 年公司主要资本开支项目情况。

表 4　2017 年公司主要资本开支项目

亿元（人民币）	截至 2017 年 12 月 31 日	
	累计支出	占比
合计	421.3	100.0%
其中：移动网络	159.2	37.8%
宽带及数据	90.2	21.4%
基础设施及传送网	119.4	28.3%
其他	52.5	12.5%

（七）资产负债情况

截至 2017 年年底，公司资产总额由 2016 年年底的 6 141.5 亿元变化至 5 719.8 亿元，负债总额由 2016 年年底的 3 864.7 亿元变化至 2 676.4 亿元，资产负债率由 2016 年年底的 62.9% 变化至 46.8%，债务资本率由 2016 年年底的 43.5% 变化至 19.5%。截至 2017 年年底，公司净债务资本率为 10.8%。

（八）联通（BVI）认购本公司新股

作为中国联合网络通信集团有限公司开展混合所有制改革的一部分，公司于 2017 年 11 月 28 日完成了向联通（BVI）的 6 651 043 262 股份发行，总募集资金达 749.54 亿元。募集资金将会按照本公司于 2017 年 8 月 28 日刊发的通函中披露的计划使用。

附：财务报表

1. 合并综合收益表

截至各年度 12 月 31 日（单位：人民币百万元）。

	2017年	2016年
年度盈利	1 850	630
其他综合收益		
不会重分类至损益表的项目		
经其他综合收益入账的金融资产的公允值变动	（56）	（544）
经其他综合收益入账的金融资产的公允值变动之税务影响	（2）	14
经其他综合收益入账的金融资产的公允值变动，税后	（58）	（530）
净设定受益负债重新计量之影响，税后	6	14
	（52）	（516）
日后可能重分类至损益表的项目		
外币报表折算差额	（178）	153
税后年度其他综合收益	（230）	（363）
年度总综合收益	1 620	267
应占总综合收益		
本公司权益持有者	1 598	262
非控制性权益	22	5

2. 合并财务状况表

截至各年度 12 月 31 日（单位：人民币百万元）。

	2017年	2016年
资产		
非流动资产		
固定资产	416 596	451 115
预付租赁费	9 313	9 436
商誉	2 771	2 771
所拥有的联营公司权益	33 233	32 248

（续表）

	2017年	2016年
所拥有的合营公司权益	2 368	1 175
递延所得税资产	5 973	5 986
以公允值计量经其他综合收益入账的金融资产	4 286	4 326
其他资产	20 721	24 879
	495 261	531 936
流动资产		
存货及易耗品	2 239	2 431
应收账款	13 964	13 622
预付账款及其他流动资产	13 801	14 023
应收最终控股公司款	239	—
应收关联公司款	3 274	22 724
应收境内电信运营商款	4 683	3 908
以公允价值计量且其变动计入当期损益的金融资产	160	123
短期银行存款及受限制的存款	5 526	1 754
现金及现金等价物	32 836	23 633
	76 722	82 218
总资产	571 983	614 154
权益		
归属于本公司权益持有者		
股本	254 056	179 102
储备	（20 912）	（21 017）
留存收益		
拟派末期股息	1 591	—
其他	69 315	69 322
	304 050	227 407
非控制性权益	297	275
总权益	304 347	227 682

（续表）

	2017年	2016年
负债		
非流动负债		
长期银行借款	3 473	4 495
中期票据	—	17 906
公司债券	17 981	17 970
递延所得税负债	108	113
递延收入	3 020	2 998
其他债务	432	335
	25 014	43 817
流动负债		
短期银行借款	22 500	76 994
短期融资券	8 991	35 958
一年内到期的长期银行借款	410	161
一年内到期的中期票据	17 960	18 976
应付账款及预提费用	125 260	143 224
应交税金	1 121	732
应付最终控股公司款	2 176	2 463
应付关联公司款	8 126	8 700
应付境内电信运营商款	2 538	1 989
应付股利	920	920
一年内到期的公司债券	—	2 000
递延收入的流动部分	350	369
一年内到期的其他债务	2 987	3 141
预收账款	49 283	47 028
	242 622	342 655
总负债	267 636	386 472
总权益及负债	571 983	614 154
净流动负债	（165 900）	（260 437）
总资产减流动负债	329 361	271 499

3. 合并权益变动表

截至各年度12月31日（以人民币百万元列示）。

	归属于本公司权益持有者							非控制性权益	总权益
	普通股本	一般风险准备	投资重估储备	法定储备基金	其他储备	留存收益	总计		
于2016年1月1日余额	179 102	—	(6 406)	28 780	(43 108)	72 848	231 216	—	231 216
年度总综合收益	—	—	(530)	—	167	625	262	5	267
非控制性权益投入	—	—	—	—	—	—	—	270	270
提取法定储备基金	—	—	—	47	—	(47)	—	—	—
提取其他准备基金	—	33	—	—	—	(33)	—	—	—
2015年股息	—	—	—	—	—	(4 071)	(4 071)	—	(4 071)
于2016年12月31日余额	179 102	33	(6 936)	28 827	(42 941)	69 322	227 407	275	227 682
于2017年1月1日余额	179 102	33	(6 936)	28 827	(42 941)	69 322	227 407	275	227 682
年度总综合收益	—	—	(58)	—	(172)	1 828	1 598	22	1 620
发行普通股本	74 954	—	—	—	—	—	74 954	—	74 954
应占联营公司其他储备	—	—	—	—	91	—	91	—	91
提取法定储备基金	—	—	—	50	—	(50)	—	—	—
提取其他准备基金	—	194	—	—	—	(194)	—	—	—
于2017年12月31日余额	254 056	227	(6 994)	28 877	(43 022)	70 906	304 050	297	304 347

4. 合并现金流量表

截至各年度 12 月 31 日（以人民币百万元列示）。

	2017年	2016年
经营活动的现金流量		
经营活动所产生的现金	91 519	81 168
已收利息	807	335
已付利息	（6 293）	（4 938）
已付所得税	（979）	（1 972）
经营活动所产生的净现金流入	85 054	74 593
投资活动的现金流量		
购入固定资产	（61 489）	（98 293）
出售铁塔资产及其他固定资产所得款	22 121	6 390
以公允值计量经其他综合收益入账的金融资产收取之股利	167	357
处置以公允价值计量且其变动计入当期损益的金融资产收到的现金	60	68
收取联营公司之股利	10	—
短期银行存款及受限制的存款（增加）/减少	（3 094）	2
购入其他资产	（4 204）	（4 092）
取得以公允价值计量且其变动计入当期损益的金融资产支付的现金净额	（74）	（51）
取得以公允值计量经其他综合收益入账的金融资产支付的现金净额	（8）	（18）
取得联营公司权益支付的现金净额	（5）	（48）
取得合营公司权益支付的现金净额	（620）	（64）
联通集团财务有限公司（财务公司）提供贷款	（700）	—
财务公司收回贷款	500	—
投资活动所支付的净现金流出	（47 336）	（95 749）
融资活动的现金流量		
发行股本所得款	74 954	—
非控制性权益持有者投入资本	—	270
发行短期融资券所得款	26 941	59 880
短期银行借款所得款	117 571	142 567

（续表）

	2017年	2016年
长期银行借款所得款	1 549	3 307
最终控股公司之借款	5 237	—
关联公司之借款	535	—
公司债券所得款	—	17 965
偿还短期融资券	（54 000）	（44 000）
偿还短期银行借款	（172 065）	（149 425）
偿还长期银行借款	（2 686）	（84）
偿还关联公司之借款	（60）	—
偿还最终控股公司之借款	（3 893）	（1 344）
偿还融资租赁	（695）	（406）
偿还中期票据	（19 000）	（2 500）
偿还公司债券	（2 000）	—
支付中期票据之发行费	（82）	（102）
支付股息予本公司权益持有者	—	（4 071）
联通集团及其子公司从财务公司（提取）/存放存款净额	（112）	2 397
一家合营公司存放于财务公司存款净款	12	—
财务公司法定存款准备金增加	（620）	（1 577）
融资活动所产生的净现金（流出）/流入	（28 414）	22 877
现金及现金等价物的净增加	9 304	1 721
现金及现金等价物年初余额	23 633	21 755
外币汇率变动的影响	（101）	157
现金及现金等价物年末余额	32 836	23 633
现金及现金等价物分析		
现金结余	3	1
银行结余	32 833	23 632
	32 836	23 633

（续表）

	2017年	2016年
税前利润	2 593	784
调整项目		
折旧及摊销	77 492	76 805
利息收入	（1 647）	（1 160）
财务费用	5 363	4 832
处置固定资产损失	3 489	355
计提的坏账准备和存货跌价准备	3 955	4 173
以公允值计量经其他综合收益入账的金融资产收取之股利	（206）	（357）
应占联营公司净盈利	（893）	（204）
应占合营公司净盈利	（574）	（153）
其他投资收益	（19）	（9）
营运资金变动		
应收账款增加	（3 667）	（2 664）
存货及易耗品减少	81	1 354
短期银行存款及受限制的存款（增加）/减少	（58）	23
其他资产增加	（2 034）	（4 763）
预付账款及其他流动资产减少	166	4 171
最终控股公司应收款项增加	（39）	—
应收关联公司款减少/（增加）	112	（3 302）
应收境内电信运营商款增加	（775）	（1 914）
应付账款及预提费用增加/（减少）	5 752	（835）
应交税金增加/（减少）	362	（1 176）
预收账款增加/（减少）	2 255	（1 329）
递延收入增加	365	395
其他债务增加	45	69
应付最终控股公司款（减少）/增加	（203）	73
应付关联公司款（减少）/增加	（945）	5 311
应付境内电信运营商款增加	549	689
经营活动所产生的现金	91 519	81 168

中国铁塔股份有限公司 2017 年发展综述

中国铁塔股份有限公司（以下简称"公司"）是在落实"网络强国"战略、深化国企改革和电信体制改革的大背景下，由中国移动、中国联通、中国电信共同出资设立的国有大型通信基础设施综合服务企业，主要从事通信铁塔等基站配套设施以及室内分布系统的建设、维护和运营。公司于 2014 年 7 月 18 日成立，截至 2017 年年底，公司拥有超过 187.2 万座通信站址，资产规模达 3 226.4 亿元。

2017 年公司改革发展成效

2017 年，公司上下坚持服务国家、服务行业发展战略，牢固树立共享理念，加快创新发展，提升专业化能力，营造良好环境，促进提质增效，开展了大量卓有成效的工作，在跨越式发展的道路上迈出了坚实的一步。2017 年全年，公司完成营业收入 686.7 亿元，实现净利润 19.4 亿元、EBITDA 403.6 亿元、EBITDA 率 58.8%；完成资本开支 438.4 亿元，截至 2017 年年底资产负债率为 60.5%。

（一）服务网络强国战略落地，有效助力 4G 规模发展

2017 年，公司新建宏站 53.7 万座，三年累计建设量达 167.9 万座，超过行业过去 30 多年的建设总量。截至 2017 年年底，公司站址规模已达 187.2 万座；累计承建室分项目 3.5 万个，总覆盖面积超过 9 亿平方米；覆盖高铁 66 条，总里程达 12 400km；覆盖地铁 85 条，总里程 1 660km。公司高擎深化共享大旗，与三家电信运营商联合加强需求管控，新建宏站共享水平由过去的 14.3% 迅速提升到 70.4%，中国电信、中国联通和中国移动新建共享率分别达到 90.7%、93.1% 和 45.4%。三年来累计减少铁塔重复建设 60.3 万座，有效节约行业投资和社会资源。

（二）打造精品维护形象，网络服务保障能力显著提升

公司牢固树立"以客户为中心、以质量为根本"的发展理念，切实提升行业整体网络品质。截至 2017 年年底，公司各项服务指标均得到显著改善，平均断电退服时长同比下降 74.1%，平均断电退服率同比下降 70.8%，平均故障处理时长同比下降 41.0%，FSU 离线率同比下降 62.5%。公司改变了过去电信企业多年属地分散的监控格局，形成了全国"物联网＋互联网"

的无线监控体系；坚持自主创新，从标准引领逐步转变为自主开发软件、统一接口，提升了多业务灵活支撑能力，不仅满足全设备监控和网络服务保障的要求，而且为今后业务拓展奠定了有利基础。

（三）立足行业降本增效，协同与创新发展迈出新步伐

公司坚持不忘初心、服务客户，站在命运共同体的角度，充分理解行业发展压力和诉求，全力配合三家电信运营商优化商务定价，助力行业降本增效、集约发展；坚持客户利益最大化，多措并举降低建设成本；积极利用社会资源，加快转变传统宏站高塔建设模式，缓解电信企业成本压力。2017 年以来，公司已利用路灯杆、监控杆、电力塔等社会资源新建超过 1.5 万个基站项目；租户规模累计达 268.7 万户，塔均租户为 1.44 户。公司积极适应行业发展及技术变革要求，加大微站拓展力度，全力获取社会杆塔资源，优质低价地满足了电信企业建设需求，截至 2017 年年底，微站租户累计达到 1.6 万户，公司基本实现微站全量承接。同时，公司的拓展型业务起步良好，公司重点聚焦发展信息采集、视频监控等行业，2017 年拓展型业务新增租户 1.6 万户，累计达 1.9 万户，拓展型业务营收 1.7 亿元。

（四）营造良好发展环境，并得到了各级政府的大力支持

经过三年的共同努力，公司通信基础设施的战略性地位得到了广泛认可，共享竞合的"铁塔模式"得到认同，公司的发展环境更加优质。2017 年 9 月，工业和信息化部、国土资源部与住房和城乡建设部等三部委联合下发《关于加强移动通信铁塔站址用地及规划管理工作的通知》，指出要大力支持移动通信建设，进一步加强移动通信铁塔站址规划，完善通信铁塔站址用地管理。2017 年 10 月，公司与环境保护部、工业和信息化部、三家电信运营商共同签署了《通信基站环境保护工作备忘录》，明确基站环评由审批验收改为登记备案，大幅简化了环评报审流程。公司还积极推动工业和信息化部及铁路总公司联合发文，明确公网覆盖与铁路项目同步规划、同步设计、同步施工、同步开通，有力地推动了铁路沿线电力、传输、铁塔和机房等资源的深化共享。公司也积极探索新能源汽车动力电池梯级利用，建设了 3 000 多个退役动力电池梯级利用试验站，这充分证明了公司推广梯级电池前景广阔、大有可为，公司也被确认为梯级电池利用主体单位。公司积极履行社会责任，率先提出"社会塔"与"通信塔"双向开放共享理念，得到社会各界的积极响应，各省分公司围绕 5G 规划统筹、公共资源获取等内容全力争取地方政府支持。目前，公司已与 28 个省（自治区、直辖市）政府签订战略合作协议，共同推进信息基础设施建设，全国 12 个省（自治区、直辖市）已将通信基础设施建设与保护纳入地方立法体系。

（五）坚持固本强基提质增效，各项基础工作更加扎实

公司积极完善组织体系和业务流程，根据业务转型的需要，加强前端部门业务拓展，强化战略研究的能力，逐渐完成由运营服务向销售服务转型，提升企业持续发展能力；构建扁平高效的

"总部—大区分部"审计管理体系，保障审计的独立性和有效性，加强企业内控和风险防范。公司致力于推进 IT 系统整合，简化 PMS、CRM 等关键系统流程，提升了 IT 支撑能力；建立"双创"管理体系，鼓励基层人员聚焦生产经营实践，积极创新，组织开展了"技术进步奖"评选，促进企业创新能力不断提升；优化商合采购平台，开放批量操作权限，上线仓储系统，推进全量采购电子化；坚持效益导向，加强资产全生命周期管理，提升资产使用效能，以单站核算为基础，完善财务收支配比的预算管理体系，加强预算管控和绩效考核引导，有效支撑了公司低成本、高效率运营。

（六）强化政治担当，全面加强党的建设和队伍建设

2017 年是党的十九大胜利召开之年，也是公司党的建设深入推进之年。公司全力加快组织建设，召开了第一次党代会，成立了公司党委和纪委，随后又迅速召开了工代会和团代会，成立了公司工会和团委，实现了组织建设的全覆盖。公司努力加强制度建设，围绕党委和纪委如何制订议事规则、如何参与决策"三重一大"事项、如何监督执纪问责等，先后制定印发了 30 余项重要制度，基本搭建了制度框架体系，使党建和党风廉政建设逐步纳入制度化、规范化轨道。公司把落实"两个责任制"作为党建和党风廉政建设任务落地的关键，建立责任清单，层层分解落实；加大监督执纪问责力度，以"零容忍"态度查处腐败问题和作风问题，针对重点领域和关键环节建立廉洁防范机制，有力促进了"不敢腐、不能腐、不想腐"的长效机制建设。

中国广播电视网络有限公司 2017 年发展综述

一、基本情况

中国广播电视网络有限公司（以下简称中国广电）是根据党的十七届六中全会"整合有线电视网络，组建国家级广播电视网络公司"精神，经国务院批复，由中央财政出资 45 亿元，于 2014 年 5 月 28 日正式挂牌成立的中央文化企业。中国广电由国家广播电视总局负责组建和代管；由财政部代表国务院履行出资人职责，财务关系在财政部单列；由国家广播电视总局以及工业和信息化部按照职责对公司相关业务实行行业监管。

根据国家广播电视总局部署的战略任务和中国广电战略规划，中国广电初步形成了总部控股、子公司运营的集团化运营管理架构。中国广电控股中国有线、中广移动、中广卫星、中广电国际、中广基金、中广云视终端、中广投、中广电传媒、国广东方等公司，管理中广传播（集团公司），还将进一步建立健全产业链条，纵向深化市场化运营。中国广电控股企业运营良好，管理稳中有进。在工业和信息化部的大力支持和有力指导下，中国广电已于 2016 年 5 月获颁互联网国内数据传送业务、国内通信设施服务业务、网络托管业务等几项基础电信业务经营许可证以及互联网数据中心业务等 6 项增值电信业务经营许可证，中国广电正在积极开展相关业务。

截至 2017 年年底，中国广电电信经济指标如下。营业收入 75.24 万元，2016 年同期 74.72 万元；营业成本 22.1 万元，2016 年同期 27.68 万元；利润总额 3 525.32 万元，2016 年同期 1 604.86 万元；净利润 2 692.17 万元，2016 年同期 1 210.05 万元。中国广电子公司中国有线（固定）互联网宽带接入用户共 15.99 万户，固定互联网宽带接入流量共 29.73GB，长途光缆线路长度 42 380km，固定互联网宽带接入端口共 249 300 个，WLAN 公共运营接入点（AP）共 503 个，互联网省际出口带宽共 21 504MB，IPv4 地址数共 1 255 424 个，IPv6 地址数 1 块 /32，固定资产投资完成额共 10 019.66 万元，互联网及数据通信投资共 5 862 万元（其中，互联网宽带接入投资共 5 862 万元），电信业务收入共 8 937.59 万元，资源出租业务收入共 3 477.83 万元，数据中心业务收入共 4.62 万元，固定数据及互联网业务收入共 5 459.76 万元（其中，互联网宽带接入业务收入为 3 737.88 万元，家庭宽带接入业务收入共 1 816.93 万元），营业成本共 54 788.05 万元（其中，电信业务成本为 5 706.57 万元），2016 年同期营业成本 81 309.85 万元（其中，2016 年同期电信业务成本为 15 877.8 万元）。

二、主要特点

中国广电目前推出了有线电视高清互动业务、广电宽带业务、数据传输类业务等，也在积极以"互联网+"创新思维探索新的"三网融合"业务形态。

（一）发展思路

经过三年多的辛勤实践和创造性思考，中国广电以导向正确为立企之本，以融合创新为兴企之道，努力开拓广播电视网络聚合化生产、立体化传播、产业化运营、智能化服务的发展格局，形成了比较清晰的融合发展的思路，主要体现在"三个坚持"上。

一是在发展战略上，坚持"有线+无线卫星+国际传播+内容"协同发展。中国广电协同推进全国有线电视网络整合、互联互通平台建设、移动多媒体交互广播电视网建设、可经营性卫星增值业务发展、国际传播渠道拓展和内容业务创新，以有线筑牢根基、以无线引领发展、以卫星补充覆盖、以国际传播拓展视野、以内容筑就优势，加快资源共享和融合发展，努力将广播电视网络建设成兼具文化宣传和信息服务特色的新型融合网络。

二是在产业布局上，坚持"内容+平台+渠道+终端"协同发展。中国广电依托广电宽带电视、广播电视节目制作经营、全国性 VOD、全国性广播电视有线数字付费频道集成等资质，使广电网络向媒体化突围，聚合、集成、分发、利用广播电视资源，逐步培养独特的内容优势。中国广电发挥智慧化网络平台优势，将互联互通平台建设成为涵盖媒体内容运营全部环节的支撑平台，使其具有全渠道、全终端运营能力。中国广电通过多渠道融合覆盖，提升网络承载能力和服务能力，支撑"一云多屏、多屏互动"的传播体系建设；依靠组建智能终端公司，研发推广多屏、多制式智能终端，聚合优势资源、节约成本、增强用户体验。

三是在业务经营上，坚持"产权+产品"协同发展。中国广电依托国家广播电视总局以及工业和信息化部颁发的各项业务运营资质，多角度布局产权和产品业务，依靠产权业务做强做大、产品业务做优做精。中国广电加快融资兼并步伐，加快资本运作和股权运作，巩固提升公司的盈利能力，发挥产业集聚的作用，推动协同发展；结合业务运营主体构建模式，立足行业高度，着眼"中央媒体融合发展""网络强国""三网融合"等发展战略，发展"电视+语音+互联网+智能家居+智慧城市"等综合业务，打造精品产品线，培育"中国广电"品牌，以核心产品巩固公司的市场竞争地位。

（二）全国有线电视网络整合

"全国一网"整合是中央"网络强国""三网融合"战略部署的任务，已被列入国家"十三五"

规划纲要。面对这一艰巨任务，中国广电迎难而上，在实践中创造性地提出将网络整合、互联互通平台建设、全国性业务开展相结合的整合方式，在资本运作、平台协同、业务规划、运营体系构建、规则协议制订等方面进行了积极探索。2016 年 11 月 25 日，中宣部、财政部、国家广播电视总局《关于加快推进全国有线电视网络整合发展的意见》正式印发，中国广电认真贯彻落实文件精神，全力以赴推进整合工作，网络整合工作局面已由"冷"转"温"。目前，中国广电已与河北、青海、宁夏、内蒙古、广东、黑龙江、重庆、新疆、山东、河南、海南省（自治区、直辖市）11 家网络公司签订增资入股协议或完成整合，这标志着全国 1/3 的省级网络初步实现了整合发展；与天津、甘肃、云南、新疆生产建设兵团等非上市网络公司及主管部门形成基本共识，在 2017 年完成增资入股协议的签订；着手准备全国性股份公司的组建，研究收购上市公司平台，对已上市的 10 家网络公司通过吸收合并、股权置换等方式开展整合；积极推进太原有线和中广有线"以点带面"的整合。

（三）互联互通平台建设

中国广电进一步明确了互联互通平台建设的定位，即在升级传统广播电视网基础上，建设广电宽带数据网，推进网络双向化、宽带化、智能化改造，加快实现有线电视网络的转型发展。目前，平台"云服务、广电宽带网和融合智能终端"技术架构渐成体系，"平台 IT 化、传输 IP 化"策略初步落地，平台基本做到了可管理、能运营。一期先导项目已基本建成，其中，国干网线路整改扩容基本完成，新建省际干线光缆线路正在施工。宽带广电网络升级覆盖 6 个核心节点和 10 个骨干节点，总端口容量达到 11.56TB。广电云平台在北京、西安等地的数据中心基本建成，并已提供现网服务；融合服务平台已具备服务 300 万户用户的能力；BOSS 现已具备处理 1 000 万户用户数据的能力，能对接省网公司各种类型在网 BOSS 平台、复杂业务流程和数据接口。中国广电自主研制了新型融合智能终端，中国广电 APK 灵活适配各地现网智能终端；有线和无线融合网建设已在北京等多地展开，多屏交互实现了"电视无所不在"的目标。中国广电还在筹备建设互联互通平台统一支付结算系统。互联互通平台一、二期项目核准备案工作进展顺利，总投资约 140 亿元的互联互通平台干线传输网建设项目已获工业和信息化部核准；中央业务平台、广电宽带数据网等建设项目已获北京市房山区备案；联合河北等网络整合取得进展的省网公司正在推进省内建设项目备案工作，并推动其逐步延伸至全国，为平台建设全面铺开做好准备。

三、面临的问题

中国广电在现有电信业务资质条件下积极开展"三网融合"业务，但依旧面临现实问题与瓶颈：一是部分运营商现有管道资源、带宽出口优势明显，后进入者市场切入难度较大；二是语音相关业务暂未获批电信业务资质，融合业务无法全面开展；三是尚未实现与中国电信、中国联通、中国移动互联网骨干网的互联互通；四是暂未获批互联网国际互联单位、国际通信业务等电信业务资质，无法设置国际通信出、入口局并开展互联网国际业务。

四、展望

中国广电将深入学习、宣传、贯彻党的十九大精神，以习近平新时代中国特色社会主义思想为指导，进一步加大工作力度，创新工作方法，实施智慧广电战略，加快广电网络转型升级，推动公司乃至整个行业做强做大。中国广电下一步工作的总体思路是"一个着力、一个聚焦、三个打造"，即着力加强党的建设，聚焦网络整合发展这一主线，打造融合平台、产业平台、控股企业管理平台。遵循这一思路，中国广电致力于成为新时代中央宣传文化战线的旗舰企业，实现资产规模、收入利润、用户数的全面提升。中国广电将加快传统广电网络业务向广电网、电信网、互联网全业务的聚合突围，深化网络产业改革发展和供给侧结构性改革，提供更丰富、更优质的文化产品和服务，更好地满足人们日益增长的美好生活需要。

（一）全国有线电视网络整合

聚焦网络整合发展，就是要一手抓整合、一手抓发展，中国广电拟于 2018 年年内基本完成非上市省网公司增资入股协议的签订，推进一家已上市省网公司或净壳公司的整合工作的开展，将非上市省网公司和上市省网公司整合工作同步谋划、协向推进，做好全国性股份公司组建准备，加快互联互通平台建设和全国性业务开展，逐步建立"统一规划、统一建设、统一运营、统一管理"运营管理体系，将"智慧广电"战略落实到广电网络转型发展全产业链条中，确保按照国家"十三五"规划要求如期完成整合任务。

（二）平台建设

中国广电致力打造融合平台，拟立足于全国有线电视网络互联互通平台，以"宽带电视"为核心产品，构建"传统媒体与新媒体内容融合、有线无线传输融合、全国广播影视节目融合、全国有线电视网络业务融合、宣传文化数字出版产品融合、用户综合服务体验融合"的业务平台。中国广电致力于打造产业平台，拟立足于房山"智慧广电"产业城建设，将内容产业作为核心竞争力，打通互联网内容，传统视、音频内容，数字出版内容，国际传播内容等的界限，形成优势内容生产、集成、加工、交易，资源再分发，业态再转化，精品再利用的良好的内容产业生态，通过夯实产业大数据基础，盘活内容消费与内容生产两端，有效聚合新闻出版广播影视产业资源和宣传文化资源。中国广电致力于打造控股企业管理平台，拟立足于总部控股，子公司运营的有线、无线卫星融合，内容平台渠道终端一体化的集团化运营管理架构，充分发挥自身的战略管控优势，增强对控股企业的管理，发挥各控股企业在中国广电战略布局各环节中的主体作用，加大政策和战略资源扶持力度，有效输出资金、技术、人才等，提升中国广电集团的核心竞争力。

1．互联互通平台

互联互通平台一、二期工程建设计划于"十三五"期间基本完成，具体实施安排如下。2017—2018 年两年间基本完成互联互通平台基础架构、端到端一体化创新业务服务的研发定型与功能布局。互联互通中央业务平台、全国"五横五纵"干线光缆传输网以及广电宽带数据网等骨干基础设施与平台能力建设基本完成，80% 接入网双向化、宽带化、智能化改造项目已启动。100GB 光传输网络全面建成，部分关键段落部署 400GB 或 1TB 智能光网络传输系统，网络总容量从 400GB 提升至 2TB。2017—2019 年三年间中国广电将联合全国省网公司完成 1.2 亿户接入网双向化、宽带化、智能化改造，逐年增加光缆线路建设长度，使城市用户接入带宽达 100MB，农村用户接入带宽达 50MB，完成平台一期、二期工程全部建设任务。

2．广电云平台

广电云平台支持内容集成、分发和融合服务平台，将 IT 资源（计算能力、存储能力、网络能力）虚拟成可提供服务的能力，并对服务能力进行弹性、动态调度和自动化管理。

广电云平台目前已经在多地建成试验平台，正在部署服务器和配套网络设备。在建的全国有线电视网络互联互通平台将在北京设立广电云平台和 IDC 机房基础配套设施，将在西安建设数据灾备中心，对北京云平台的数据进行备份，通过统一的云平台软件，实现对两地云平台数据的管理调度。

（三）无线广播电视

中国广电将顺应"视频的未来是移动"这一趋势，把握广电网络弯道超车的重要战略机遇，利用国际成熟传输技术和广电优质频谱资源，通过建设覆盖全国的移动多媒体交互广播电视网，实现现有网络传输能力的全面升级。中国广电将推动广电无线网络覆盖从单向向双向互动的转型，并推动无线网络与有线网络有机融合、协调发展，以云平台为基础、以无线和宽带网络为连接、以大数据分析业务模式为支撑、以智能终端为载体，创建移动、交互、便捷、跨行业合作的广播电视新业态，提升无线广播电视的业务承载能力和协同覆盖能力，满足广大人民群众在"任何时间、任何地点、任何终端"享受广播电视融合媒体服务的需求。

中国卫星集团股份有限公司 2017 年发展综述

2017 年是中国卫星集团股份有限公司（以下简称中国卫星集团）发展史上具有里程碑意义、极不平凡的一年。中国卫星集团在资源能力建设上有了新的突破，在主营业务开发有了新的成效，转型升级迈出了坚实的步伐；圆满完成党的十九大安播保障任务，2017 年全年无安全、泄密事故发生，各项目标任务全面完成。

2017 年，中国卫星集团实现业务收入共 26.16 亿元，完成预算 102.6%，同比增长 5.67%；实现利润共 8.62 亿元，完成预算 101.38%，同比基本持平；经济附加值（EVA）共 2.2 亿元，全员劳动生产率人均 487 万元。

中国卫星集团实际发展情况主要表现在以下 5 个方面。

一、强本固基建资源，打造持续发展坚实基础

中国卫星集团统筹兼顾、细致安排，在资源建设、频轨资源协调合作和卫星地面配套系统建设取得新的重大进展。

（一）有序推进空间段资源能力建设

2017 年，中国卫星集团新增两颗卫星，星群规模进一步扩大。中国卫星集团成功发射"中星 16 号"高通量卫星并投入试运行，开启了我国卫星宽带互联网新时代，推动了中国卫星集团由卫星空间段运营向提供天地一体信息综合服务的转型。中国卫星集团科学实施"中星 9A"卫星应急处置，并助力其成功定点运营，实现了包括南海海域在内的全疆域覆盖，彻底解决了岛礁民众收视难的问题；统筹建设进度，合理安排资金，持续推进"中星 18 号"通信卫星和亚太 5C、6C 两颗接替星的研究建造工作。

（二）频轨协调合作取得了重大突破

中国卫星集团与亚星公司签署东经 125°等相关轨位 C、Ku 频段协调协议，解决了"中星 6A"运行及后续卫星建设的频率兼容问题；中国卫星集团积极争取，获得了东经 115.5°轨位

频谱资源延期使用权，保障了"中星 18 号"卫星在 Ka 频段的使用地位。

（三）地面配套系统建设取得新进展

中国卫星集团认真研究军改各项部署和要求，主动作为，保证了"中星 16""中星 9A"卫星地面系统的建设进度，分别在北京中心站、沙河地球站、怀来地球站和喀什地球站部署完成了 8 个在建卫星项目地面测控监测系统的研究建设和集成测试工作。怀来地球站克服异地建设困难大、人员短缺、工作生活环境恶劣等问题，快速组建队伍，加快建设，为各系统正常运行提供了有力的支撑保障。

二、开拓进取抓市场，大力推动主营业务转型

中国卫星集团围绕业务转型需要，积极推进营销、销售、服务紧密结合的大市场体系建设：一方面巩固传统转发器租售业务市场，强化市场拓展和支撑保障系统的联动；另一方面加快卫星宽带天地一体化综合信息服务系统建设，提升新业务服务能力。

（一）市场营销体系建设不断加强

中国卫星集团紧贴市场实际，有针对性地制订了卫星转发器租售业务年度营销计划和价格策略，深入研究用户分级服务；理顺卫星通信业务许可资质的申请思路和路径，在争取第一类卫星通信业务资质上取得阶段性成效；加强与政府、军队、集团公司、行业用户及合作伙伴的深入沟通交流，积极推进相关业务合作的开展。中国卫星集团通过参与中国互联网大会、阿里云栖大会、中国网络视听大会、中国机载互联网高峰论坛等，加强不同应用场景的业务宣传，扩大了公司影响；重视境外展会宣传，首次亮相南非通信展，重点加强对中东、非洲等目标市场的宣传，为开拓国际市场创造条件。

（二）转发器租售业务取得新成绩

中国卫星集团深入挖潜、积极进取，实现净增带宽 747MHz，同比增加 11.6%。在境内，中国卫星集团在广电领域的成绩稳中有增，实现了南海区域的全覆盖，推动了高清节目备份和省台高清上星，确保了三大付费平台业务不流失。中国卫星集团通信领域的业务在难中求进，实现业务增长，成功与国家电网等重要用户签约，紧跟军改趋势变化，及时调整策略，扩展业务服务范围，为海外基地和维和部队提供通信保障。中国卫星集团在应急领域工作取得重大成效，圆满完成了重大活动、军演和抢险救灾等应急通信保障任务，赢得了政府有关部门和用户的赞誉。在境外市场竞争趋于白热化的情况下，中国卫星集团主动紧贴用户需求，优化业务结构，努力保持业务稳定。亚太公司通过助力央视长城平台在马来西亚等多国落地，构建低成本、

高效率的视频演示和节目分发专业平台，吸引更多外宣频道上星，在支持"文化走出去"的同时实现了视频业务逆势增长；中国卫星集团积极利用集团公司资源，成功实现"老挝星"在印度尼西亚和马尔代夫等市场的资源销售，新增带宽 306MHz；本部与亚太公司联手快速响应印度尼西亚卫星突发故障，先于国际一流卫星企业响应用户需求，紧急调配卫星资源，提供传输服务，实现印度尼西亚市场净增带宽 456MHz；本部与非洲电信运营商合作，首次在非洲地区提供互联网接入服务，稳步推进了无人机、阿星一号等合作项目的发展，进一步提升了开拓境外市场的能力。

（三）卫星应用业务发展态势良好

鑫诺公司的"全球网"海洋业务新增渔船 2 000 余艘，同比增长 118.8%，累计在网船只近 4 000 艘，运营服务收入比例大幅提高，收入结构日趋合理，"海星通"品牌影响力不断扩大。中国卫星集团利用"全球网"业务平台，服务蒙内铁路、瓜达尔港自贸区建设，为我国"走出去"企业项目建设和运营管理提供了安全高效的通信保障。"星直播"服务能力日趋完善，广泛应用于各类网络直播活动，提升了卫星互联网在相关领域的关注度。

（四）运行保障支撑能力不断加强

中国卫星集团以党的十九大安播保障工作为抓手，以检查促整改、促提升，严查、严防漏洞，有针对性地制订、完善多套应急保障预案和应急操作规程，建立跨部门应急联动机制，有效提升了系统安全保障能力，并在 2017 年 8 月下旬的亚洲卫星突发事件中，得到了事故快速处置能力的实战检验，赢得了国家新闻出版广电总局的高度赞誉。中国卫星集团以用户为中心，统一配置资源，加强走访、技术支持和交流培训，强化了市场拓展与业务支撑联动，进一步满足了客户差异化需求，提升了用户保障水平；以卫星资源稳定运行为目标，精心组织操作实施，做到了及时发现、准确识别、快速处置，确保了在轨星群安全。

（五）宽带业务系统建设稳步推进

中国卫星集团按天地一体化运营思路，以搭建电信级运营平台为目标，狠抓平台、资费、终端、机载等多项重点工作；谋划运营平台顶层设计，考虑后续卫星建设、业务发展及运营平台快速迭代需求，完成了射频、基带、路由及业务支撑等各子系统建设，搭建了国内首个天地一体化卫星宽带网络平台；进一步细化、梳理产品价格体系，提出了"占局保点"尽快扩大用户规模、占据市场主动地位的市场推广策略；着力解决宽带终端瓶颈问题，明确从统购、定点采购到认证管理的终端型谱化、国产化发展思路，支撑宽带商业化运营的发展目标；积极探索机载运营系统合作模式，与国际知名运营商初步达成合作意向，并主动加强与机载卫星服务产业链上、下游企业的沟通合作，加快推进机载宽带服务平台建设；与教育部合作，在甘肃、云南、四川等 15 个偏远地区教学点实现卫星宽带网络教学，有力推动了宽带示范性应用的发展。

三、顺势而为谋战略，推动公司转型升级发展

中国卫星集团聚焦公司转型发展，针对存在的问题和短板，科学谋划、明确路径，为公司发展描绘了新蓝图。

（一）确立战略目标，明晰实现路径

中国卫星集团成功组织召开了 2017 年年度战略推进会，进一步统一思想、凝聚共识，明确了公司的发展定位和方向，提出了建好卫星、搭好平台、做好信息服务"三位一体"的战略实施路径，筹划并相继开展了战略和创新、市场开发、项目建设、全面预算、人力资源和绩效考核"六大体系"建设，积极推动公司由空间段运营向天地一体化综合信息服务、公司管理由非上市公司运营向上市公司规范治理的"两个转变"。

（二）优化组织结构，推进战略落地

中国卫星集团围绕发展目标，调结构、补短板，引入咨询公司配合，调整部门职责，优化资源配置，理顺业务流程，梳理构建关键绩效指标（KPI）库，强化战略闭环管理；以支撑战略研究、项目论证、市场策划为目标，成立天基信息网络创新论证中心，为增强规划论证、创新驱动提升产业牵引能力打开了一扇窗；以市场为导向，加强市场部门力量，启动了营销、销售、服务 3 种职能有机衔接的大市场体系的建设；以星地一体化建设为目标，加强卫星项目部管理职能，抓好星地资源统筹规划论证建设；以支撑天地一体化综合信息服务战略转型为目标，调整了原宽带卫星系统应用部的职责，明确为事业部制，着力打造新的经济增长点；以落实集团公司"瘦身健体"要求为目标，完成了 2017 年公司年度压减任务。

（三）公司改制上市取得阶段成果

中国卫星集团按照改制上市总体安排，顺利完成公司股份制改造，初步建立了符合上市公司规范的"三会"运作机制和满足监管机构要求的治理制度，进一步提升了公司的治理水平；完成首次公开发行股票财务核查、招股说明书及审计报告编制，如期递交申报材料；协调推进签署多型卫星、火箭采购合同以及"中星 18 号"立项、环评等急难工作，及时完成北京地球站土地出让，组织协调卫通与亚太在两地监管规则下的信息披露、管控模式等诸多难点工作，统筹解决影响上市进程的重大关键性问题，保证了募投项目具备申报要求，确保了上市申报进程的顺利开展；公司首次公开发行股票申请，于 2017 年 12 月 26 日正式获得证监会受理，这标志着公司的上市工作取得重大进展，为后续审核发行奠定了基础。

四、精益求精抓管理，夯实支撑发展保障能力

中国卫星集团紧紧围绕改革发展等各项重点任务，从财经管理、信息化支撑等多方面入手，进一步提升基础管理工作。

（一）重点加强财经管理

中国卫星集团持续改进全面预算管理工作，明确了"五大预算、三级审核"的预算管理思路，调整归口审核部门及职责，推进预算执行授权机制，修订完善考核办法；达成了卫星火箭采购税负分担方案，解决价格涉税问题，建立了卫星项目合同安排新模式。

（二）持续提升信息化水平

中国卫星集团优化管理信息平台，重点推进了网络版卫星通信链路计算系统、业务运行管理平台等应用系统的建设，进一步提升了信息化对核心业务管理的支撑能力；加强信息安全工作，以在用测控系统为重点首次开展了工业控制系统信息安全等级保护测评，确定了关键信息基础设施的范围，建成了同城异地灾备中心，信息安全覆盖能力和防范水平得到提升；完善基础网络建设，大厦办公网全面投入运转，并依托专线与北京中心站、怀来地球站实现了多址同网办公。

（三）扎实做好基础保障工作

中国卫星集团全面梳理了内部控制体系，识别出多个风险点和相应控制点，分别制定了控制措施，绘制了业务流程图和风险控制矩阵；组织开展了"认清形势、提质增效、敢于担当"大讨论，着力抓好以通信安全质量和卫星、火箭研制监造质量管理为重点的整顿工作，进一步提高了质量安全管理水平；解决诸多棘手难题，完成了大厦周边管线、道路施工和环境绿化，并抓好投入使用后的运维管理工作，营造了良好的办公环境，提升了企业形象。

五、改革机制引人才，推进人力资源体系建设

中国卫星集团为有效解决制约公司发展的人才瓶颈问题，以人才"选、用、育、留"为基础，高效务实地推进了人力资源体系建设。

（一）优化薪酬待遇

中国卫星集团争取和利用好工资总额，通过提高年轻员工待遇，加强对骨干人才、核心人员的奖励，区分核心与非核心专业人才引进的待遇等措施，迅速扭转了公司吸引人才难的困境；同时优化了现有队伍整体薪资水平，举措起到了稳定人才、留住人才的积极作用。

（二）拓宽晋升通道

中国卫星集团初步搭建"管理簇""技术簇""技能簇"等多个发展序列，引导不同人才找到适合自己的发展方向与定位，拓宽职业发展道路，激发员工做事创业活力；修订了《中层干部管理规定》等五项制度，进一步规范了干部管理；制定了后备干部考核方案，实现了"能进能出"。

（三）精心选才育才

中国卫星集团深入研究分析岗位人才需求，精准引进优秀人才，新引进 23 名知名院校毕业生和 8 名骨干人才，为公司发展注入了新的活力；努力打造学习型组织，继续开展"星传承、兴学风"系列活动，推荐员工参加外部组织的各类培训，并组织编写系列培训教材，促进了干部员工队伍业务能力、理论研究和技术应用水平的提升。

（四）启动绩效考核

中国卫星集团梳理优化岗位职责，完成了岗位评估工作，启动建设以结果为导向、"做好做坏不一样"的绩效考核体系，推进了岗位绩效工资制度改革，为进一步提高员工个人绩效及组织效能奠定了良好基础。

交通运输通信信息集团有限公司
2017 年发展综述

经由国务院批准，北京船舶通信导航公司于 1979 年正式成立，代表中国政府参加国际移动卫星系统（Inmarsat）的运营，是 Inmarsat 中国事务的合法经办机构，负责 Inmarsat 业务在中国的经营和管理。2015 年 12 月 2 日，北京船舶通信导航公司领取到改制后的新版企业营业执照，并更名为北京船舶通信导航有限公司。2016 年 2 月 25 日，北京船舶通信导航有限公司取得工业和信息化部颁发的《中华人民共和国基础电信业务经营许可证》，获准经营第一类基础电信业务中的卫星移动通信业务。2017 年 10 月 24 日，北京船舶通信导航有限公司正式更名为交通运输通信信息集团有限公司（以下简称交信集团）。

作为国内移动卫星通信服务领域的骨干企业，交信集团凭借海事卫星通信系统的独特优势，在海陆空领域提供全球、全天候、全方位的通信业务，以领先的技术、诚信的理念、全方位的应用与解决方案和前瞻性的战略发展视野，将海事卫星通信服务拓展到交通行业及社会的各个领域。经过三十多年的发展历程，交信集团提供的海事卫星通信业务不但成为航运、航空公众通信的重要手段，同时也日益成为陆地及各行各业遇险、安全、应急、搜救等通信的重要保障。在近年来发生的汶川地震、奥运通信保障、舟曲特大泥石流、海军索马里护航、"雪龙号"和"远望号"南北极及海洋科考、珠峰探险等一系列重大自然灾害抢险救助和社会突发事件中，交信集团提供的海事卫星业务都发挥了重要作用。

一、基本情况

截至 2017 年年底，交信集团卫星通信用户达到 5 182 户，2017 年，电信业务营业收入总计 19 445.98 万元，除去营业成本和管理费用等支出，总计盈利共 122.16 万元。2017 年，交信集团在海事卫星通信系统、业务支撑系统和创新及增值平台等电信固定资产项目上投资总计 2 578.23 万元（无法获得资产折旧等数据）。

交信集团 2017 年业务和财务统计数据见表 1。

表1 交信集团 2017 年业务和财务统计数据

指标名称		指标代码	单位	数值
电信业务总量	电信业务总量	AA1000	万元	22 712.55
卫星通信用户	卫星移动通信系统用户	AC6250	户	5 182
卫星移动电话业务	卫星移动电话普通时长	HS7300	分钟	5 640 215.00
	卫星移动电话数据流量	HS8300	GB	3 475.00
网间互联互通业务量	移动电话互联互通通话时长	AC6510	分钟	
电信经济效益	营业收入	CA0000	万元	26 204.38
	电信业务收入	CA0150	万元	19 445.98
	营业成本	CB0000	万元	27 720.21
	管理费用	CC0000	万元	7 625.84
	财务费用	CD0000	万元	459.05
	利润总额	CE0000	万元	124.38
	税费总额	CM0000	万元	2.22
	净利润	CG0000	万元	122.16
电信固定资产投资	固定资产投资完成额	GK0200	万元	2 578.23
	海事卫星通信投资	HS0210	万元	1 768.88
	业务支撑系统投资	GK0350	万元	751.03
	创新及增值平台投资	GK0340	万元	0
	局房及营业场所投资	GK0370	万元	58.32
	其他投资	GK0390	万元	0

二、主要特点

2017 年，交信集团依托海事卫星通信资源，围绕海、陆、空等领域语音与数据通信核心服务开展集团业务，并且进一步加强集团企业化建设，对标三大基础电信运营商，提升基础电信运营服务能力。

（一）卫星通信产业稳中有增

交信集团在现有业务基础上，紧跟国家政策，把握自身优势，认真研究目标市场，不断拓展传统产业新服务和新用户。同时，交信集团下属各事业板块进一步利用交通运输行业的相关资源，开拓新兴市场，加强市场跟踪及区域合作，不断培育新动能，拓展新的盈利渠道，已经初步取得了较好的经济成效。交信集团积极响应国家"一带一路"倡议，面向海事卫星安全应急基础领域，全面系统地推进卫星移动通信业务。交信集团坚持以应用为导向的新产品创新，持续推进卫星通信网与移动互联网的融合，持续挖掘海、陆、空各领域的卫星通信应用创新，努力实现从卫星网络服务向卫星网络应用服务的转型发展。交信集团大力推进企业海外安全应急平台建设工作，推动公务船、海洋科考船使用新型卫星移动通信业务，为我国在太平洋、印度洋、大西洋等海域开展海洋科学考察提供稳定优质的通信服务支持。

（二）集团化建设工作取得重要进展

交信集团继改制更名之后，加快推进事企分开，深化改革落地生根，科学合理推进企业化发展的道路，使企业各板块成为紧密结合的整体，最大限度地支撑交通运输行业的各项保障及建设工作，并带动相关产业的同步发展。同时，交信集团进一步完善发展战略规划，明晰企业股权架构、规范法人治理结构、强化有效管控、增强整合协同，充分利用产业资源优势，打造出能抢市场、敢打硬仗、拥有领先技术、具备自主产品的交通运输通信信息企业集团。

在经营管理上，交信集团不断增强企业的风险防范意识。通过不断地规范和引导，交信集团各所属公司的法律意识、规范管理意识、风险防控意识显著提高，主动、前瞻、有计划地对各类风险进行评估、分析并采取对策。风险控制意识逐渐深入到应收账款催收、股权变更、对外投资等各个方面，确保了集团整体经济稳定、健康、持续发展。

（三）基础电信运营商能力取得跨越式提升

2017 年，交信集团实现与三大电信运营商的互联互通，正式开通启用了约 7 500 个海事卫星电话 1749 号段，取得工业和信息化部核发的 10098 语音、短信两项客户服务资质。交信集团完成基础电信业务资质的年检维护、交信集团海事卫星通信业务统计报表、电信服务质量报告报送等工作，进一步加强宣传和组织力度，做好世界交通运输大会、世界移动大会的筹备、组织、参会和参展工作，展示了交信集团特有的战略资源和通信信息服务能力，巩固了良好形象。交信集团取得 Ku 波段航空飞行试验批复，夯实了在航空领域的发展基础。交信集团积极开展全国高速公路光纤网升级完善工程，完成了交通运输部密通网与长江航务管理局及其所属单位共 18 个节点单位的顺利迁移。

三、面临问题

从事业单位向企业转变，再成为基础电信运营商，交信集团角色身份的转变带来的是集团定位、发展方向和内部结构调整等一系列问题。2016 年，我国《"十三五"国家战略行新兴产业发展规划》提出做大做强卫星及应用产业，我国卫星产业的发展速度更加提升了一个台阶，主营卫星移动通信业务的交信集团也承受着行业飞速发展所带来的竞争压力。内外的双重压力也凸显出交信集团现阶段面临的若干主要问题。

（一）亟须践行现代企业经营管理模式

交信集团面临新挑战，集团化不仅是名称的变更，更是管理模式、管理理念的改变。交信集团要转变传统事业单位经营管理理念，需要尽快向现代企业经营管理模式转变，探索科学的资本运作模式。交信集团需要加快建立适应发展需要、功能齐全、结构合理、运转协调的经营管理模式，构建更加合理的产权关系和企业制度，形成具有内在动力、富有活力的内部运行机制。交信集团经济运行工作的内部协调、信息共享等机制需进一步完善。

（二）集团资本运作能力亟待提高

随着产业规模的不断扩大、合资合作不断增多，投资额度也逐渐增大，交信集团目前整体应收账款仍处于高位，整体现金流压力持续增加。交信集团要从经营活动的现金收入进行妥善的控制，或通过投资收益等方面缓解资金压力。

（三）科技团队建设和创新氛围有待加强

交信集团科技人员数量少并且较为分散，涉及领域宽泛，难以形成战斗力强的科技团队。各部门对科技工作的重视程度欠缺，科技人员在创新活动中的内生动力不够，未能形成良好的创新氛围。交信集团科技创新的软实力不强，缺乏集中性的基础技术研发，在持续推出满足市场客户需求的系统和产品方面比较乏力。

四、展望与目标

交信集团按照交通运输部党组要求，落实有关集团公司在"十三五"期间的发展规划，围绕工业和信息化部赋予的职责和集团公司承担的责任，深化落实事企分开改革工作，加快运行机制改革，加强考核体系建设，加大制度执行力度，为实现事业快速发展奠定坚实的基础。

（一）全面完成部列出的更贴近民生实事和部交办工作任务

交信集团全力做好全国"两会""十一"黄金周、春节假日和春运期间等重要时期的通信信息服务保障，做好应急通信保障系统、重要通信信息系统等运维值守工作，确保网络和通信安全。

（二）树立信息化引领交通强国建设思路

交信集团树立交通强国信息化理念，坚持信息化思维，以互联网、大数据等现代化信息技术与交通运输业深度融合为理念，促使信息化与交通运输大动脉融为一体，打造容纳和促进信息化新技术创新应用的交通阵地，加强交通强国信息化体系构建。

（三）坚持推进网络化，系统化市场拓展模式

交信集团坚持深入用户需求、参与用户规划、树立标杆项目、保障服务到位的原则，拓展产品销售和应用服务开发。

（四）坚持围绕应用平台产品开发，不断构建核心竞争力

交信集团公司事业赖以生存和发展的基础是不断创新和推出特色产品。通过分析和研究通信的市场需求，交信集团扎实推进产品与各行业深度融合的发展，增强产品需求协同效率，整合海事卫星通信和公众网络资源，加大关键技术研究，稳步推进产品研发，促进研究成果转化。

（五）紧贴市场，满足需求，拓展更大的市场

交信集团坚持围绕政府监管融入安全通信的多元产品研发，满足政府监管融入安全通信的市场需求，促进研究成果转化，着重解决政府监管融入安全通信网络化和信息化保障的关键问题，以满足"安全通信 24 小时和 72 小时的网络通信和信息化保障"需要为目的，通过技术集成和自主研发，逐步形成政府监管融入安全通信软硬件产品平台体系。

（六）加强对业务和应用解决方案的市场拓展

交信集团的市场拓展将以项目组的方式积极开展工作，稳步推进各项目工作，了解终端用户需求，开发贴近用户的各种应用，满足用户的使用需求和管理需求；制订适合市场拓展需要的策略，合理调配人员，全面推进各类业务进度和跟进配套应用解决方案。

（七）加强卫星系统的运营管理，提高互联互通的能力

交信集团加强与 Inmarsat 总部运营和结算团队的对接，提出解决 1749 互联互通呼叫记录和计费数据核算问题的方案，开展系统互联、号码资源、网络设施等相关工作，组建联合工作组，自主发行 1749 手机 SIM 卡直连海事卫星系统项目，形成具体实施方案。

（八）全面开展集团公司资质建设和维护工作

交信集团紧密关注工业和信息化部关于国家基础电信运营商电信经营资质的年检工作，并按照其具体要求完成交信集团基础电信经营资质年检工作；有序推进和完成交信集团申请 ICP、IDC/ISP 增值电信经营资质。

（九）加强卫星产业研究，提高经济效益

交信集团持续跟进卫星产业发展，研究和形成卫星产业发展情报分析和报告；开拓推进地面站资源对外服务能力，进一步扩大经济效益，做好市场相关增值平台的搭建和基础运维

工作。

（十）培养职业精神，加强人才队伍建设

交信集团作为从事卫星通信的高科技单位，集团事业部现有人员的能力素质水平仍有待提高。今后，交信集团将加强销售、工程、技术、管理人才队伍建设，同时立足事业部业务范畴，以强化职业精神为基础，持续培训和公平竞争机制，在实践中锤炼队伍，在竞争中培养一批善沟通、懂技术、精管理的专业人才。

（十一）细化管理制度，加强层级督导，提高工作效率

交信集团将依托集团公司现有各项规章制度，针对不同的工作岗位，细化管理办法，加强层级督导，激发员工主人翁意识，增强员工责任意识，提高工作效率。

五、下一步工作

（一）稳固海上卫星通信地位，推进海用商船、大型油轮、政务船等市场的发展。

（二）做强海事卫星陆地市场，特别是要注重陆地安全应急市场、媒体市场的发展。

（三）开拓航空卫星通信市场，把握商用航空市场和通用航空市场的发展。

（四）加强新型和增值业务的开发及推广。

中信网络有限公司 2017 年发展综述

一、企业概况

中信网络有限公司（以下简称中信网络）成立于 2000 年 3 月 17 日，是中国中信集团全资子公司，注册资本为 421 197.23 元人民币。公司主要负责全国光纤骨干网奔腾网的建设、管理及运营。中信网络目前拥有的奔腾网是以密集波分复用技术为承载的新一代、开放的通信基础网络平台，能够支持包括数据、语音、图像、传真和各种智能与增值服务在内的综合通信业务，实现各种业务网的无缝连接。奔腾网干线总长度为 2.26 万皮长公里，11.78 万芯公里，光缆类型分为 G.652 和 G.655 两种。

目前，奔腾网全网使用 80 波 OTN 系统，最大带宽容量为 8TB，网络可承载 10GB 以下标准颗粒业务。现有网络拓扑为环网结构，分南、北、西、广深 4 条环路，覆盖东部、中部及西部 17 个省市。

中信网络拥有"国内通信设施服务业务"基础电信业务的经营许可，同时还拥有"互联网接入服务业务"增值电信业务的经营许可。 中信网络目前主要向各级电信运营商、政府、金融企业、大型集团等用户提供跨地区点对点或多点间长途传输、长途组网服务、互联网接入服务等业务。

在中信网络的部门设置中，除人力资源部、行政综合部、计划财务部等部门外，与电信业务直接相关的部门分别是：战略发展部，负责研究行业发展情况，制订发展战略；市场部，负责发展业务，与客户签订合同；运行维护部，负责网络的工程与维护；信息技术安全部，负责电信许可证、网络和信息安全、合规经营监督。

中信网络在全国设有 18 个分公司及办事处，并投资湖南中信网络通信有限公司与广东盈通网络投资有限公司。

二、主要特点

目前，中信网络的资源主要集中于长途传输通道，业务相对单一。中信网络充分分析自身情况及市场环境因素，努力挖潜，在业务发展中体现出以下 4 个特点。

（一）专注

中信网络自 2002 年获得网络元素出租出售牌照后，一直专注于长途传输业务，经过 16 年的运营，积累了丰富的网络运行调度管理经验，在专注中关注业务流程的每个细节，不断打磨提升服务品质。

（二）诚信

长期以来，中信网络的母公司中国中信集团一直将诚实守信作为经营之本，其诚信的经营作风在国内外市场赢得了广泛的赞誉。中信网络传承这种中信精神，致力于与客户建立长期合作关系，诚信经营，以此获得客户的信任。

（三）服务灵活

中信网络资源先天不足，所以只能以为客户提供更好的服务来提升自身竞争力，吸引用户。公司可以针对客户的需求提供个性化、定制化的网络解决方案，满足客户特殊需求。

（四）中信集团业务协同优势

中信网络的母公司中国中信集团是大型国有综合企业集团，业务涉及金融、基础设施、资源能源、工业制造、工程承包、房地产等 50 多个行业，处于众多行业的领先地位，具有丰富的内外部资源。中信网络在业务发展中充分利用集团的资源协同能力，可以为客户提供超出通信领域的整体服务。

三、面临的问题

长期以来，长途传输市场违规资源泛滥，有效需求被大量分流，市场经营秩序被违规资源破坏。随着工业和信息化部对互联网接入服务市场清理、整顿工作的深入开展，在不久的将来市场环境将得到大幅净化，中信网络将迎来发展的新机遇。对于奔腾网自身而言，光缆路由应更加多样化，部分路段还应加大保护。

四、展望与目标

中信网络为适应通信领域日新月异的发展和市场激烈竞争的形势，满足用户对传输带宽、传输品质和传输通道安全可靠性的要求，进一步提高企业的市场竞争能力，经过多年的发展，已经逐步形成能够覆盖东部南部沿海地区、中部地区、部分西部地区等经济活跃省份的独立自有的传输网络。中信奔腾网络省际干线已经建成了 4 条环路，未来中信网络将争取发展成为覆盖全国一线、二线城市及大多数三线城市的长途骨干网，成为国家信息产业发展中重要的基础性资源。因此，中信网络需不断完善现有传输网络，扩大覆盖范围，优化路由结构，增大传输容量，实现具体的发展目标。

中信网络以市场需求为目标，对现有网络扩容进行扩容和升级改造，并新增传输网络以完善网络覆盖，增强业务提供能力。

1. 省际干线传输网络以 OTN 系统为基本技术体制，采用大容量、超长距的 100GB 系统为传输通道，并可平滑升级 400GB 传输通道，系统容量设计为 8 ～ 32TB；在新建网络中引入 ROAM/OXC、ASON、SDN 等网络功能，构建新一代传输网络，使得网络具备智能化、可视化、扁平化等功能，提升网络业务竞争能力。

2. 省内、区域性干线传输网络以 OTN/PTN 系统为基本技术体制，具体选择依据业务需求。

3. 中信网络考虑将来 4G/5G 网络发展，未来可以根据需要来启动 4G/5G 移动承载网的建设，移动承载网建设主要以城域网为主，技术体制选择上目前有 IPRAN、PTN、SPN、M-OTN 等以承载分组业务为主的传输系统。

中信数字媒体网络有限公司 2017 年发展综述

一、基本情况

中信数字媒体网络有限公司（以下简称中信数字媒体）是由原中信网络有限公司的卫星通信业务和广电等领域的投资业务分立而来。2015 年 5 月，原中信网络有限公司分立为中信网络有限公司（存续）和中信数字媒体（新设）两家公司，中信数字媒体注册资本为 10 亿元，公司经营范围包括国内卫星通信业务以及在传媒、网络、信息应用服务等领域的投资业务。中信数字媒体在承接原中信网络有限公司的国内卫星通信业务后，于 2016 年 7 月获得了工业和信息化部颁发的基础电信业务经营许可证（A2-20160003），经营业务种类为"第二类基础电信业务中的卫星转发器出租、出售业务"；同时，公司还持有增值电信业务许可证（A2-20160904），经营业务种类为"国内甚小口径终端地球站通信业务"。

2017 年，中信数字媒体的国内卫星通信业务发展总体平稳，大部分原有用户合同顺利续约，同时公司加大了市场开拓力度，尤其是在航空机载通信市场和海洋渔业通信市场收效明显，保持了业务收入的稳定增长。截至 2017 年年底，中信数字媒体网络有限公司在国内运营的卫星包括亚洲 5 号、6 号、7 号、9 号卫星，星上带宽总容量超过 6GHz，实现电信业务总收入 27 132 万元，与 2016 年相比增长 6.6%。

二、主要特点

2017 年，中信数字媒体卫星转发器业务经营具有以下 3 个特点。

（一）航空互联网业务市场稳步增长

中信数字媒体与中国电信紧密合作，从 2016 年 5 月开始使用"亚洲 7 号"卫星为东航、南航、厦航、海航等国内多家航空公司的客机提供客舱通信服务，并为美联航空、阿联酋航空、汉莎航空等几十家境外航空公司的数千架飞机提供在国内通信落地服务。

2017 年 5 月底，中国电信航空机载通信业务试验的扩容方案获得了工业和信息化部的正式批复，"亚洲 7 号"卫星也成为目前国内机载卫星通信领域带宽使用量最大、承载业务最多的卫星。

（二）海洋通信业务市场初见成效

近年来，随着船载天线等终端设备价格的下降，运营模式的创新，国内海上卫星通信，特别是渔船通信市场得到了飞速的发展。在沿海省份，已经有几千条渔船开始使用 Ku 波段的卫星通信系统为船员提供语音、数据等通信服务，并在此基础上进一步开发出海鲜拍卖等增值服务。由于传统卫星在 Ku 波束的设计上往往将重点放在陆地，因此，出现了海上可用带宽资源不足的情况，也制约了产业的健康高速发展。

为了满足国内海洋通信不断增长的需求，2017 年，中信数字媒体将"亚洲 7 号"卫星的可移动 Ku 波束调整到中国海域，可以为渤海、黄海、东海以及南海等全部领海提供大功率的覆盖，从而为国内海洋通信的发展带来新的可用资源。目前，Ku 波束已经为数百条渔船提供了通信服务，同时也为远洋运输、海上平台、渔政海监等提供服务。

（三）"亚洲 9 号"卫星的发射为公司业务发展带来新机遇

2017 年 9 月，"亚洲 9 号"卫星成功发射，于 11 月替代该轨位上的"亚洲 4 号"卫星。"亚洲 9 号"卫星装有 28 个 36MHz C 波段转发器，采用 110W 线性行波管放大器，可覆盖亚洲、澳大利亚、新西兰等区域的 50 多个国家和地区；装有 32 个 54 MHz Ku 波段转发器，共有中国、蒙古、缅甸、印尼、澳大利亚 5 个区域波束，中国的 Ku 波段转发器数目最多可达 20 个，比"亚洲 4 号"卫星的容量有了很大的提高。

"亚洲 9 号"卫星的发射，一方面增加了原有卫星的转发器容量，另一方面也大大提升了卫星的覆盖性能，给公司业务的发展带来新的机遇。

三、展望与目标

中信数字媒体将继续深耕国内卫星通信市场，重点依托"亚洲 7 号""亚洲 9 号"卫星资源，做好航空、海洋通信市场的开拓。

同时，随着我国广播电视高清化进程的加速，也将继续做好"亚洲 6 号"卫星在广播电视领域的推广，做好节目的安全播出工作，让更多的电视节目通过"亚洲 6 号"卫星传播到千家万户。

四、下一步工作

综上所述，高通量卫星将是未来卫星通信发展演进的重要趋势，中信数字媒体也会一直密切跟踪国内外技术、市场的发展。下一步中信数字媒体将与亚洲卫星公司加紧落实高通量卫星的设计和建造工作，预计用 3 ～ 4 年的时间，在国内建立起一套全新的高通量卫星通信系统，以先进的技术、优异的性能、合理的价格服务国内卫星通信市场，充分发挥卫星通信的优势，为我国实现"宽带中国"和建设网络强国贡献一份力量。

专题分析

2017 年全球电信运营业运行分析

一、全球基础电信业市场整体发展概况

（一）基础电信业总体回暖加速，移动数据业务拉动收入增长

1．随着全球经济稳步复苏，基础电信业加速回暖

2017 年全球电信业服务业收入达 15 900 万亿美元，同比增长 1.2%。我国电信服务业收入达 12 620 亿元，占全球收入 12%。同比增长 6.4%，与 GDP 增速差距进一步缩小。

2．移动数据及互联网业务对收入增长拉动强劲，对移动话音替代明显

2017 年，全球电信服务业数据业务收入占比 58.2%，移动业务占比 64%。2017 年，中国电信服务业固定与移动数据及互联网业务占比达 59%，其中，移动数据及互联网业务占 43.5%，比 2016 年高出 7.1 个百分点，移动话音收入占比进一步压缩，仅占 15.7%。

（二）全球 4G 用户数首超 3G 用户数，我国移动流量每月每户均 2.8GB

全球 4G 用户数首次超过 3G 用户数。2017 年年底，全球移动电话用户总数达 78.2 亿，同比增长 4%，蜂窝 M2M 用户达 5.9 亿户，同比增长 35.7%，4G 用户达 25 亿户，同比增长 35.8%。近年来，一些国家和地区的主流运营商陆续关闭 2G 网络，预计 2018 年年底 4G 用户数将全面超过 2G 用户数，成为最主流制式，如图 1 所示。

2017 年 9 月，我国移动数据流量当月规模达 1 946EB，高于美国的 1 638EB，我国移动数据流量总量首次超过美国，但人均 DOU 还远低于美国。2017 年年底，中国 DOU 达 2.8GB，年增速高达 150%，随着国内数据漫游取消，预计 2018 年年底 DOU 将达 4.3 ～ 4.5GB。

部分运营商推出不限流量套餐，显著刺激了流量消费。有研究显示，美国无限数据计划的消费者的移动数据使用量比有限计划的高出 67%。

资费和视频内容成为拉动流量增长的主要动力。移动数据流量资费持续下降，刺激流量加速增长，2017 年每兆比特综合资费降至 0.013 元，同比下降 57.1%。此外，电信运营商不断采取举措促进用户内容消费升级；创新合作模式，加强内容领域的流量后向经营，推出大流量套

餐和互联网专属套餐；开展视频"内容运营"，打造视频生态圈。图 2 为各国/地区每月户均移动流量使用情况。

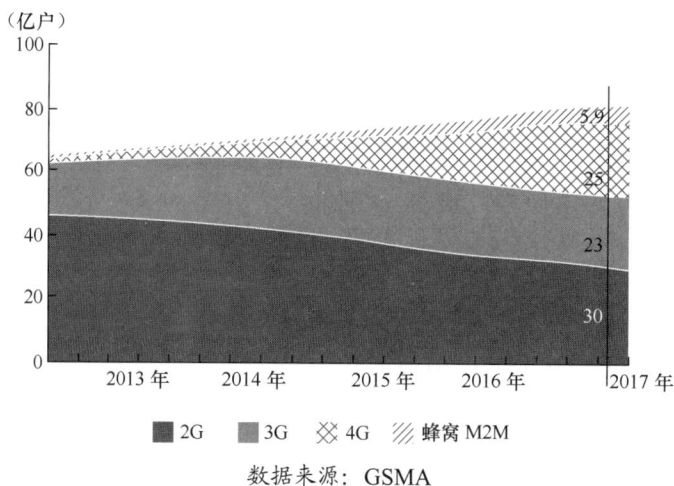

数据来源：GSMA

图 1 全球各制式移动用户发展情况

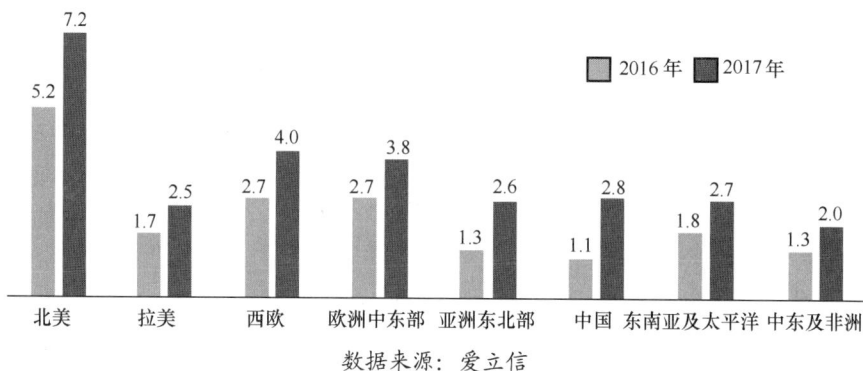

数据来源：爱立信

图 2 各国/地区每月每户均移动流量使用情况［GB/（户·月）］

（三）光纤宽带部署稳步推进，国际互联网容量增速放缓

2017 年全球固定宽带用户达 9.2 亿，同比增长 8%，家庭普及率达 58%，光纤用户 5.2 亿，占比达到 56%，同比增长 17%。中国的宽带战略实施推动了光纤市场的快速发展，光纤用户（FTTH/O+LAN）超过 3.3 亿户，年净增额占全球的 85% 以上，如图 3 所示。

亚太地区国家宽带部署光纤化程度较高，韩国光纤宽带家庭普及率高达 97%，中国全部地级市实现全光网覆盖，光纤宽带家庭普及率 85%，位列全球第三。自 2015 年开始，我国组织实施了三批次电信普遍服务试点，共支持全国 13 万行政村光纤网络到村建设和升级改造。2017 年，我国行政村通宽带普及率 97.1%，通光纤普及率达 89.6%，比 2016 年年底提升 6.1 个百分点。图 4 为全球固定宽带用户发展情况。

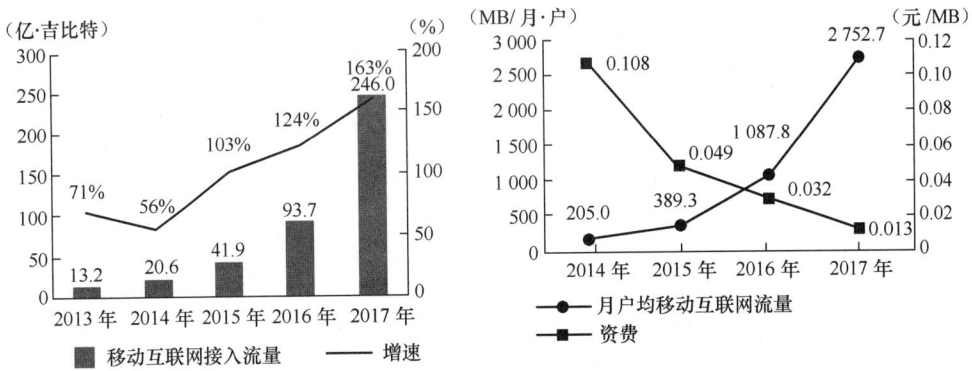

数据来源：工业和信息化部

图 3　我国移动互联网接入流量使用情况

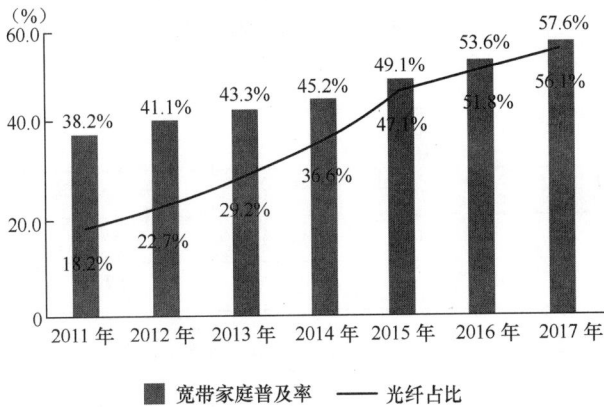

图 4　全球固定宽带用户发展情况

国际互联网容量增长率多年来一直稳步下滑，最近的年增长率已经达到了 30% 的低点。2013—2017 年部署的新国际互联网容量为 197Tbit/s，全球国际互联网容量达 296Tbit/s。

2017 年我国加快国际通信基础设施建设，国际网络和通达范围加速扩大。2017 年 6 月，由中国联通于 2012 年发起并主导建设的 AAE-1 海缆系统大部分正式投入商用。同时，我国积极加强国际合作，继续发挥中国—东盟、中欧、中俄等双边和多边电信高级协商对话和交流合作机制的作用，协力完善区域网络和加强对欠发达国家的支持。2017 年 3 月，华为海洋设计和承建了柬埔寨首条海底光缆（MCT）。图 5 为部分国家国际互联网带宽发展情况。

（四）LTE 网络建设进入平稳期，NB-IoT 成为产业热点

LTE 发展速度迅猛，网络建设进入平稳期。LTE 网络已将全球 1/3 的人口联接起来，是目前发展最快的移动制式。据 GSA 统计数据显示，截至 2018 年 4 月，全球已有 204 个国家累计部署了 672 张 LTE 或 LTE-A 商用网络，其中共有 58 个国家部署了 111 张 TD-LTE 网络。图 6 为全球 LTE 商用网络规模。

国家	国际互联网带宽（Gbit/s）	2013—2017年复合增长率（%）
美国	72 800	26.7
德国	72 721	27.7
法国	48 587	31.9
英国	46 066	24.8
中国	20 278	36.0
巴西	13 470	38.0
日本	11 349	28.2
俄罗斯	10 949	22.4
印度	8 590	63.3
墨西哥	7 232	37.0
阿根廷	5 716	33.0
韩国	2 695	27.6

数据来源：Telegeography

图 5　部分国家国际互联网带宽发展情况

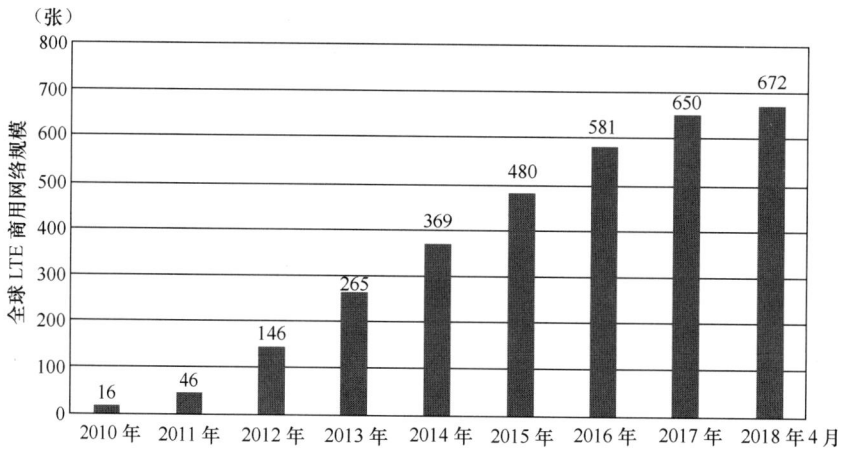

数据来源：GSA

图 6　全球 LTE 商用网络规模

　　全球积极部署物联网服务，NB-IoT 成为产业热点。受各国战略引领和市场推动，在基础设施建设、传统产业转型、消费升级三大周期性动能的驱动下，全球物联网迅速发展。2017年全球物联网设备（包括手机、传感器及各类智能设备）数量达到 84 亿台，首次超过全球总人口数。物联网正从小范围局部性应用向较大范围规模化应用转变，从垂直应用和闭环应用向跨界融合、水平化和开环应用转变，从单一行业的数字化应用向多行业的网络化、智能化不断转变。

　　从发展的情况来看，为了把握物联网应用的发展窗口期，NB-IoT 在全球加速落地。GSMA建立了 NB-IoT 联盟，工业和信息化部办公厅发布的《关于全面推进移动物联网（NB-IoT）建设发展的通知》提出了我国 NB-IoT 基站规模、连接数的明确目标，电信运营商也在积极部署中。

此外，除网络规模和覆盖范围的扩大，电信运营商还采用补贴方式降低模组成本，加速产业成熟。同时，结合智慧城市的建设，推广 NB-IoT 的大规模应用，主要应用包括智慧抄表、智慧路灯、智能停车场等与增强型移动宽带业务城市基础设施相关的领域。

二、全球电信业市场发展热点

（一）5G 进入标准研制的关键阶段

3GPP 完成非独立组网的标准研制，5G 进入标准研制的关键阶段。3GPP 完成了第一个支持非独立组网的 5G 标准。3GPP 将制订 R15 和 R16 标准以满足 ITU IMT-2020 的全部需求。R15 主要面向 5G 三大场景中的 eMBB 场景（增强型移动宽带）和 uRLLC（低时延高可靠）场景，能够满足 5G 部署初期的商用需求，R16 标准面向包含 mMTC（广域大连接）在内的全部 5G 场景，能够满足 ITU 技术要求，二者预计将于 2018 年 6 月和 2019 年年底完成。

2017 年 12 月完成 R15 非独立组网标准，以及 5G 核心组网架构和业务流程标准，该版本重点支持增强型移动宽带业务，在组网方面，5G 基站与 4G 基站或 4G 核心网连接，用户通过 4G 基站接入网络后，5G 新空口（NR）和 4G 空口为其提供数据服务，4G 负责移动性管理等控制功能。

5G 新空口支持大带宽、低时延、灵活配置，可满足多样业务需求，同时易于扩展支持新业务。在带宽方面，5G 新空口支持低频最大 100MHz 的基础带宽，高频最大 400MHz 的基础带宽；此外，5G 新空口采用部分带宽设计，支持多种终端带宽，满足多种业务需求。在低时延方面，5G 新空口支持较宽的子载波间隔，支持符号级的调度资源粒度，支持自包含时隙和快速重传机制。5G 新空口的灵活设计体现在基础参数设计、帧结构、参考信号设计、控制信道设计等方面。NR 支持多套基础参数设计，如 15kHz、30kHz、120kHz、240kHz 等子载波间隔，以满足各种覆盖场景、移动场景及高 / 低频段的需求；在帧结构方面，5G 支持符号级灵活定义的帧结构，定义了大量时隙格式，并支持准静态和快速配置帧结构的方式；在控制信道方面，新空口采用两级控制信道配置方式，支持长、短控制信道设计，可满足多样业务需求。在编码方面，数据信道采用 LDPC 编码方案；控制信道采用极化编码方案，以更顽健地支持较短的数据包，提升控制信道性能。

3GPP 后续将完成独立组网部分的标准，并面向移动宽带场景增强性能，同时支持更多的应用场景。在独立组网方面，3GPP 将开展空闲状态的移动性、接入控制、RRC 连接控制、RRM 相关标准化工作；在低时延高可靠性方面，3GPP 将开展高可靠性的 CQI、MCS 设计、新的 UCI 格式、PDCCH 重复等标准化工作；此外，还将开展非正交多址、免许可 5G、中继、车联网、多天线增强、定位增强、终端节能等技术研究和标准化工作。

各国积极推动 5G 发展，努力抢占 5G 产业制高点。5G 将带领移动通信产业从人人互联走向更加广阔的万物互联，从而对各行各业乃至全球经济社会产生重大影响。首先，5G 将直接推动移动通信技术和产业的重大飞跃，并带动芯片、器件、材料、软件等基础产业的同步快速发展；其次，5G 将会与互联网更加紧密地融合，引发新一轮的移动互联网创新创业浪潮。此外，5G 还将成为物联网及相关行业应用的关键支撑技术和网络基础设施，将广泛融入生产生活的各个领域，为其他行业的信息化和现代化发展提供强大动力。

咨询公司 IHS 指出，5G 将成为对全球经济有巨大、可持续影响的通用技术。2020—2035年，5G 对全球 GDP 增长的贡献率将达 7%，年均产值将达 30 000 亿美元。2035 年，5G 有望在各行业中创造出 123 000 亿美元的经济价值，5G 产业链将直接创造出 35 000 亿美元的产值和 2 200 万个就业岗位。

据行业协会 GSA 统计，截至 2018 年 4 月，全球已确定有 62 个国家 / 地区的 134 家电信运营商已经（或计划）着手开展，或已获 5G 许可在进行一项或多项组成技术的 5G 演示、测试或试验，与 2018 年 1 月的 113 家运营商相比有所增加。目前，11 个国家的 14 家电信运营商宣布在 2018 内推出有限的 5G 服务，目前，业内公认 5G 商用合理时间点是 2019 年下半年。

5G 作为一项通用技术和普适平台，将为各行业转型变革带来深远影响，并为全球带来巨大的经济价值。全球主要国家高度重视 5G 战略地位，纷纷发布国家战略，加大资金投入，积极支持 5G 发展，中国、欧盟、韩国、日本和北美等国家和地区纷纷加大 5G 研发推进力度。

欧盟从 2012 年开始陆续启动 METIS 金额、5G PPP 等多个重大项目，总研发经费达 42 亿欧元，2016 年欧盟发布了 5G 行动计划，明确了 2016—2025 年在 5G 频率、标准、试验、商用、行业应用、资金投入及国际合作等方面的推进计划。

2016 年 7 月，美国在全球率先发布 10.85GHz 的 5G 高频频谱，并将投入 4 亿美元用于支持 5G 相关研发和测试，以实现美国在 5G 领域的领导地位。

日本积极推动成立了 5G 移动通信推进论坛（5GMF），并部署了 5G 科研项目，加快推进 5G 技术产业发展，于 2017 年启动 5G 技术试验，将在 2020 年东京奥运会前正式实现 5G 商用。

韩国发布 5G 创新战略，成立 5G 论坛，启动重大项目，计划投入 16 000 亿韩元（约 14.3 亿美元）研发资金，并在 2018 年平昌冬奥会期间开展 5G 预商用试验。

面对 5G 发展的重大机遇，我国成立了 IMT-2020（5G）推进组，全方位推进 5G 研发，并通过重大专项及 "863" 计划部署 5G 研发课题，支持 5G 技术创新。为了推动 5G 技术产业快速发展，我国明确将在 2020 年启动 5G 商用服务，从而给产业界以明确信号。为实现上述目标，我国启动了 5G 技术研发试验，推动 5G 技术研发和国际标准研制，并为后续 5G 产业和商用提供支撑。

全球 5G 频谱共识初步达成，我国 5G 目标频段基本明确。规划新的频谱资源是满足 5G 频谱需求的最直接手段，包括我国在内的多个主要国家和地区都积极开展 5G 频率规划研究及推进工作，提前布局，力争推动资源先行以引导全球产业格局。当前，全球主要国家已经公布的频谱规划具有一定的共识度，主要聚焦 3.4 ～ 3.8GHz、26GHz、28GHz、39GHz 等频段。

2016 年 7 月，美国 FCC 的 5 名委员全票通过了将 24GHz 以上频谱用于无线宽带业务的规则法令，从而使美国成为全球首个宣布将这些频谱用于 5G 无线技术的国家。美国本次共规划了 10.85GHz 高频段频谱用于移动和固定无线宽带服务，包括 28GHz（27.5 ～ 28.35GHz）、37GHz（37 ～ 38.6GHz）、39GHz（38.6 ～ 40GHz）共 3.85GHz 许可频谱和 64 ～ 71GHz 共 7GHz 免许可频谱。此外，美国于 2017 年 7 月进一步就 5G 中频段公开征求意见，重点考虑 3.7 ～ 4.2GHz、5.925 ～ 6.425GHz 和 6.425 ～ 7.125GHz。

2016 年 11 月，欧盟发布 5G 频谱战略，低频段聚焦 700MHz、3 400 ～ 3 800MHz，高频段将从 24.5 ～ 27.5GHz、31.8 ～ 33.4GHz 和 40.5 ～ 43.5 GHz 中选择一个频段。英国 Ofcom 在 2018 年 4 月拍卖 5G 频谱的 3.4GHz 频段，共获得超过 10 亿英镑资金。此外，德国于 2017 年 10 月发布 5G 频谱框架，聚焦 700MHz、2GHz、3.4 ～ 3.8GHz、26GHz 和 28GHz 等频段。

韩国资讯通信技术暨未来规划部（MSIP）于 2013 年发布了《宽带移动计划 V2.0》，提出 2023 年前为移动宽带释放至少 1 000MHz 频谱。2018 年 6 月，韩国开展 3.5GHz 和 28GHz 的频谱拍卖，4 家运营商共花费约 36 亿美元拍到。

我国正在积极推进 5G 频谱规划，并取得了一些阶段性进展。2017 年 6 月，工业和信息化部就 5G 低频段规划公开征求意见，并就毫米波频段规划用于 5G 公开征集意见，所考虑的重点频段包括 3.3 ～ 3.6GHz、4.8 ～ 5GHz、24.75 ～ 27.5GHz、37 ～ 42.5GHz 等，2017 年 7 月，工业和信息化部批复 4.8 ～ 5GHz、24.75 ～ 27.5GHz、37 ～ 42.5GHz 频段用于我国 5G 技术研发试验。为了支持我国 5G 研发和系统验证，工业和信息化部于 2016 年 1 月将 3.4 ～ 3.6GHz 频段确定为我国 5G 试验的初始频段。在 6GHz 以下频段共批复了 400MHz、在毫米波频段共批复了 8.25GHz 频谱资源。这些新增的 5G 试验频率，为开展 5G 原型设备在统一频段上的功能和性能验证提供了必要条件，将加速推进产业链的成熟，为构建全球 5G 产业生态奠定了重要基础。目前，我国低频段目标和高频段初步立场基本明确，并通过一系列工作向产业界释放了积极信号。图 7 为全球重点国家 / 地区 5G 频谱情况及 5G 商用时间。

国家/地区	分配/拍卖	5G频谱详情	频谱分配/拍卖时间	商用时间
韩国	拍卖	3.5GHz、28GHz	2018年6月	KT：2019年3月
英国	拍卖	2.3GHz、3.4 GHz	2018年4月	EE：2019年
澳大利亚	拍卖	3.6 GHz频段125 MHz频谱	2018年10月	Telstra、Optus：2019年
德国	拍卖	2 GHz频段内的原UMTS频谱以及3.4～3.7 GHz频段	未定	DT：2018年
西班牙	拍卖	3.6～3.8 GHz	2018年7月	Telefonica：2020年
美国	拍卖	28GHz、24GHz	计划2018年11月	AT&T、Verizon、T-Mobile：2018年，Sprint：2019年
瑞士	拍卖	700MHz、1400MHz、3.5～3.6GHz和3.6～3.8GHz	2018年下半年	Swisscom：2018年
中国香港	拍卖	3.4GHz～3.7GHz和mmWave（24.25～28.35GHz）	2019年	2020年
俄罗斯	分配	2017年7月分配给Megafon，MTS、Beeline申请5G频谱	未定	未定
法国	分配	2.6GHz、3.5GHz	2017年9月	Orange：2020年
瑞典	分配	3.4 ～ 3.8 GHz频段	2019年	

图 7　全球重点国家 / 地区 5G 频谱情况及 5G 商用时间

（二）电信运营商深化数字化转型

面向云网融合目标，网络智能化转型进程加快。SDN/NFV 作为未来新型通信网络的基础技术已成为业界共识，我国三大电信运营商逐步加快 SDN/NFV 的商业化部署的脚步，传统电信网以云化、软件化、虚拟化为特征的网络重构是基础电信企业"十三五"核心战略举措之一。

中国电信相继开展了云化数据中心网络、DCI 互联网络、传送 OTN 的 SDN 部署，开展 IP 骨干网基于 SDN 试点流量调度工作，在广东、江苏、广西等 7 个省级分公司现有云资源池内试商用部署 SDN。中国移动相继开展基于 NFV 的下一代网络技术验证、电信云建设、运维体系探索等，并提出了转控分离的 vBRAS 架构，开展 vEPC 和数据中心项目。中国联通相继开展 SDN IPRAN 企业专线业务，完成 T-SDN 部署，实现城域传送网 BoD 政企专线应用，并在多省开展 vBRAS、vEPC 的现网业务验证工作及试商用部署。

国外电信运营商中，AT&T 推出 Domain1.0—Domain2.0—Intigo3.0 转型计划，构建以云 DC 为中心的网络架构，引入 SDN 和 NFV；构建开放、标准、统一架构的云平台 UDNC；网络转型的核心控制点是下一代运营平台 ECOMP。截至 2017 年年底，已有 55% 的网络实现了 SDN 转型，共节省 7.23 亿美元的运营费用。Telefonica 的 UNICA 转型方案构建统一架构的云数据中心平台，分层设置、资源共享，部署分布式数据面＋集中控制面。

NB-IoT 建设启动，立足连接积极构建产业生态。2015 年，我国 NB-IoT 网络基站规模超过 40 万个，覆盖直辖市、省会等主要城市，一批省市已开始商用。其中，中国电信已建成全球首个覆盖最广的商用 NB-IoT 网络，基站规模超过 30 万个，成为其"三张精品网"之一。中国联通实施重点部署，已在全国数十个城市完成 NB-IoT 试商用开通。中国移动 2017 年 8 月启动 395 亿元蜂窝物联网，其中 NB-IoT 基站建设规模 14.6 万个，规模部署进入实质性阶段，在 346 个城市实现 NB-IoT 连续覆盖。

据 GSA 统计，截至 2018 年 4 月，全球共有 50 张 NB-IoT 网络实现商用，另有 58 个网络在计划或试用阶段。国外电信运营商中，Vodafone 在爱尔兰、德国、捷克等国家已实现 NB-IoT 商用，美国 T-Mobile 推出每年 6 美元的 NB-IoT 业务，可为每个连接设备提供 12MB 的数据，软银与 Sequans 合作在日本部署 LTE-M 与 NB-IoT 服务。中国物联网终端用户数如图 8 所示。

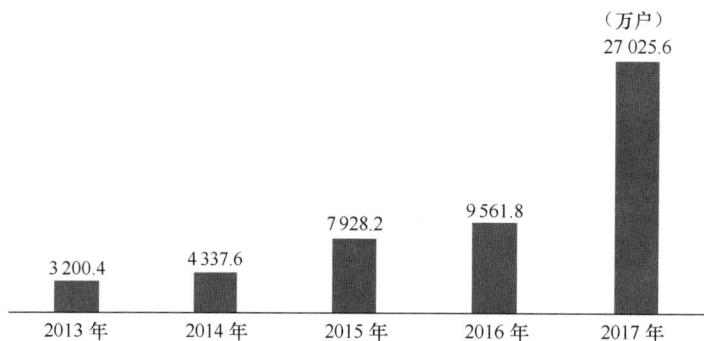

图 8　中国物联网终端用户

企业收入增速下滑，盈利水平有所提高。全球领先电信运营商 2017 年财报悉数出炉，从整体来看，收入增速相比于 2016 年普遍有所下滑，但受美国税改法案、网络转型、成本压降等影响，盈利状况表现较好。AT&T、Verizon 和中国移动分别以 1 605 亿美元、1 260 亿美元和 7 405 亿元（约合 1 138 亿美元）全球收入排名前三。

美国振兴电信基础设施建设。美国 2017 年年底推出"减税与就业法案"（Tax Cuts and Jobs Act），企业所得税率从 35% 降至 21%，并对在海外获利部分征税。受此影响，美国四大电信运营商 2017 年的净利润提升均超过 100%，AT&T 已承诺 2018 年追加 10 亿美元用于基础设施投资。而 T-Mobile 与 Sprint 终于达成合并计划，双方在 5G 频谱以及其他资产上实现互补整合，并加大投资 5G 网络和部署新业务。另外考虑到 FCC 2017 年年底废除网络中立性原则，以及对电信运营商利好的税改法案，这些都将帮助美国在下一代网络部署方面处于领先地位。

日本电信运营商关注前沿科技的应用。NTT 将体系内所有人工智能相关业务进行了整合，推出新的 AI 业务品牌——corevo®。软银 2017 年 5 月成立了软银愿景基金（SVF），多关注于人工智能、医疗健康、工业互联网等领域前沿技术公司，目前基金已投入 297 亿美元。

中国三家电信运营商全部实现了营收利润双增长。中国移动 2017 年全年收入 7 405 亿元，略高于另两家公司收入之和，而净利润却是另外两家总和的 6 倍之多。中国移动固定宽带用户达到 1.13 亿户，已实现三分天下有其一的目标。中国联通在推进混改的过程中推出了很多业务层面的创新举措，如率先推出不限流量的"冰淇淋套餐"、与 BAT 等互联网公司合作专属流量卡等，2016 年，4G 用户数增加 7 000 万，DOU 也高达 4.5GB，集团净利润率虽然仅有 0.7%，但比 2016 年高出两倍。中国电信依然保持稳健的发展水平，主要依靠手机上网和新兴 ICT 业务（IDC、云计算、大数据等业务）驱动收入增长。

欧洲电信运营商光网部署加快。2017 年，德国电信投资达到创纪录的 120 亿欧元，其中近一半用于国内光网部署，光纤用户增长 36.5%。Orange 计划在 2015—2018 年投入 30 亿欧元建设法国 FTTH 网络，2017 年，重点推进在西班牙的 4G 和 FTTH 网络融合业务，该国年收入增幅高达 6.6%。Vodafone 2017 年签署了一系列固定宽带战略协议，如德国"千兆投资"计划、在葡萄牙的 FTTH 网络共享协议等。

中国互联网行业 2017 年发展报告

自 2017 年开始，工业和信息化部开展互联网行业统计试点，将原分散在基础和增值电信业的互联网行业指标进行整合，以全面地反映互联网行业的情况。

一、互联网行业总体发展情况

（一）互联网企业数量近 5 万家，民营企业占据行业主体地位

2017 年，全国互联网企业[20] 数量达到 4.9 万家[21]，同比增长 24.6%，在互联网形成的新业态、新模式的带动下，互联网企业数量保持快速增长。民营企业占据互联网行业主体地位，民营控股的互联网企业占比 81.3%，国有控股的互联网企业占比逐渐下降。互联网企业规模以中小企业为主，收入规模在 1 000 万～ 10 亿元的互联网企业占比超过 60%。

在全国互联网企业中，按照取得的许可证分类，从事信息服务业务（仅限互联网信息服务）的企业数量占比达到 52%，从事信息服务业务（不含互联网信息服务）的企业占比达到 21%，从事国内呼叫中心业务的企业占比 9%，从事互联网接入服务业务的企业占比 6%，从事在线数据处理与交易处理业务的企业占比 8%，从事互联网数据中心业务的企业占比 4%。

（二）互联网行业收入达到 175 000 亿，互联网应用业务收入蓬勃发展

2017 年，我国互联网产业进一步发展壮大，创新成果涌现，在引领经济发展、推动社会进步、促进创新等方面发挥了巨大作用。全国互联网企业营业收入总规模达到 260 000 亿元[22]。其中，互联网业务收入达到 175 000 亿元，占总营收的比重首次突破 2/3，同比增长 18.3%。互联网业务收入包括互联网基础服务业务收入和互联网应用服务收入。2017 年，提供互联网基础服务业务的收入达到 8 426 亿元，占比达到 48.1%，提供互联网应用服务业务的收入达到 9 083 亿元，占比达到 51.9%，互联网业务日益从基础服务业务转向应用服务业务，如图 1 所示。以电子商务、网络游戏、共享经济等为代表的应用服务业务蓬勃发展，未来互联网应用领域更加广泛，互联网与实体经济融合程度日益加深，互联网将成为经济发展新动能，是促进供给侧结构性改革、

---

20. 互联网企业指的是主要从事互联网基础服务和应用服务业务的公司，包括基础电信企业和从事互联网业务的增值电信企业。
21. 中国信息通信研究院信息通信业务受理中心。
22. 根据 2017 年 12 月工业和信息化部运行监测协调局公布的基础电信业及互联网信息服务业报表数据加总计算，下同。

加快新旧动能接续转换的重要抓手。

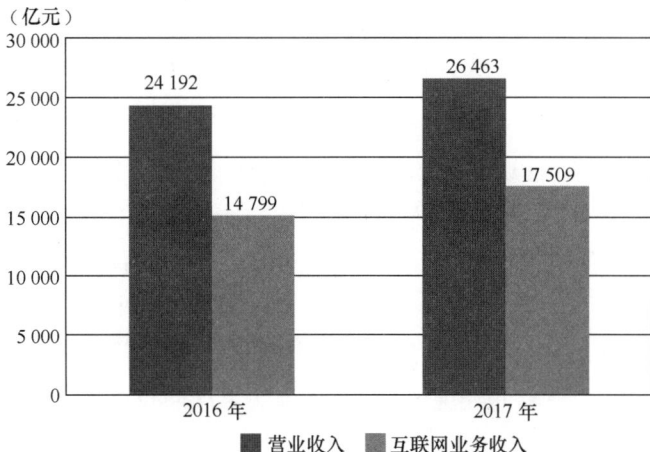

图 1　2016—2017 年全国互联网行业收入规模发展情况

（三）互联网用户规模持续增长，用户消费呈现高速化、移动化、融合化

2017 年，随着提速降费深入推进，从互联网用户的接入方式来看，使用固定互联网接入的用户达到 3.49 亿户，使用移动宽带（3G/4G）接入的用户达到 11.3 亿户。互联网普及率进一步提升，固定互联网接入普及率从 2016 年的 21.5% 提高到 2017 年的 25.1%。50Mbit/s 及以上高速率宽带用户占比达到 70.0%，光纤接入用户占比达到 84.3%。融合类业务消费比重提升，以网络电视业务为主的 IPTV 融合用户达到 1.22 亿户。我国已初步建成全球最大的蜂窝物联网络，物联网用户规模达到 2.7 亿户。随着数据密集类 App 应用的发展、普及，基础电信企业大力推广无限流量套餐，流量消费得到爆发式增长，每人月均使用移动互联网流量达到 2.8GB，同比增长 153%。

（四）互联网行业创新驱动成果丰硕，新技术产业化快速推进

以信息技术为核心的新一轮科技革命孕育兴起，大数据、云计算、人工智能等互联网产业的新技术、新业态、新产业蓬勃发展，数字化、网络化、智能化浪潮席卷全球。2017 年，互联网企业完成研发投入 414 亿元，同比增长 30% 以上，研发投入占比达到 3.5%。重点企业拥有平均专利数 266 个。其中，网络游戏企业研发投入保持较高强度，研发投入强度接近 10%；电子商务企业普遍完成初期建设，研发投入增速有所回落，网络视频企业进入平稳运行期，研发投入比 2016 年大幅下降。分享经济、人工智能、网络直播等新领域快速发展，并催生出诸多新模式、新业务。奇虎 360、美团点评、饿了么、今日头条、小米、蘑菇街、同程旅游、猪八戒网、微贷网、斗鱼直播、沪江教育、快乐阳光、连尚网络 13 家"独角兽"企业持续崛起，成为互联网行业的新秀代表。"独角兽"企业大量出现，源于"双创"政策提供的良好发展环境，

使企业能在短时间内抓住机会、整合资源，实现爆炸式成长。"独角兽"企业的快速成长，也可以进一步优化创业生态，促进经济转型。

（五）东部地区引领全国发展，广东、上海、江苏排名前三位

从区域发展看，我国互联网业务发展仍呈现"东部引领，中西部追赶"的态势。东部 11 省（市）的互联网收入规模达到 11 000 亿元，占全国互联网业务收入比重的 64.5%，东部互联网业务收入是中部和西部地区互联网业务收入的 4 倍以上，区域发展不平衡问题依然存在。从各省排名看，广东、上海、江苏、北京、浙江排名前五位，五省的互联网企业共创造互联网业务收入占全国总收入一半以上，达到 52.5%。广东省有 10 家互联网企业入围全国互联网 100 强，互联网领军企业主要集中在网络游戏、电子商务、网络音乐、直播等版块。以网易为代表的在线游戏企业，在中国游戏市场保持领先地位，其开发实力、产品线和市场占有率是国产网游的领军者。

二、用户消费情况

（一）4G 用户突破 10 亿户，移动宽带普及率大幅提升

2017 年，全国使用固定互联网接入的用户达到 3.5 亿户，同比增长 17.3 %，创 6 年增速新高。在用户增速进一步提升的推动下，使用固定互联网接入的普及率从 2016 年的 21.5%，提高到 2017 年的 25.1%。移动宽带（3G+4G）用户结构加速向 4G 迁移，2017 年，在无限流量套餐、定向流量套餐和资费持续下调等因素的推动下，4G 移动电话用户同比增长 29.5%，达到 10 亿户，移动电话用户的占比达到 70.3%。4G 业务高速增长，带动移动宽带（3G/4G）用户新增 1.8 亿户，规模达到 11.3 亿户。移动宽带普及率提升到 81.8 部 / 百人，比 2016 年增长 17.4 部 / 百人，移动宽带（3G+4G）普及率大幅提升。

（二）100Mbit/s 固定互联网接入用户占比近四成，城乡数字"鸿沟"日益缩小

2017 年，全国固定互联网接入速率大幅提升，50Mbit/s 和 100Mbit/s 及以上固定互联网接入用户占比分别提升至 70% 和 38.9%。农村固定互联网接入用户达到 9 377 万户，同比增长 25.8%，在固定互联网接入用户中的占比达到 26.9%。城市固定互联网接入用户达到 25 477 万户，同比增长 14.4%。农村地区信息通信基础设施建设加快，补齐脱贫攻坚信息化短板，有效消除城乡数字化"鸿沟"。2017 年，全国移动数据流量平均资费单价下降至 22.3 元 /GB，资费同比下降 51.8%，是 2016 年降幅（37.5%）的 1.4 倍；固定互联网接入平均单价持续下降，2017 年下降到 43.7 元 /（户·月），同比下降 4.8%，如图 2 所示。网络提速降费深入开展，切实提升群众获得感、参与感。

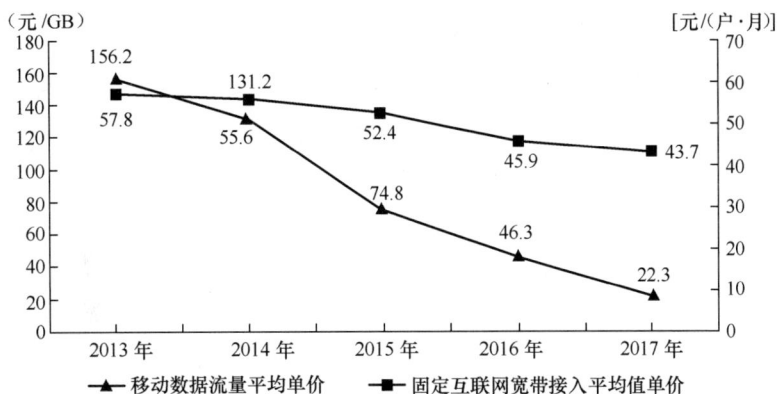

图 2　2013—2017 年全国移动数据流量和固定互联网宽带资费水平下降情况

（三）手机上网用户新一波增长，月户均移动互联网流量突破 2.8GB

2017 年，全国移动互联网用户达 12.7 亿户，比 2016 年新增 1.8 亿户，移动电话用户的渗透率达 89.7%。在互联网基础服务企业加强"移动数据流量"降费力度、大力推广优惠流量套餐的刺激下，2G 和 3G 用户加速向 4G 迁移，手机上网用户规模达到 11.8 亿户，在移动互联网用户的占比达到 92.4%。移动互联网接入流量达到 246.0 亿 GB，同比增长 162.7%。其中，手机上网流量达 235.1 亿 GB，同比增长 179.1%，如图 3 所示。随着 4G 用户规模的不断扩张、数据密集类 App 应用的发展普及，全国每月户均移动互联网接入流量达到 2.8GB，同比增长 153%。其中，月户均手机上网流量达到 2.9GB，同比增长 177.1%。

随着广电、电信及互联网企业积极探索合作模式，加速发展 IPTV、手机电视等"三网融合"业务，为互联网使用流量带来稳定增长，2017 年，全国固定互联网接入流量达到 1 741 亿 GB，同比增长 25.1%。

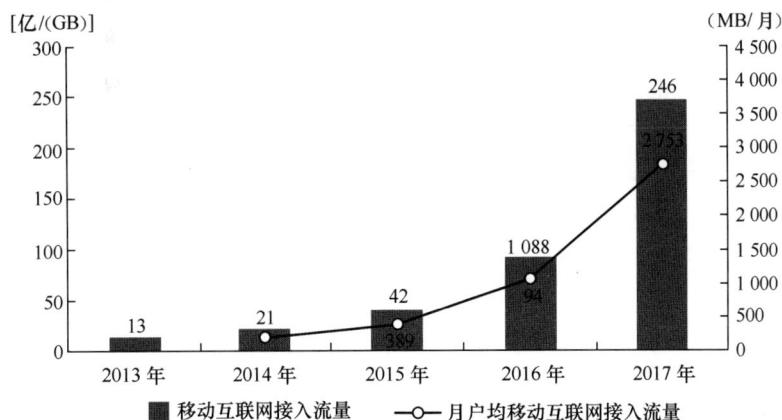

图 3　2013—2017 年全国移动互联网流量使用情况

（四）融合类业务消费比重提升，物联网用户规模达到 2.7 亿户

2017 年，全国互联网行业坚持加快培育新兴业务，扎实推进 IPTV、物联网、智慧家庭等业务，融合类业务消费取得明显发展。2017 年年底，以网络视频为主的 IPTV 用户达到 1.22 亿户，比 2016 年净增 3 545 万户。互联网基础服务企业积极部署新型 NB-IoT，并已建成全球最大的蜂窝物联网络，在全国范围内物联网快速发展的带动下，全国物联网终端用户规模达到 2.7 亿户，如图 4 所示。

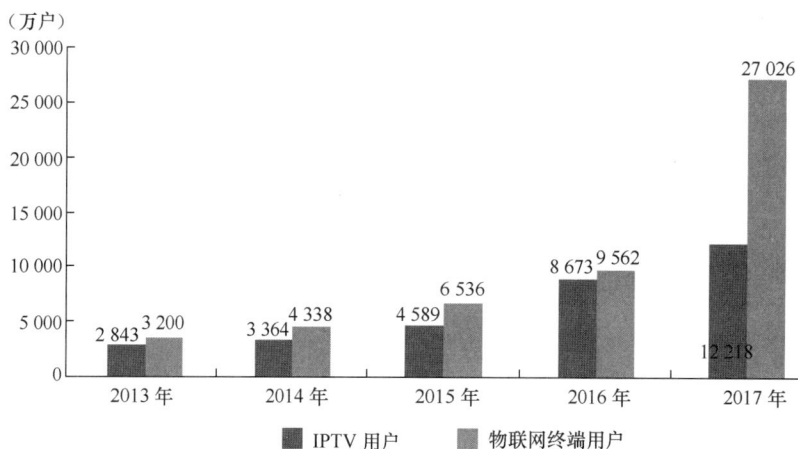

图 4　2013—2017 年全国物联网终端用户发展规模

三、重点领域发展情况

重点领域分为互联网基础服务业务和互联网应用服务业务两大类。互联网基础服务业务包括互联网接入服务业务和互联网数据中心业务及其他基础服务（资源出租、物联网、呼叫中心等），互联网应用服务业务包括电子商务平台类应用业务和网络游戏业务等。

（一）互联网接入服务收入占比超过四成，互联网接入移动化趋势明显

2017 年，全国互联网接入服务业务收入达到 7 631 亿元[23]，占全国互联网业务收入比重达到 43.6%，占互联网基础服务业务收入的比重高达 90.6%。其中，移动互联网接入服务业务收入 5 489 亿元，占互联网接入服务收入的比重达到 71.9%。4G 网络的不断完善推动移动互联网接入服务的快速发展，互联网高速化、移动化的趋势明显。互联网接入基础设施体系建设成效显著，惠及广大民众及企事业单位。全国各地纷纷加快推进宽带城市、无线城市，功能性设施、通信枢纽和信息基础设施规划建设为重点工作，着力构建宽带、泛在、融合、安全的信息基础

23.　包括互联网基础电信企业提供的固定和移动互联网接入业务取得的服务收入。

设施体系，信息基础设施建设水平持续提升，信息通信环境不断优化。

（二）数据中心服务器数量近 250 万台，数据中心业务保持稳定增长

2017 年，全国互联网数据中心业务收入达到 318.1 亿元，同比增长 5.6%；截至 2017 年年底，数据中心部署的服务器数量达 246 万台，同比增长 44.8%。互联网与实体经济的深度融合，数据中心作为信息基础设施的重要性日益凸显，数据中心需求持续旺盛。根据有关数据显示，我国数据中心数量约 100 万，其中大部分都是小于 500m² 的小型数据中心，大型和超大规模数据中心数量远不及美国。但由于建设大规模数据中心，各项采购成本和平均运营成本可大幅降低，大型和超大型数据中心处于上升趋势，IDC 服务商新建数据中心多为大型、高等级数据中心，机柜数普遍在 1 000 以上。互联网基础服务企业加大了对带宽的投资力度，"三网融合"进一步加速，"互联网 +"推动传统行业信息化发展，数据中心机房需求和网络需求得到了持续增长；由于移动互联网和视频行业呈现爆发增长，游戏等行业增速稳定，带动了客户需求的增长，中国数据中心市场规模持续扩大。

（三）大数据行业应用逐渐深入，带动经济转型作用凸显

根据中国信息通信研究院调查显示，中国地区的受访企业中已经实现大数据应用的有 32%，24% 的企业正在部署大数据平台。大数据在各个领域的应用逐渐升温，电子商务、电信领域应用成熟度较高，政府公共服务、金融等领域的市场吸引力最大，具有发展空间。大数据应用多集中在金融、通信、政务、医疗等具有大量数据积累的传统行业，将大数据与传统企业相结合，可有效提升运营效率和结构效率、推动传统产业升级转型。根据智研咨询调查，参与大数据调查的行业中，来自能源 / 制造行业的比例达 44.9%，其次是政府与公共事业部，比例为 17%，第三则是金融与保险行业，为 10.3%。随着数据的积累和技术的进步，各行业对数据的应用将逐渐深入，在国家大数据发展重大工程中，重点支持的大数据示范应用包括开展社会治理（企业监管、环境治理、食品安全等领域）、公共服务（健康医疗、社保就业、教育文化、交通旅游等领域）、产业发展（工业制造、新型材料、航空航天、生物工程、金融服务、现代农业、商贸物流等领域）。

（四）电子商务交易额近 300 000 亿元，服务化、国际化特点日益显现

2017 年，我国电子商务平台收入达到 2 312.3 亿元，同比增长 39.7%。电子商务深刻改变着消费者行为、企业形态与社会价值创造方式，给世界和地区经济的发展创造了重要的机遇。麦肯锡《数字中国：提升经济全球竞争力》报告指出，当前中国拥有全球最大电子商务市场，已成为全球最大移动支付市场，中国电商交易额占全球电商交易总额的比重超过 40%，移动支付交易额是美国的 11 倍。随着"互联网 +"和数字经济的深入推进，我国电子商务得到蓬勃发展，呈现服务化、多元化、国际化、规范化的发展趋势。根据国家统计局有关数据显示，我国电子商务交易额达到 292 000 亿元[24]，在线教育、互联网医疗、网上外卖、网络约车、

---

24. 国家统计局电子商务交易平台。

在线旅游等服务电商快速发展，本地生活服务 O2O 交易额达到 9 780 亿元，农村网络零售市场交易规模达到 12 000 亿元，农村网店达到 985.6 万家，跨境电商进出口电商市场规模达到 19 400 亿元。

（五）游戏行业保持健康有序发展，手机游戏业务占比将近 60%

2017 年，我国网络游戏（包括客户端游戏、手机游戏、网页游戏等）业务收入达到 1 502 亿元，同比增长 24.9%。网络游戏行业整体保持稳健发展，带动信息消费持续增长。根据游戏工委发布的研究报告，网络游戏业务日益向手机游戏业务迁移，手机游戏市场占网络游戏收入的比重达到 57%；客户端游戏市场占比达到 31.9%，网页游戏市场占比大幅减少到 7.6%。2017 年，以 H5 游戏为代表的轻量游戏在数量和用户规模上都有所增长，已走进了千万级月流水时代，越来越多的平台开始重点布局。AI、VR、AR 技术深度运用，VR 技术可以有效提高游戏品质，使网络游戏向精细化制作、提高用户浸入式体验感方向转变。网游产业国际化有序推进，自主研发网络游戏海外市场实际销售收入结构优化，产品类型更加多样，中国已经成为游戏输出大国，东南亚、日韩排名靠前的进口游戏多为中国自主研发的游戏。

（六）工业互联网步入快速发展阶段，互联网企业积极向工业互联网平台延伸

国务院《深化"互联网 + 先进制造业"发展工业互联网的指导意见》指出，要促进实体经济振兴，加快转型升级。2017 年，工业和信息化部通过开展工业互联网试点示范和工业互联网转型升级专项、启动工业互联网综合实验平台和管理平台建设等工作，全力推动工业互联网落地实施，上海、辽宁等地制定和发布了工业互联网发展行动计划。互联网行业的企业也积极加快向工业互联网延伸，积极通过信息技术和平台服务降低中小企业采购成本，缓解融资难的痛点。深圳思贝克公司以大数据云计算驱动"工业 + 互联网 + 金融服务"的生态平台模式，依托旗下"工业品平台"广泛整合工业品上下游产业链，为工业企业提供商品采购、营销与供应链金融服务，大幅降低了工业企业采购成本和交易成本。

（七）人工智能成为竞争战略制高点，AI+ 应用深入普及

2017 年，海量的数据资源、机器学习创新算法以及高性能计算三大技术领域的突破，助力人工智能技术实现革命性突破，引领互联网产业全面进入智能时代。以 BAT 为代表的互联网龙头企业深度参与 AI 领域，基于技术、产品、生态差异化布局 AI 产业生态。百度推出人机交互与自动驾驶两大人工智能平台，通过开放共性基础技术平台加速构建智能产业生态、打造新业务簇；阿里巴巴以电商 + 人工智能技术融合为切入点，推进"电商大脑"进化，应用到交通预测、智能客服、法庭速记、气象预测等领域，并开始推动"NASA 计划"，着重发力机器学习、芯片、IoT、操作系统和生物识别，面向"万物互联"时代全面加速全面渗透。腾讯集中深化计算机视觉、语音识别、专注机器学习和自然语言处理四大垂直领域，开发文本、图像、语音、视频、游戏和硬件 6 类智能产品。人工智能在各个行业的应用，正迅速、全面、深刻地改变互

联网业务的各项服务，互联网应用再次进入爆炸式创新期。

四、互联网基础资源情况

（一）互联网接入网络建设稳步推进，互联网出省带宽超过 400 000Gbit/s

优化宽带网络性能、提高宽带网络速率已经是现阶段提速降费政策下的大趋势，作为"宽带中国"战略最低层的资源，光纤宽带网络建设 2017 年得到稳步推进，光缆线路总长度达到 37 470 000km，同比增长 23.2%，如图 5 所示。FTTH 覆盖家庭宽带超过 400 000Gbit/s 的达到 2.9 亿户，同比增长 29.1%。2017 年，全国互联网出省带宽大幅扩容，互联网出省带宽能力由 2016 年年底的 196 000Gbit/s 提高至 406 000Gbit/s，同比增长 107%。2017 年，全国互联网规模和能力显著提升。互联网宽带接入端口迅速攀升至 7.8 亿个，同比增长 9.3%。其中，光纤接入（FTTH/O）端口总数达到 6.6 亿，占全部互联网接入端口的比重从 2016 年的 75.6% 提升至 84.4%。

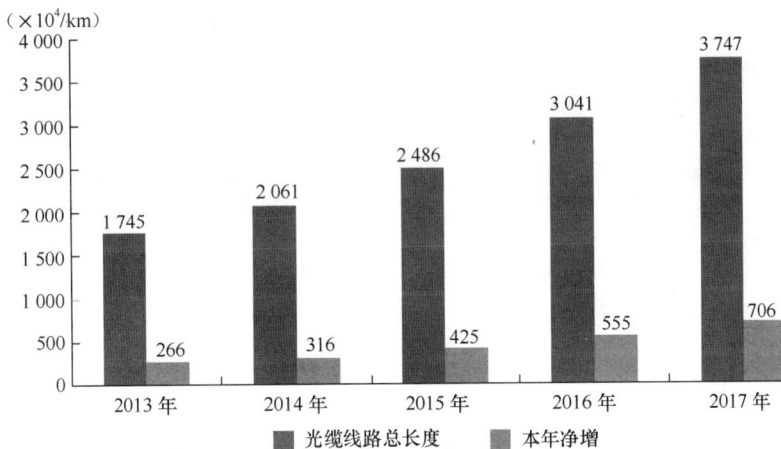

图 5　2013—2017 年全国光缆线路总长度发展情况

（二）移动通信基站超过 600 万个，无线宽带网络覆盖能力稳步提升

2017 年，全国深入推进宽带提速降费工作，宽带网络迎来了新一轮高速发展，宽带网速实现了持续快速提升。全国忙闲时加权平均可用下载速率为 19.0Mbit/s，同比增长 59.7%，如图 6 所示。2017 年新增移动通信基站 59.3 万个，基站总数达到 618.7 万。其中，4G 基站全年新增 65.3 万个，总数达到 328.4 万，同比增长 24.8%，在移动基站中的占比提升到 53.1%，如图 7 所示。移动宽带（3G/4G）基站数达到 461 万，在移动通信基站中占比达到 74.6%，移动宽带（3G/4G）网络覆盖能力稳步提升。3G/4G 网络覆盖的广度和深度继续扩大，农村地区网络覆盖力度明显增强。

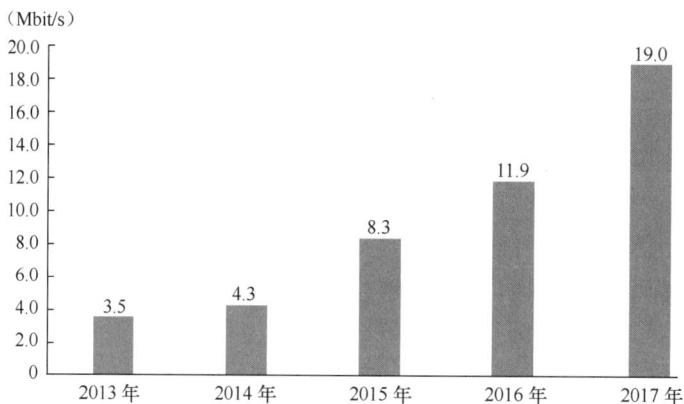

图 6 2013—2017 年全国平均可用下载速率发展状况 [25]

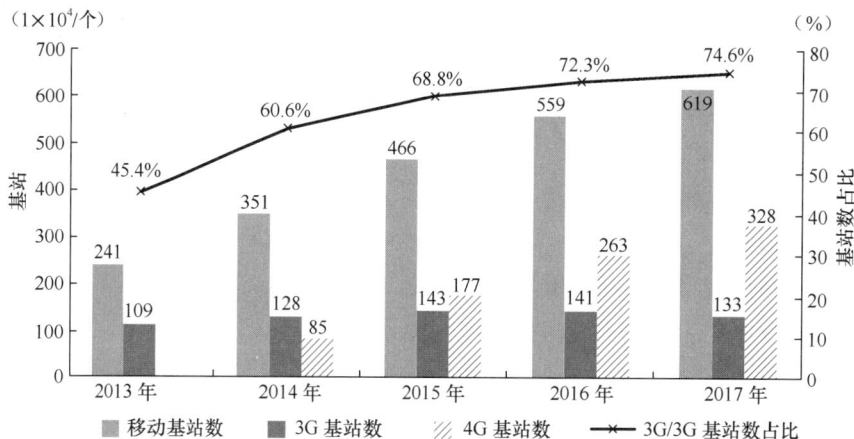

图 7 2013—2017 年全国移动通信基站发展情况

五、试点省市发展情况

福建省、上海市、贵州省、江苏省和海南省作为 2017 年互联网行业试点省份，重点开展了互联网统计监测，了解互联网行业经济运行情况，准确把握互联网行业发展态势。具体试点情况如下。

（一）福建省互联网行业发展情况

1. 福建省互联网行业收入保持 20% 以上增长，规模首次超过 500 亿元

福建省互联网重点企业互联网业务收入达到 530.4 亿元，同比增长 24.5%，比 2016 年提高 1.2 个百分点。远高于福建省地区生产总值（8.1%）和基础电信业务收入（5.7%）的增长幅度。2017 年，福建省互联网行业综合评价指数为 80.5，比 2016 年提升 6.6 个百分点，互联网行业

---

25. 宽带联盟《中国宽带速率状况报告 2017 年第四季度》。

发展势头不减。

2. 福建省文创媒体和电子商务支柱产业雏形初现

2017年，福建省上市互联网企业达到20家，总市值为1 099.5亿元。互联网企业融资案例共有77起，其中有融资统计66家，规模达36.7亿元。文创传媒和电子商务成为福建省互联网行业发展最大特点。2017年，在福建省各项互联网产业收入中，文创传媒业务保持稳定增长，收入增速保持在30%左右，收入占比超过50%。福建省电子商务行业收入保持60%以上的高速增长。2017年，商务交易类应用服务收入规模达到38.7亿元，同比增长67.5%，实现了高速增长。农村电商、跨境电商等细分领域取得突飞猛进的发展。

（二）上海市互联网行业发展情况

1. 上海市互联网业务收入规模接近2 000亿元

2017年，上海市互联网上市企业达到40家，总市值为3 888.3亿元，环比2017年9月上升24.5%。上海市互联网重点企业互联网业务收入达到1 946.8亿元。互联网行业的蓬勃发展推动就业人口增加。2017年上海市互联网重点企业人员总数达到5.1万。

2. 上海市互联网投融资领域发展活跃

上海市互联网领域投融资案例共发生800起，披露融资金额的有671起，融资金额697亿元。2017年，上海市互联网领域投融资案例中，投融资热点仍集中在企业服务、文化娱乐、电子商务等领域，投融资案例数分别为12起、595起和89起。本地生活、金融、汽车交通和医疗健康等领域也获得较多的资本认可。

（三）贵州省互联网行业发展情况

1. 贵州省互联网行业收入规模近200亿元

2017年，贵州省互联网规上企业互联网业务收入达到196.4亿元，实现增加值161.3亿元，利润总额43.4亿元，行业平均利润率达到13.6%。贵州省互联网行业完成固定资产投资145.8亿元，其中以互联网基础服务业务为主的互联网投资达到121.3亿元，以互联网应用服务为主的互联网投资达到24.5亿元。经测算，2017年贵州省互联网经济总规模为754.1亿元，互联网行业综合评价总体指数为71.6，比2016年提升了9.9个百分点，互联网行业发展持续增长。

2. 互联网、大数据、人工智能与实体经济融合程度不断提升

2017年，贵州省全面启动"大数据＋深度融合2017行动计划"，力图以"互联网／大数据／人工智能＋"推动各行各业的转型升级，在工业、农业、服务业领域布局100个以上典型示范项目。贵州省省委、省政府把推动大数据与实体经济深度融合作为主要任务，推动苹果iCloud中国运营项目主数据中心项目落地、华为全球私有云数据中心、腾讯全球核心数据中心、阿里大数据产业园等一批具有行业影响力的标志性项目的建设。

（四）江苏省互联网行业发展情况

1. 江苏省互联网行业规模突破 1 000 亿元

2017 年，江苏省互联网企业上市企业为 20 家，总市值为 3 491.5 亿元。互联网规上企业互联网业务收入达到 1 061.9 亿元。实现增加值为 488.8 亿元，利润总额为 219.1 亿元，行业平均利润率达到 10.0%。江苏省互联网行业完成固定资产投资 223.0 亿元，其中，以互联网基础服务业务为主的互联网投资达到 179.4 亿元，以互联网应用服务为主的互联网投资达到 43.6 亿元。江苏省互联网企业融资案例共有 151 起，有资金统计的有 130 家，融资总数约 134 亿元，其中，电子商务、汽车交通、本地生活、教育、文化娱乐为融资重点领域。

2. 江苏省工业互联网进入应用期

根据国务院《关于深化"互联网 + 先进制造业"发展工业互联网的指导意见》等指导性文件，江苏省加速推进工业互联网的建设、发展和应用。为了推动工业互联网发展，江苏省政府与工业和信息化部签订工业互联网创新发展战略合作协议，举办首届工业互联网开发者大会。实施工业互联网创新发展专项行动，建设工业互联网建设与应用创新中心，创建"互联网 + 先进制造业"特色基地，培育和推广一批工业互联网新模式、新业态。支持互联网企业、软件与信息服务企业和有条件的制造业企业创建行业级、企业级工业互联网云平台。

（五）海南省互联网行业发展情况

1. 海南省互联网行业超过 70 亿元

2017 年，海南省互联网规上企业互联网业务收入达到 72.5 亿元。实现增加值为 61.6 亿元，利润总额为 18.7 亿元，行业平均利润率达到 8.3%。海南省互联网行业完成固定资产投资为 42.2 亿元，其中，以互联网基础服务业务为主的互联网投资达到 22.5 亿元，以互联网应用服务为主的互联网投资达到 19.7 亿元。

2. "互联网 +" 重点领域不断取得新进展

海南省政府推进"互联网 +"在海南省的深入融合，促进海南"智慧岛"的建成，加速海南省数字经济发展。双方围绕"互联网 + 旅游"等重点领域展开合作。"互联网 +"旅游给广大游客提供更便捷的旅游服务，海南省涉旅部门从游客实际需求出发，不断深化软硬件系统功能开发和应用推广。例如，在海口美兰国际机场推出"最佳机场"（Best Airport）智慧空港服务终端，为游客提供进出港航班查询等多项自助服务。此外，海南省旅游委积极建设包含英、俄、日等 7 国语言版本的海南旅游官网，并计划推出多语种搜索引擎，进一步提高海南旅游行业的服务质量和国际化水平。

2017 年中国泛娱乐产业白皮书

一、泛娱乐产业概述

2011 年，腾讯提出"泛娱乐"的概念，积极构建泛娱乐生态，即基于互联网和移动互联网的多领域共生，打造明星 IP 的粉丝经济。在"连接"思维和"开放"的战略下，文化多业态融合与联动成为数字娱乐产业尤其是内容产业的发展趋势，以网络文学、动漫、影视、音乐、游戏、演出等多元文化娱乐形态组成的开放、协同、共融共生的泛娱乐生态系统初步形成。

泛娱乐生态系统的核心是 IP，关键在于充分挖掘并实现 IP 价值。由于泛娱乐生态系统拥有相近或互补的受众市场，细分领域之间的边界逐渐被打破，泛娱乐形态逐步发展到内容联动、融合开发和全价值链共享的阶段。近年来，一批由网络文学和动漫改编而成的影视剧作品、游戏等层出不穷，吸引大批的资本布局泛娱乐产业，并投入大量的资金，这不仅极大地提升了 IP 价值，也推动了我国数字经济的快速发展。

泛娱乐生态系统强调不同娱乐形态之间内容的融合。借助泛娱乐 IP "粉丝经济"效应，通过多元文化形态之间迭代开发，实现泛娱乐内容产品连接、受众关联和市场共振，减少边际成本，实现多产品变现，IP 市场价值凸显，推动以 IP 为核心的网络文学、动漫、影视、音乐、游戏等多产业联动的泛娱乐生态体系成型。

二、泛娱乐产业发展总体特点

（一）泛娱乐产业成为数字经济发展的重要支柱

研究表明，数字化程度每提高 10%，人均 GDP 增长 0.5% ～ 0.62%。在全球经济增长乏力的情形下，数字经济被视为推动经济变革、效率变革和动力变革的加速器，撬动经济发展的新杠杆。目前，全球 22% 的 GDP 与涵盖技能和资本的数字经济紧密相关，我国数字经济正在进入快速发展新阶段。有报告显示，2016 年，中国数字经济产值达 226 000 亿元，同比增长 18.9%，占 GDP 比重达 30.3%[26]，并且到 2035 年我国数字经济产值将达 160 000 亿美元[27]。近几年，以 IP 为核心的泛娱乐产业从内容融合向产业生态融合迈进，新业态、新模式不断涌现，行业发展焕发新活力，这不仅可以满足人民日益增长的美好生活需要，而且可以加快我国数字化进程，推进数字经济发展，为实现数字中国的宏伟目标奠定基础。

2016 年我国泛娱乐产业产值达 4 155 亿元，约占数字经济的 18.4%。2017 年，我国泛娱乐核心产业产值约为 5 484 亿元，同比增长 32%，预计占数字经济的比重将会超过 1/5，成为我国数字经济的重要支柱和新经济发展的重要引擎，对于推动我国经济高质量发展有着重要的作用。

（二）泛娱乐产业生态化发展模式日益成熟

中国的泛娱乐根植于互联网土壤，广阔多元的创作空间、丰富活跃的 IP 源头、形式多变的线上衍生和"互联网 + 文创"的平台优势是中国泛娱乐的特色。随着"互联网 +"时代的到来，"泛娱乐"的理念得到快速的普及和发展，这不仅推动了"泛娱乐"生态的形成，也使这一理念成为行业基本共识。中国互联网已进入"下半场"，依靠人口红利驱动发展的模式不可持续。随着中国泛娱乐产业的快速发展，泛娱乐产业已由单体竞争转向了生态性竞争，产业生态日趋成熟，也进入了"下半场"。如在网络视频领域，腾讯视频、优酷、爱奇艺等积极布局视频内容制作上下游的全产业链，以独家原创内容吸引观众，并且积极与文学、漫画、电影、游戏等相关内容行业进行联动，生态化平台的整体协同能力和商业价值正在逐步凸显。一个好的 IP，在立项的时候就要开始思考文学、漫画、声音、影视、短视频、衍生品等线上及线下在开发路径上的取舍和节奏控制，这需要一个专业团队以及强大的平台对接。中国互联网公司已经开始积极主动参与整个内容全产业链，深度参与从制作到播放再到变现的各个环节。

2017 年，泛娱乐生态繁荣发展，生态化运营特征显著，涌现了以腾讯、阿里巴巴、百度、网易、三七互娱等为代表的泛娱乐产业生态化运营龙头企业。作为泛娱乐战略理念的首倡者，腾讯公司基于互联网 + 多领域共生 + 明星 IP 的粉丝经济，构建了一个打通游戏、文学、动漫、影视、戏剧、电竞等多种文创业务领域互相连接、共融共生的新生态。阿里巴巴泛娱乐战略以流量分发为基础，以并购力度和深度为依托，加入了 UC、优酷和土豆的强势流量，补齐了影业、文学、数娱以及游戏变现渠道，形成了"3+X"的大文娱架构业务矩阵。百度依靠游戏、视频和文学 3 个重点业务布局泛娱乐，侧重影视布局的整合，形成了以百度视频为核心的 PGC 内容生态、以爱奇艺为核心的在线影视娱乐内容生态、以糯米电影为核心的线下电影 + 演出生态和以百度贴吧为核心的基于粉丝的泛娱乐生态。

---

26. 中国信息通信研究院：《中国数字经济发展白皮书（2017 年）》。
27. 数字改变中国——从数字经济看中国经济新高地，新华网，2017-12-17。

（三）泛娱乐新兴业态"百花齐放"，步入全民创意大时代

2017 年，文化部颁布的《关于"十三五"时期文化发展改革规划》中提出"要加快发展动漫、游戏、创意设计、网络文化等新型文化业态，支持原创动漫创作生产和宣传推广，培育民族动漫创意和品牌"。新生态构建的背景下，泛娱乐产业的"玩法"更加丰富多元，"百花齐放"是 2017 年泛娱乐行业发展过程中的最大亮点。一是行业平台新业态不断涌现。广州趣丸网络科技有限公司基于 TT 游戏（TT 语音）App，目前实现了从辅助工具向移动游戏玩家社交平台的升级，集游戏、直播、语聊等多元化社交服务于一身，并开设语音房间和公会完善的游戏社区，满足游戏用户立体化社交需求，让天下没有孤单的玩家，并借助平台创新开拓了全新的陌生人社交模式。二是泛娱乐产业细分领域"玩法"多元。首先，短视频细分领域新业态不断涌现。2017 年是真正意义上的"短视频元年"，受到网络用户特别是移动网络用户高涨的碎片化娱乐需求的影响，行业迎来了一个前所未有的高速发展期。例如，主打 UGC 原创的火山小视频和快手、以创意音乐表达形式为切入点的抖音短视频、资讯类短视频秒拍等，日活用户均已达到千万级别。其次，网络游戏行业发展更加精细化、集约化、多元化，丰富的游戏品类不断填补细分市场的空白。三是行业融合发展迸发新业态。未来世界即将迎来"OMO"（Online-Merge-Offline，线上与线下融合）的时代，中国目前的发展速度惊人，将有望成为全球范围内首先实现 OMO 的国家之一。线上抓娃娃机是线下抓娃娃操作的线上化，目前主要的解决方案是借助直播和物联网来还原抓娃娃的场景，其本质在于通过远程还原肢体感官的一部分，最大限度地脱离地理位置的束缚，逼近乃至还原对现实场景的控制。目前，正式上线的远程抓娃娃 App 已近 30 家。

随着泛娱乐新兴平台的崛起，一批"网络红人 IP"也逐步走向主流，使得 IP 形成模式逐步多元化，泛娱乐步入全民创意大时代。在此过程中，直播和短视频的兴起发挥了重要的作用，部分"网红"的号召力和热度已不亚于传统明星。"互联网 +"的发展模式要求企业和个人从资源驱动型转化为创新驱动型，大家可以凭借才华和努力找到展示自我的舞台，作为"创意者"跻身泛娱乐产业的明星行列。相信下一步全民创意大时代还将继续繁荣发展、惠及全民。

（四）国产 IP 精品频出，优质内容驱动产业发展

2017 年，泛娱乐行业国产精品 IP 频出，涌现出一大批优质 IP。在原创网络文学 IP 领域中，《三生三世十里桃花》先后改版为电视剧、电影。借势《三生三世十里桃花》IP 热潮，阿里文学依托自身泛娱乐生态布局，通过授权宝跟天猫商家合作，实现衍生品销售收入 1 亿元，这不仅极大地提升了 IP 价值，也给商品深深地打上了文化的烙印。

在动漫 IP 领域，作为国内原创授权领军者，奥飞旗下知名的学龄前全球化 IP——《超级飞侠》推出两年多来，国内全网点击量超 80 亿次，已在全球 70 多个国家和地区播出，成为中国首个入围国际艾美奖儿童奖的动画 IP，获得了包括金龙奖在内的一系列业内奖项，是全国学

龄前板块最火爆的动漫之一。2016 年，奥飞娱乐《超级飞侠》的相关授权业务收入翻倍，超级飞侠玩具累计销量超过 3 000 万件，而包括授权商在内的相关消费品全球销售额已逾 10 亿美元[28]。

在网络游戏 IP 领域，作为手游市场上一款现象级的 IP，截至 2016 年 10 月，《王者荣耀》DAU 峰值已经突破 5 000 万，自 2017 年 3 月起收入持续位居全球 iOS 手游收入榜榜首。

（五）用户付费显著提升，泛娱乐信息消费实现爆发增长

当前，我国已经具备发展信息消费的坚实基础和良好环境，信息消费发展势头强劲。2017 年我国信息消费规模达 45 000 亿元，约占最终消费支出的比重为 10%[29]，并且《国务院关于进一步扩大和升级信息消费持续释放内需潜力的指导意见》指出，到 2020 年，我国信息消费规模预计达 60 000 亿元，年均增长 11% 以上，拉动相关领域产出达 150 000 亿元，信息消费将惠及广大人民群众。

近几年，以精品 IP 为核心，以优质内容为驱动，泛娱乐各个细分领域爆款频出，成为引爆信息消费的"新导火索"。网络剧、网络大电影、网络综艺等网络视频进入了"精品化"发展阶段，从粗放的数量增长变为追求精品的质量增长。"精品化"发展不断增加用户黏性和付费意愿，有力促进信息消费爆发式增长。一方面，用户数量激增。截至 2017 年 12 月，网络视频用户规模达 5.79 亿，占网民总体的 75.0%，视频用户进入全民化时代[30]。为了进一步增强用户黏性，优酷提出了"泛文化"战略，发力垂直视频内容，目前已发布 20 余部文化垂直类节目，以知识、评论型细分内容吸引特定受众，提高受众黏性。另一方面，用户付费习惯已基本养成，付费意愿极大提升，付费拉动将成为衡量内容质量的重要评判标准。同时，依托于影视剧 IP 的其他收入模式，如游戏、衍生周边等业务收入规模也得到增长，促进行业营利良性循环。目前视频网站付费会员总数超过 1.7 亿人次，比例已经达到会员总数的 42.9%，并且每月支出 40 元以上的付费会员从 2016 年的 20.2% 增加到 2017 年的 26%[31]。

（六）信息通信前沿技术广泛落地，催生产业发展新机遇

近几年，随着大数据、云计算、物联网、人工智能等新一代信息通信技术的快速发展，新技术与泛娱乐垂直领域深度结合，迸发出产业发展新火花。一是新技术在网络游戏领域的应用广泛落地。一方面，H5 游戏商业模式日渐清晰并迎来大发展的时代。H5 微端游戏的出现大幅缩小了手游安装包的容量，从而降低了推广难度，极大地扩展了重度手游的场景，全民轻量级娱乐环境迅速形成。2017 年，我国 H5 游戏市场规模增长超过 60 亿元，游戏用户数增长超过 3.5 亿[32]。另一方面，我国 VR 游戏技术进一步成熟，多款客户端游戏推出 VR 版本，游戏游艺

---

28. 奥飞娱乐：《奥飞领跑 2017 中国授权业大奖，聚焦精品头部 IP 深入全球市场》，2017 年 6 月 30 日。

29. 《2017 年中国信息消费规模达 45 000 亿元 占最终消费支出 10%》，中新社，2017 年 12 月 25 日。

30. 国家互联网络信息中心：《第 41 次中国互联网络发展状况统计报告》。

31. 中国网络视听节目服务协会：《2017 年中国网络视听发展研究报告》。

32. 知晓程序、白鹭科技：《小游戏发展报告（2018）》。

设备积极引进 VR 玩法。2017 年，我国 VR 游戏用户数量约 0.4 亿，同比增长一倍，约占游戏用户规模的 10%；VR 游戏销售收入约 4.0 亿元，同比增长 28.2%，热门 VR 游戏超过 800 款[33]。二是新技术催生泛娱乐商业新场景、新机遇和新空间。奥亦未来以众多独家授权的知名 IP 资源为核心，打造"VR 体验店 + 餐饮 + 衍生品销售"这一覆盖全龄段的线下娱乐新业态，并在广州开设了第一家集 VR、AR、MR 为一体的新一代科技娱乐主题乐园。凭借对"乐园"二字的精心打磨，奥亦未来以超高客流盘活了正佳广场曾经冷清的"偏角"，单日最高接待顾客达 2 100 人次，最高日营业收入破 5 万元。三是新技术打通泛娱乐产业供给侧和需求侧，赋能行业新发展。借助人工智能，百度可以实现对受众多维度的、精确的洞察与分析，包括对视频、图片、语音各方面的认识。百度的知识图谱可以将 IP 内容资源、产品形态、明星演员等进行全方位梳理，形成超级 IP 知识体系，并与用户的需求图谱相结合，帮助内容生产方更懂用户群体，更好地把握他们对内容以及更多其他维度的需求意图或消费趋势。

（七）泛娱乐产业成为中国文化走出去的重要渠道和载体

泛娱乐产业是我国文化产业中科技应用最广泛、科技创新最活跃的领域之一，大数据、人工智能、虚拟现实、区块链等新兴技术加速与文化产业渗透、融合，不断拓展文化产业的新空间，这种模式在全世界范围内具有较强的创新地位。同时，泛娱乐企业在 2017 年加速推广海外业务，对于推动中国文化走出去、增强文化自信具有重要的意义。

借助海外网络文学翻译站、国内外数字阅读平台和实体图书这"三驾马车"，2017 年中国"网文出海"模式初步形成。目前，不同语种翻译、传播中国网络文学的海外网站已有上百家。《步步惊心》成为韩国多年少见的畅销书，《甄嬛传》上线美国 Netflix 网站，《琅琊榜》《花千骨》《芈月传》等优秀作品均在海外汉文化圈吸引了大量的受众群体。此外，起点国际公开招聘翻译者和编辑，实施"翻译孵化计划"，从人才端进一步助力"网文出海"的规模扩大和质量提升。

2017 年，中国游戏厂商出海热情高涨。2017 年全球范围内的所有游戏中周活跃渗透率排名进入 TOP 1 000 的中国游戏出海数量达 100 个[34]，占全球的 1/10，比 2015 年增长 128%。2017 年自研网络游戏海外营业收入约为 76.1 亿美元，同比增长 10%[35]。中国游戏企业出海呈现新特点，一是海外市场中"中国同行"竞争趋向激烈，东南亚地区移动游戏趋向同质化。二是自研二次元类移动游戏在日韩地区表现出色。三是实力雄厚的游戏企业积极收购海外研发和发行公司，布局全球市场[36]。三七互娱坚持"精品游戏走向世界"的理念，积极布局海外市场，采用本土化的发行团队，不仅进行单纯语言上的转化，还根据当地的文化习惯调整游戏细节。目前，三七互娱页游在亚太地区排名保持第一。

---

33. 中国文化娱乐行业协会信息中心、中娱智库《2017 年中国游戏行业发展报告》。
34. 猎豹全球智库主编容荣的演讲《中国游戏出海新趋势》。
35. 中国文化娱乐行业协会信息中心、中娱智库《2017 年中国游戏行业发展报告》。
36. 中国文化娱乐行业协会信息中心、中娱智库《2017 年中国游戏行业发展报告》。

（八）产业政策体系进一步完善，行业监管促进产业规范健康发展

党的十九大报告中指出要健全现代文化产业体系和市场体系，创新生产经营机制，完善文化经济政策，培育新型文化业态。当前，泛娱乐产业的政策体系日益完善。2016 年 12 月 19 日，国务院印发《"十三五"国家战略性新兴产业发展规划》，将数字创意产业首次纳入国家战略性新兴产业发展规划。2017 年 4 月 11 日，文化部《关于推动数字文化产业创新发展的指导意见》指出发展动漫、游戏、网络文化、数字文化装备、数字艺术展示等数字文化产业重点领域，促进动漫与文学、游戏、影视、音乐等内容的形式交叉融合，发展动漫品牌授权和形象营销，与相关产业融合发展，延伸动漫产业链和价值链。

随着泛娱乐产业的快速发展，新模式、新业态不断涌现，已成为我国数字经济的重要支柱。但是，在新形势下泛娱乐行业也出现了一些新情况和新问题，行业监管体系日益完善，将有力推动行业的规范、健康发展。2017 年 6 月，国家新闻出版广电总局印发《关于进一步加强网络视听节目创作播出管理的通知》，指出网络视听节目要紧紧围绕培育和弘扬社会主义核心价值观，唱响主旋律、传播正能量，强调网络视听节目要坚持与广播电视节目同一标准、同一尺度。2017 年 7 月，中国网络视听节目服务协会发布《网络视听节目内容审核通则》，旨在进一步指导各网络视听节目机构开展网络视听节目内容审核工作，提升网络原创节目的品质，促进网络视听节目行业健康发展。2017 年 9 月 22 日，中国广播电影电视社会组织联合会电视制片委员会、中国电视剧制作产业协会等联合发布《关于电视剧网络剧制作成本配置比例的意见》，引导制作企业合理安排电视剧投入成本的结构，优化片酬分配机制，推动影视行业投入与产出的良性循环，促进行业持续健康发展。2017 年 12 月，中共中央宣传部、中央网信办、工业和信息化部、教育部、公安部、文化部、国家工商总局、国家新闻出版广电总局联合印发《关于严格规范网络游戏市场管理的意见》，部署对网络游戏违法违规行为和不良内容进行集中整治，旨在营造清朗的网络空间，保护青少年的身心健康，推动我国网络游戏健康有序的发展。同时，为了更好地满足人民日益增长的美好生活需要，规范网络文学市场秩序，不断推出思想性、艺术性和可读性有机统一的优秀作品，2017 年 6 月，国家新闻出版广电总局印发《网络文学出版服务单位社会效益评估试行办法》，设置了 5 个一级指标、22 个二级指标和 77 项评分标准对网络文学版服务单位的社会效益进行评估。

在良好的政策及行业环境影响下，行业企业在高度自律、坚持创新的同时，坚持主动合规，不断提升合规经营能力，对于提升行业整体内容质量、带动整个行业的良性发展、营造清朗的网络空间起到了重要的作用。例如，三七互娱积极践行行业生态化运营龙头企业的社会责任，促进产业生态规范发展。三七互娱与各游戏代理商签订《未成年人自律公约》，在内容上控制和规范代理商的行为，未达标准的代理商将会被取消代理权。另外，为了预防未成年人沉溺游戏，三七互娱主动把全部游戏接入防沉迷系统，采取实名认证，切实守护未成年人的健康成长。腾讯公司的成长守护平台作为未成年人健康上网保护工程的尝试与探索，自 2017 年 2 月上线以来，服务近 400 万用户，其中 80% 的游戏账户处于"超级家长"模式的保护下，家长可使用

详细的游戏登录、消费提醒、游戏时段和消费额设置以及一键禁玩等功能，为未成年人提供全方位的保护。

三、泛娱乐发展趋势

党的十九大报告指出中国特色社会主义进入了新时代，泛娱乐产业也必须站在新时代的新高度，紧密结合网络强国和文化强国战略，不断提升自身发展的质量和效益，培育产业发展新业态、新模式，满足人民日益增长的美好生活需要。在数字经济不断更新迭代的推动下，以创意性和新技术为特征的泛娱乐产业也表现出新的发展趋势。充分把握和认识我国泛娱乐产业发展的新特点、新趋势，对于持续推动我国泛娱乐产业高质量发展具有重要意义。

（一）IP 开发形成全产业运作模式，高层次协同培育旗舰 IP

经过几年的发展，泛娱乐产业生态已经日益完善。内容是泛娱乐产业的核心，精品 IP 则是内容的核心。围绕打造精品 IP 的逻辑，泛娱乐产业正在采取全新的 IP 开发策略，在此过程中产业的供求关系、商业模式、产业生态也发生了一系列变化。升级过程中最核心的三个变化是从观众到用户，从产购到共生，从单体到生态。文学、动漫、影视、游戏、音乐、综艺节目等业态早已不是孤立发展，而是在 IP 孵化期就开始协同培育、共同打造的精品 IP，在早期就实现了资金、内容制作、演艺明星、宣传推广、发行销售、衍生产品等各个环节的贯通。未来，生态化运营的龙头企业将以制作方、投资方、运营方三种或以上的多重形态、角色深度介入 IP经营的"全产业运作"，努力打造作家品牌和超级 IP，形成一条"文—艺—娱"一体化的全媒体经营产业链。这种泛娱乐产业平台的搭建使得各产业门类不再孤立存在，而是全面跨界连接、融通共生。因此，未来的泛娱乐产业会形成综合型的文娱集团，以集团式作战的方式将产业上下游全链路打通，升级成新兴的大文娱产业生态，生态中的各方都将收获更多的回报，不断创新产业业态、更新商业模式，推动我国泛娱乐产业实现进一步的高质量发展[37]。

（二）从内容融合迈向更高层次的产业生态融合

随着泛娱乐产业技术变革和娱乐需求的多元化升级，泛娱乐产业生态发生了明显的变化，已经不再局限于泛娱乐产业内部的融合。作为互联网基础性业态的内容产业、电商产业、社交网络之间的边界也在日益模糊，并迈向更高层次的产业生态之间的融合。例如，在阿里巴巴的视频平台、电商平台、支付产品的数据和资源打通的情况下，广告客户投资一档的内容可以获得更多渠道的品牌推广，线上线下的产品销量增值也将更为显著。

网络游戏与其他领域的融合趋势也越发明显，"功能游戏"的开发和应用正在成为全球电子游戏发展的重要分支之一，用游戏化的方式进行培训教育、科学研究的模式逐步普及。通过

37. 优酷杨伟东在第五届网络视听大会上的演讲。

充分挖掘游戏正向价值，用游戏推动社会经济的发展，对于推动中国游戏行业转型升级具有重要的意义。2017 年 4 月文化部印发的《关于推动数字文化产业创新发展的指导意见》指出"大力推动应用游戏、功能性游戏的开发和产业化推广，引导和鼓励开发具有教育、益智功能，适合多年龄段参加的网络游戏、电子游戏、家庭主机游戏，协调发展游戏产业各个门类"。预计 2015—2020 年，功能游戏将会以约 16% 的年均复合增长率发展，2020 年，全球市场规模将有望达到约 55 亿美元。游戏与教育领域的结合最为广泛，约占总数的 43%，约 19% 的功能游戏被运用于企业，医疗类的功能游戏占比超过 16%[38]。此外，功能游戏也被广泛应用于军事、文化、社会管理等不同领域，涉及社会生活的方方面面。

（三）信息消费和实体消费融合升级

高质量 IP 和精品内容提升了泛娱乐用户的付费意愿，有力带动信息消费的扩大和升级。接下来，产业融合模式将进一步多元化，融合范畴将不局限于数字经济领域，而是通过联动销售、衍生品等方式带动实体消费的升级，推动实体经济的发展。例如，阿里文学与天猫图书达成战略合作，建立数字阅读分销、代销体系，用户在天猫购买部分实体书时，可以获得这本书的电子版权，并通过阿里文学旗下淘宝阅读 App 进行线上阅读；同时，用户可以在淘宝阅读上购买到电子书的实体版。通过以上形式能助力实体书的电子化及多场景触达，切实提升文学作品的流通与销售效率。

直播具有强交互、高热度、易变现等特点，观众可在观看过程中点击链接购买，并且在购买过程中，视频不中断、不影响观看体验。直播与电商高度融合可以深度服务实体经济，成为重要的数字经济基础设施。

（四）"IP+ 产业"催生产业发展新模式

IP 在泛娱乐产业融合过程中扮演了"桥梁"和"中枢"的重要角色，对于各个业态融会贯通发挥了重要贡献。在泛娱乐产业与实体经济深度融合、信息消费与实体消费同步升级的大潮中，IP 将进一步成为产业融合的"酵母"，并与农业、制造业、服务业进一步结合，形成"IP+产业"的新模式。未来，"IP+ 产业"将成为产业品牌升级、文化升级的新风口。"IP+"是发展创新型经济、催生新兴业态、加快实现由"中国制造"向"中国创造"的转变、满足多样化消费需求和实现产业高质量发展的重要路径。2017 年 4 月文化部出台的《关于推动数字文化产业创新发展的指导意见》明确提出发展"数字文化装备"，加强标准、内容和技术装备的协同创新，加强以产品为基础的商业模式创新。

从文创领域延伸到制造业领域，IP 的内涵将大为扩展，不仅涵盖文化形象、版权著作权等方面的内容，也将涵盖商标品牌、技术应用、商业模式、产业生态等企业长期积累的创新成果，成为企业软实力的代表。"IP+"将加快文化产业与其他产业跨界融合发展的进程，成为传统产

---

38. 腾讯研究院《跨界发现游戏力》。

业衍生出的新型产业形态。

（五）合规力将成为企业的核心竞争力之一

随着监管政策的完善、监管科技（Reg Tech）的不断发展，"线上线下统一标准"对整个行业格局产生重大影响，泛娱乐行业走上规范发展的快车道，合规性已经成为行业发展的重要要求。"主动合规""高效合规"的能力成为泛娱乐企业的重要能力与核心竞争力之一，"合规技术"将扮演越来越重要的角色。

（六）文娱区块链等新技术为产业发展创造新空间

党的十九大报告提出，突出关键共性技术、前沿引领技术、现代工程技术、颠覆性技术创新，为建设科技强国、质量强国、航天强国、网络强国、交通强国、数字中国、智慧社会提供有力支撑，并提出推动互联网、大数据、人工智能和实体经济深度的融合。作为一种颠覆性技术，区块链技术引起了社会各界的广泛关注。区块链技术有望打造"价值互联网"，推动整个经济体系实现技术变革，组织变革和效率变革，为构建现代化经济体系作出重要贡献。但是，目前区块链技术的应用场景仍然主要局限于金融领域。技术创新和金融创新只有和实体经济深度融合，才能推动实体经济发展，切实改变产业玩法、降低产业成本、提升产业效率、改善产业环境、创新的价值。未来，区块链技术与产业深度融合的项目，即"产业区块链"项目，将会有较大的发展空间。在泛娱乐产业，区块链正在改变数字版权的交易和收益分配模式、用户付费机制等基本产业规则，形成融合版权方、制作者、用户等的全产业链价值共享平台。

第二部分 统计数据

公用通信网统计信息

2013—2017年电信业主要指标发展情况（一）

指标名称	单位	2013年	2014年	2015年	2016年	2017年	五年平均增长率（%）
电信综合价格下降水平	%	6.0	11.6	24.0	23.2	39.7	
电信业务总量	亿元	15 707.2	18 138.3	23 346.3	15 616.9	27 596.7	
电信业务收入	亿元	11 668.7	11 908.0	11 665.2	12 001.5	12 636.9	1.6
非话音收入所占比重	%	52.9	60.2	69.5	75.2	82.1	
电信固定资产投资	亿元	3 742.6	4 006.2	4 524.8	3 739.1	3 725.2	
占全社会投资比重	%	0.8	0.7	0.8	0.6	0.6	
全社会固定资产投资	亿元	447 074.4	512 761.0	562 000.0	606 466.0	641 238.0	
电信增加值	亿元	6 108.2	6 661.3	6 682.5	6 414.1	6 619.9	1.6
占GDP比重	%	1.0	1.0	0.9	0.8	0.8	
GDP	亿元	568 845.2	636 463.0	676 708.0	744 127.0	827 122.0	
固定电话用户	万户	26 698.5	24 943.0	23 099.6	20 662.4	19 375.7	−6.2
移动电话用户	万户	122 911.3	128 609.3	127 139.7	132 193.4	141 748.8	2.9
互联网宽带接入用户	万户	18 890.9	20 048.3	25 946.6	29 720.7	34 854.0	13.0
互联网网民人数	万人	61 758.0	64 875.0	68 826.0	73 125.0	77 198.0	4.6
女性网民所占比重	%	44.0	43.6	46.4	47.6	47.4	
固定本地电话通话时长	亿分钟	3 023.1	2 613.9	2 251.1	1 876.4	1 527.9	
固定长途电话通话时长	亿分钟	590.6	530.1	472.6	400.8	314.1	−11.9
移动电话通话时长	亿分钟	58 229.7	59 012.7	57 648.9	56 599.0	54 004.7	−1.5
移动短信业务量	亿条	8 921.0	7 674.2	6 991.8	6 670.9	6 641.4	−5.7
移动互联网接入流量	万GB	126 715.7	206 193.6	418 753.3	937 863.5	2 459 380.0	81.0
网页长度（总字节数）	GB	7 133 363	8 879 006	14 129 575	12 912 603	16 314 789	18.0

注：1. 2015年之前（含2015年）的电信业务总量按照2010年不变单价测算，2016年及以后的电信业务总量按照2015年不变单价测算。

2. 根据国家统计局编制的《中国统计摘要（2015）》，调整以前年度的全社会固定资产投资和GDP，并重新计算相应的比重。

3. 固定长途电话通话时长和移动电话通话时长中分别包括了从固定和移动电话发起的IP电话通话时长。

2013—2017年电信业主要指标发展情况（二）

指标 名 称	单位	2013年	2014年	2015年	2016年	2017年	五年平均增长率（%）
光缆线路长度	万千米	1 745.4	2 061.3	2 486.3	3 042.1	3 780.1	16.7
长途光缆线路长度	万千米	89.0	92.8	96.5	99.4	104.5	3.3
本地网中继光缆线路长度	万千米	834.4	997.7	1 160.9	1 043.8	1 233.6	8.1
接入网光缆线路长度	万千米	821.9	970.7	1 228.9	1 898.9	2 442.0	24.3
局用交换机容量	万门	41 089.3	40 517.1	26 446.5	22 441.6	18 398.8	-14.8
移动电话基站数	万个	241.0	350.8	465.6	559.4	618.7	20.8
移动短消息中心容量	万条	696 593.4	713 067.8	722 682.2	704 370.1	691 198.4	-0.2
互联网宽带接入端口	万个	35 945.3	40 546.1	57 709.4	71 276.9	77 599.1	16.6
IPv4地址数	万个	33 030.8	33 199.0	24 698.3	28 229.8	33 870.5	0.5
域名数	万个	1 844.1	2 060.1	3 102.1	4 227.6	3 848.0	15.8
其中：CN域名数	万个	1 082.9	1 108.9	1 636.4	2 060.8	2 084.6	14.0
网站数	万个	320.2	335.0	423.0	482.4	533.3	10.7
互联网国际出口带宽	Mbit/s	3 406 824	4 118 663	5 392 116	6 640 291	7 320 180	16.5
固定电话普及率	部/百人	19.6	18.2	16.8	14.9	13.9	
移动电话普及率	部/百人	90.3	94.0	92.5	95.6	102.0	
互联网普及率	%	45.8	47.9	50.3	53.2	55.8	

注：1. IPv4地址数、域名数、网站数、互联网国际出口带宽和互联网普及率等数据均来源于CNNIC发布的《第41次中国互联网络发展状况统计报告》。
　　2. 以前年度的互联网普及率根据最新发布的数据调整。

2017年电信业务总量、收入、投资、增加值分省情况

	电信业务总量		电信业务收入		电信固定资产投资	电信增加值	
	2017年（亿元）	比2016年（%）	2017年（亿元）	比2016年（%）	2017年（亿元）	2017年（亿元）	比2016年（%）
全　国	27 596.7	76.7	12 636.9	6.6	3 725.2	6 619.9	4.7
东　部	13 934.1	67.6	6 759.0	1.5	1 682.2	3 450.3	1.8
北　京	870.6	46.8	587.3	−2.4	114.9	328.3	8.6
天　津	300.7	64.2	160.2	−2.8	47.5	78.9	0.5
河　北	1 096.2	75.9	487.6	1.3	159.1	212.2	−0.7
辽　宁	873.3	70.3	393.5	0.5	104.3	177.6	−3.4
上　海	693.8	36.1	567.7	−0.2	134.7	284.9	−0.4
江　苏	2 066.5	71.3	914.6	3.9	211.2	481.8	6.5
浙　江	1 794.2	60.7	775.3	−0.7	187.3	381.0	−0.7
福　建	909.0	54.5	451.1	1.8	134.0	226.5	1.6
山　东	1 499.0	73.6	680.9	2.0	170.2	337.5	0.6
广　东	3 579.7	79.8	1 634.9	3.7	387.2	891.7	0.8
海　南	251.3	99.5	105.9	6.0	31.8	50.0	9.0
中　部	6 432.3	77.8	2 915.1	3.0	863.6	1 399.4	8.1
山　西	584.2	77.7	254.7	−0.7	78.8	120.0	2.6
吉　林	486.1	83.9	188.4	1.1	65.3	76.2	0.7
黑龙江	597.3	86.5	243.7	−2.2	81.0	105.0	−10.7
安　徽	831.8	69.9	406.2	3.5	109.1	207.9	7.5
江　西	661.5	71.1	275.6	2.1	88.1	134.2	−26.7
河　南	1 484.6	96.0	634.4	5.3	180.6	295.1	9.2
湖　北	857.6	66.4	444.8	3.3	127.0	235.8	30.2
湖　南	929.1	67.2	467.4	5.7	133.7	225.3	43.6
西　部	7 077.1	92.1	2 983.4	4.4	1 007.1	1 384.7	2.1
内蒙古	491.2	96.8	229.4	2.5	80.3	94.3	−5.3
广　西	711.7	83.0	339.0	5.5	99.8	168.2	3.7
重　庆	611.5	75.2	258.3	5.5	93.3	123.2	−30.7
四　川	1 246.0	74.3	602.0	4.7	182.4	287.6	18.5
贵　州	836.1	148.7	270.8	7.8	101.0	130.3	20.5
云　南	1 143.5	128.3	346.5	2.8	108.5	170.2	3.9
西　藏	45.2	37.2	51.0	7.0	32.1	23.8	164.4
陕　西	836.0	79.8	345.0	4.2	111.3	169.5	5.1
甘　肃	456.2	96.6	197.3	2.9	78.0	88.5	−2.3
青　海	161.7	140.6	59.7	7.2	21.4	23.4	0.9
宁　夏	204.9	116.3	65.0	0.0	28.3	22.0	−25.6
新　疆	333.3	31.8	219.3	2.3	70.6	83.7	−5.8
总部及直属	153.3		−20.6	−95.8	172.4	385.5	37.9

注：2017年电信业务总量按照2015年不变单价测算。

2013—2017年电信用户发展情况

指 标 名 称	单位	2013年	2014年	2015年	2016年	2017年
固定电话用户	万户	26 698.5	24 943.0	23 099.6	20 662.4	19 375.7
其中：无线市话用户	万户	870.9	154.3	102.7	93.6	86.5
占固定电话用户比重	%	3.3	0.6	0.4	0.5	0.4
城市电话用户	万户	18 456.8	17 627.9	17 320.8	15 619.2	14 730.8
城市住宅电话用户	万户	10 474.3	9 896.1	9 240.8	8 012.3	7 358.8
农村电话用户	万户	8 241.7	7 315.1	5 778.9	5 043.3	4 644.9
农村住宅电话用户	万户	6 643.4	5 769.2	4 659.0	3 982.7	3 605.4
移动电话用户	万户	122 911.3	128 609.3	127 139.7	132 193.4	141 748.8
其中：3G移动电话用户	万户	40 161.1	48 525.5	27 573.0	17 080.5	13 463.2
4G移动电话用户	万户		9 728.4	43 038.1	76 994.9	99 688.9
3G/4G移动电话用户占比	%	32.7	45.3	55.5	71.2	79.8
互联网拨号用户	万户	485.1	441.6	331.6	306.3	301.7
互联网宽带接入用户	万户	18 890.9	20 048.3	25 946.6	29 720.7	34 854.0
其中：xDSL用户	万户	10 716.5	8 938.6	5 238.1	1 977.0	1 120.4
LAN用户	万户	3 980.2	4 180.5	5 601.7	4 719.2	4 089.8
FTTH/O用户	万户	4 082.2	6 831.6	14 833.7	22 765.6	29 392.5
其中：城市宽带接入用户	万户	14 153.6	15 174.6	19 547.2	22 266.6	25 476.7
农村宽带接入用户	万户	4 737.3	4 873.7	6 398.4	7 454.0	9 377.3

注：互联网拨号、互联网宽带接入用户为基础电信企业合计数。

2017年固定电话用户分省情况

（单位：万户）

	固定电话用户		其中：		固定电话用户中：	
	2017年	比2016年	无线市话	住宅电话	城市用户	农村用户
全　国	**19 375.7**	**-1 286.7**	**86.5**	**10 964.1**	**14 730.8**	**4 644.9**
东　部	**10 127.5**	**-912.2**	**36.0**	**5 160.9**	**7 885.6**	**2 241.9**
北　京	649.4	-45.6	3.3	298.5	529.8	119.7
天　津	295.9	-15.5	1.2	92.8	293.3	2.6
河　北	763.8	-86.8	3.4	422.3	641.1	122.7
辽　宁	777.2	-113.4	3.9	473.8	667.2	110.0
上　海	691.0	-40.7		389.1	691.0	
江　苏	1 512.1	-196.3	3.0	859.6	1 003.2	508.9
浙　江	1 211.1	-76.2		523.6	978.1	233.0
福　建	776.9	-38.7		422.2	488.2	288.8
山　东	883.5	-86.9	21.2	344.2	638.5	245.0
广　东	2 406.1	-203.6		1 233.9	1 850.7	555.4
海　南	160.5	-8.6		101.0	104.5	56.0
中　部	**4 326.7**	**-379.1**	**28.2**	**2 521.4**	**3 217.3**	**1 109.4**
山　西	302.3	-41.4	1.0	113.5	259.2	43.1
吉　林	497.6	-22.8	23.2	288.4	388.0	109.6
黑龙江	430.3	-67.2	1.4	355.9	376.9	53.4
安　徽	551.4	-62.5		317.6	392.6	158.7
江　西	477.0	-40.5	0.1	301.4	317.4	159.6
河　南	735.0	-63.6	2.4	350.7	520.0	215.1
湖　北	658.8	-72.9	0.1	383.8	495.8	163.0
湖　南	674.4	-8.4	0.2	410.0	467.4	206.9
西　部	**4 921.5**	**4.6**	**22.3**	**3 281.9**	**3 627.9**	**1 293.6**
内蒙古	232.3	-35.8	2.6	107.1	204.6	27.7
广　西	307.7	-41.2		155.7	221.3	86.4
重　庆	566.8	25.2	0.1	426.5	435.8	131.0
四　川	1 636.0	145.9	19.3	1 255.1	1 027.9	608.1
贵　州	247.9	-10.8		157.5	202.5	45.4
云　南	301.1	-33.9	0.1	130.7	247.0	54.1
西　藏	47.3	8.4		33.0	47.2	0.1
陕　西	622.8	-57.1	0.1	441.6	483.9	138.9
甘　肃	326.8	14.5		217.6	239.2	87.6
青　海	106.7	4.6	0.2	62.7	94.9	11.8
宁　夏	62.2	-8.3		28.4	55.3	6.9
新　疆	464.0	-6.9		266.1	368.4	95.7

2017年移动电话用户分省情况

（单位：万户）

	移动电话用户		其中：3G移动电话用户			其中：4G移动电话用户	
	2017年	比2016年	2017年	比2016年	所占比重（%）	2017年	所占比重（%）
全　国	141 748.8	9 555.3	13 463.2	-3 617.3	9.5	99 688.9	70.3
东　部	67 409.2	2 866.7	5 711.8	-1 812.7	8.5	48 868.3	72.5
北　京	3 752.1	-116.9	414.8	-88.1	11.1	2 741.8	73.1
天　津	1 580.1	80.4	151.2	-72.5	9.6	1 121.7	71.0
河　北	7 581.8	460.7	628.3	-147.2	8.3	5 199.0	68.6
辽　宁	4 755.7	328.6	391.1	-129.4	8.2	3 271.4	68.8
上　海	3 298.7	142.6	419.5	-93.0	12.7	2 387.8	72.4
江　苏	8 807.7	608.9	740.1	-157.7	8.4	6 632.1	75.3
浙　江	7 590.6	364.7	596.8	-117.8	7.9	5 651.4	74.5
福　建	4 295.0	136.0	274.1	-174.6	6.4	3 114.7	72.5
山　东	9 943.9	349.3	926.1	-324.2	9.3	6 242.6	62.8
广　东	14 796.2	447.2	1 095.1	-483.5	7.4	11 751.5	79.4
海　南	1 007.5	65.1	74.7	-24.8	7.4	754.4	74.9
中　部	37 738.2	3 222.0	3 224.8	-808.1	8.5	26 422.0	70.0
山　西	3 647.9	282.2	310.2	-64.0	8.5	2 583.3	70.8
吉　林	2 868.8	213.9	278.2	-60.5	9.7	1 877.9	65.5
黑龙江	3 657.1	211.6	399.8	-84.1	10.9	2 299.8	62.9
安　徽	4 884.3	541.3	442.5	-103.2	9.1	3 485.5	71.4
江　西	3 449.2	308.5	259.5	-47.7	7.5	2 476.8	71.8
河　南	8 553.4	664.4	787.2	-244.7	9.2	6 045.7	70.7
湖　北	4 994.1	310.4	356.3	-210.8	7.1	3 567.0	71.4
湖　南	5 683.4	689.8	391.3	6.7	6.9	4 086.0	71.9
西　部	36 601.4	3 466.7	4 526.5	-996.5	12.4	24 398.8	66.7
内蒙古	2 841.2	370.4	288.6	-49.7	10.2	1 881.1	66.2
广　西	4 385.1	610.9	368.1	-74.8	8.4	3 131.7	71.4
重　庆	3 274.9	394.8	289.2	-49.2	8.8	2 200.0	67.2
四　川	7 693.6	399.2	725.6	-615.2	9.4	5 464.2	71.0
贵　州	3 485.7	403.0	260.2	-47.0	7.5	2 453.9	70.4
云　南	4 228.4	285.7	320.3	-127.8	7.6	2 951.4	69.8
西　藏	290.3	6.0	165.8	3.0	57.1	41.7	14.4
陕　西	4 220.6	407.3	349.9	-91.8	8.3	3 169.6	75.1
甘　肃	2 526.4	322.6	248.5	-86.1	9.8	1 744.5	69.1
青　海	610.9	71.1	76.5	-28.2	12.5	436.7	71.5
宁　夏	792.0	75.6	67.2	-16.1	8.5	587.8	74.2
新　疆	2 252.3	120.3	1 366.8	186.3	60.7	336.2	14.9

2017年互联网宽带接入用户分省情况

（单位：万户）

	互联网宽带接入用户		其中：FTTH/O用户		其中：20M以上用户		互联网宽带接入用户中：	
	2017年	比2016年	2017年	比2016年	2017年	比2016年	城市用户	农村用户
全 国	34 854.0	5 133.4	29 392.5	6 626.9	32 062.5	8 947.6	25 476.7	9 377.3
东 部	17 539.9	2 238.8	14 584.7	2 908.7	16 164.5	4 116.1	12 767.0	4 773.0
北 京	541.9	66.2	511.3	129.3	525.0	84.4	471.2	70.8
天 津	339.4	55.4	320.1	56.5	312.8	75.9	325.0	14.4
河 北	1 910.1	298.1	1 785.5	356.1	1 780.7	458.4	1 189.1	721.0
辽 宁	1 058.6	86.9	939.9	123.4	996.7	241.7	844.9	213.7
上 海	681.3	45.6	561.7	59.6	585.9	53.6	681.3	
江 苏	3 106.2	420.9	2 328.7	394.9	2 958.2	852.4	1 953.2	1 152.9
浙 江	2 464.6	304.9	2 111.3	325.7	2 266.6	797.7	1 860.4	604.2
福 建	1 373.6	229.0	1 068.2	301.5	1 259.1	284.6	913.6	460.0
山 东	2 588.7	222.2	2 129.6	317.5	2 505.9	269.2	1 744.1	844.6
广 东	3 246.8	467.4	2 642.2	798.6	2 770.1	930.1	2 635.0	611.8
海 南	228.7	42.2	186.3	45.5	203.4	68.1	149.1	79.6
中 部	9 046.5	1 420.7	7 708.2	1 746.5	8 491.3	2 241.9	6 672.5	2 374.0
山 西	872.9	125.7	811.5	179.0	814.2	183.8	687.1	185.8
吉 林	501.5	61.5	426.6	49.3	437.9	176.5	426.5	75.0
黑龙江	664.6	89.5	541.0	128.2	631.0	160.0	513.8	150.8
安 徽	1 323.7	248.6	1 143.3	272.4	1 218.4	318.7	900.8	422.8
江 西	997.1	174.6	647.4	178.0	888 7	207.2	687.8	309.3
河 南	2 128.4	361.2	1 937.6	359.0	2 112.8	369.2	1 535.6	592.8
湖 北	1 242.9	111.0	1 030.1	251.5	1 171.9	370.1	979.5	263.4
湖 南	1 315.5	248.6	1 170.7	329.3	1 216.4	456.4	941.4	374.1
西 部	8 267.6	1 473.9	7 099.7	1 971.7	7 406.7	2 589.7	6 037.3	2 230.4
内蒙古	494.0	76.8	426.1	122.4	461.4	132.9	390.5	103.5
广 西	968.0	178.0	808.2	239.9	907.6	521.5	671.8	296.2
重 庆	866.9	162.2	722.0	182.4	741.7	315.4	661.5	205.5
四 川	2 167.5	316.3	1 879.2	402.4	1 893.1	382.0	1 430.3	737.2
贵 州	568.6	109.1	491.2	143.4	518.0	155.2	436.7	131.9
云 南	812.6	157.3	688.0	260.3	693.3	336.5	694.3	118.3
西 藏	61.2	21.1	55.4	29.7	55.5	22.6	55.3	5.9
陕 西	903.2	100.3	777.8	168.1	834.9	207.6	662.2	241.0
甘 肃	576.4	183.5	499.4	221.2	523.8	218.3	380.0	196.4
青 海	120.2	20.5	108.2	25.4	110.3	38.4	105.9	14.2
宁 夏	159.2	47.3	148.3	52.7	153.8	57.7	140.6	18.6
新 疆	569.9	101.5	495.9	123.8	513.4	201.5	408.3	161.6

注：1. 互联网宽带接入用户为基础电信企业合计数。
　　2. 互联网宽带接入用户自2011年起不包括WLAN用户，2013年按调整后口径统计。

2013—2017年固定电话用户分省情况

（单位：万户）

	2013年	2014年	2015年	2016年	2017年
全　国	26 698.5	24 943.0	23 099.6	20 662.4	19 375.7
东　部	14 500.2	13 516.1	12 368.7	11 039.7	10 127.5
北　京	867.6	831.3	784.6	695.0	649.4
天　津	352.8	360.6	343.8	311.3	295.9
河　北	1 152.4	1 085.1	978.2	850.6	763.8
辽　宁	1 222.4	1 151.2	1 036.2	890.6	777.2
上　海	869.2	840.2	797.3	731.6	691.0
江　苏	2 289.8	2 133.6	1 973.0	1 708.3	1 512.1
浙　江	1 781.3	1 641.9	1 471.0	1 287.2	1 211.1
福　建	983.5	933.3	888.5	815.7	776.9
山　东	1 707.6	1 418.3	1 118.0	970.4	883.5
广　东	3 099.9	2 950.6	2 807.1	2 609.7	2 406.1
海　南	173.6	170.0	171.0	169.2	160.5
中　部	6 633.2	6 081.3	5 589.8	4 705.8	4 326.7
山　西	584.4	554.2	444.6	343.7	302.3
吉　林	579.0	574.8	572.3	520.3	497.6
黑龙江	747.8	640.5	596.0	497.4	430.3
安　徽	976.7	839.8	739.4	613.9	551.4
江　西	622.4	577.4	568.4	517.5	477.0
河　南	1 224.4	1 143.0	1 009.7	798.6	735.0
湖　北	984.0	907.4	872.5	731.7	658.8
湖　南	914.4	844.1	787.0	682.7	674.4
西　部	5 565.2	5 345.7	5 141.1	4 917.0	4 921.5
内蒙古	377.2	359.1	324.5	268.1	232.3
广　西	546.3	499.9	439.7	348.9	307.7
重　庆	580.3	579.5	559.6	541.6	566.8
四　川	1 313.7	1 294.2	1 353.4	1 490.1	1 636.0
贵　州	363.0	339.1	312.5	258.7	247.9
云　南	485.4	429.8	377.5	335.0	301.1
西　藏	40.4	35.9	34.9	38.9	47.3
陕　西	769.3	750.8	723.3	679.9	622.8
甘　肃	364.3	341.3	326.0	312.3	326.8
青　海	101.8	100.2	104.2	102.1	106.7
宁　夏	104.7	102.7	84.4	70.5	62.2
新　疆	518.7	513.3	501.2	471.0	464.0

2013—2017年移动电话用户分省情况

（单位：万户）

	2013年	2014年	2015年	2016年	2017年
全　国	**122 911.3**	**128 609.3**	**127 139.7**	**132 193.4**	**141 748.8**
东　部	**61 702.2**	**63 718.1**	**62 765.2**	**64 542.5**	**67 409.2**
北　京	3 373.8	4 076.4	3 944.4	3 869.0	3 752.1
天　津	1 323.2	1 351.8	1 369.7	1 499.8	1 580.1
河　北	6 006.2	6 229.1	6 135.6	7 121.0	7 581.8
辽　宁	4 583.6	4 535.6	4 289.8	4 427.1	4 755.7
上　海	3 200.7	3 292.7	3 132.4	3 156.1	3 298.7
江　苏	7 942.0	8 070.4	7 993.1	8 198.8	8 807.7
浙　江	7 071.8	7 370.6	7 283.7	7 225.9	7 590.6
福　建	4 303.3	4 276.7	4 154.0	4 159.0	4 295.0
山　东	8 333.4	8 664.1	9 088.8	9 594.5	9 943.9
广　东	14 706.1	14 943.4	14 479.7	14 349.0	14 796.2
海　南	858.3	907.4	894.1	942.3	1 007.5
中　部	**31 450.8**	**33 602.6**	**33 061.4**	**34 516.2**	**37 738.2**
山　西	3 105.5	3 332.3	3 241.4	3 365.7	3 647.9
吉　林	2 372.1	2 612.3	2 511.5	2 654.8	2 868.8
黑龙江	3 020.4	3 457.8	3 329.8	3 445.6	3 657.1
安　徽	3 958.9	4 215.9	4 188.3	4 343.0	4 884.3
江　西	2 806.9	2 938.5	3 030.4	3 140.7	3 449.2
河　南	7 200.2	7 712.9	7 537.4	7 889.0	8 553.4
湖　北	4 416.8	4 606.8	4 530.5	4 683.8	4 994.1
湖　南	4 570.0	4 726.1	4 692.0	4 993.6	5 683.4
西　部	**29 756.4**	**31 287.9**	**31 312.6**	**33 134.7**	**36 601.4**
内蒙古	2 690.6	2 634.6	2 377.1	2 470.8	2 841.2
广　西	3 285.6	3 553.8	3 594.9	3 774.2	4 385.1
重　庆	2 380.8	2 589.9	2 737.7	2 880.1	3 274.9
四　川	6 283.3	6 608.5	6 798.3	7 294.5	7 693.6
贵　州	2 662.6	2 885.3	2 941.5	3 082.7	3 485.7
云　南	3 395.8	3 748.5	3 740.1	3 942.8	4 228.4
西　藏	265.6	291.8	268.7	284.4	290.3
陕　西	3 512.5	3 607.2	3 567.1	3 813.3	4 220.6
甘　肃	1 976.2	2 058.6	2 105.3	2 203.8	2 526.4
青　海	542.4	544.0	517.1	539.8	610.9
宁　夏	627.2	688.3	636.6	716.4	792.0
新　疆	2 133.9	2 077.4	2 028.4	2 132.1	2 252.3

注：全国数大于分省数之和，是由于部分3G上网卡用户不能拆分到省所致。

2013—2017年互联网宽带接入用户分省情况

（单位：万户）

	2013年	2014年	2015年	2016年	2017年
全　国	**18 890.9**	**20 048.3**	**25 946.6**	**29 720.7**	**34 854.0**
东　部	**10 105.8**	**10 640.0**	**13 599.1**	**15 301.1**	**17 539.9**
北　京	480.4	482.4	491.9	475.8	541.9
天　津	188.4	208.8	249.8	283.9	339.4
河　北	1 031.6	1 127.6	1 317.2	1 612.0	1 910.1
辽　宁	726.9	772.1	860.5	971.7	1 058.6
上　海	511.1	532.2	568.8	635.7	681.3
江　苏	1 431.3	1 523.4	2 346.3	2 685.2	3 106.2
浙　江	1 242.7	1 276.1	1 906.8	2 159.7	2 464.6
福　建	835.6	899.2	1 044.8	1 144.6	1 373.6
山　东	1 465.1	1 523.9	1 980.8	2 366.5	2 588.7
广　东	2 081.7	2 174.1	2 682.7	2 779.4	3 246.8
海　南	110.9	120.3	149.5	186.5	228.7
中　部	**4 833.5**	**5 171.3**	**6 708.8**	**7 625.8**	**9 046.5**
山　西	521.3	571.1	723.9	747.2	872.9
吉　林	379.6	414.9	427.3	440.0	501.5
黑龙江	459.6	484.6	519.5	575.1	664.6
安　徽	546.8	563.8	913.3	1 075.0	1 323.7
江　西	410.1	434.2	710.9	822.5	997.1
河　南	1 000.5	1 087.9	1 489.0	1 767.2	2 128.4
湖　北	813.3	869.7	1 014.4	1 131.9	1 242.9
湖　南	702.4	744.9	910.5	1 066.9	1 315.5
西　部	**3 951.6**	**4 237.1**	**5 638.7**	**6 793.8**	**8 267.6**
内蒙古	284.4	316.8	365.7	417.2	494.0
广　西	559.6	592.4	715.8	790.0	968.0
重　庆	438.8	475.4	602.7	704.7	866.9
四　川	835.2	883.1	1 424.0	1 851.2	2 167.5
贵　州	292.4	310.9	386.8	459.5	568.6
云　南	404.7	424.9	537.3	655.3	812.6
西　藏	19.1	22.1	29.6	40.2	61.2
陕　西	506.2	552.4	689.9	803.0	903.2
甘　肃	192.2	213.9	302.7	392.9	576.4
青　海	54.9	61.4	82.3	99.7	120.2
宁　夏	71.1	78.2	92.5	111.9	159.2
新　疆	293.0	305.7	409.5	468.4	569.9

注：1. 互联网宽带接入用户为基础电信企业合计数。
　　2. 互联网宽带接入用户自2011年起不包括WLAN用户，2012年和2013年按调整后统计口径。

2013—2017年电信业务使用量发展情况

指 标 名 称	单位	2013年	2014年	2015年	2016年	2017年	2017年比2016（%）
固定本地电话通话时长	亿分钟	3 023.1	2 613.9	2 251.1	1 876.4	1 527.9	-18.6
固定长途电话通话时长	亿分钟	590.6	530.1	472.6	400.8	314.1	-21.6
移动电话通话时长（来去话合计）	亿分钟	58 229.7	59 012.7	57 648.9	56 606.0	54 004.7	-4.6
移动电话去话通话时长	亿分钟	28 987.7	29 270.1	28 499.9	28 072.8	26 904.2	-4.2
非漫游去话通话时长	亿分钟	25 911.0	25 865.6	25 069.6	24 637.3	23 424.4	-4.9
国内漫游去话通话时长	亿分钟	3 068.7	3 396.1	3 422.9	3 429.3	3 473.9	1.3
国际漫游去话通话时长	亿分钟	4.6	4.8	4.2	3.5	3.5	-1.1
港澳台漫游去话通话时长	亿分钟	3.5	3.6	3.2	2.7	2.3	-14.2
移动电话来话通话时长	亿分钟	29 241.9	29 742.6	29 149.0	28 526.2	27 100.5	-5.0
移动短信业务量	亿条	8 921.0	7 674.2	6 991.8	6 670.9	6 641.4	-0.4
其中：点对点短信业务量	亿条	4 313.4	3 523.3	2 705.7	1 898.4	1 324.0	-30.3
移动彩信业务量	亿条	856.7	647.4	617.5	556.8	488.1	-12.3
其中：点对点彩信业务量	亿条	52.7	46.9	41.5	28.5	18.8	-34.1
移动互联网接入流量	万GB	126 715.7	206 193.6	418 753.3	937 863.5	2 459 380.3	162.2
其中：无线上网卡流量	万GB	33 827.0	25 875.6	40 378.2	90 017.1	103 006.9	14.4
手机上网流量	万GB	91 972.0	179 064.4	375 909.5	842 965.5	2 350 190.9	178.8
固定电话互联互通通话时长	亿分钟	1 912.4	1 751.4	1 665.5	1 303.7	1 067.5	-18.1
移动电话互联互通通话时长	亿分钟	8 722.8	9 076.6	8 905.9	8 916.7	8 933.0	0.2
短信互联互通业务量	亿条	1 419.7	1 223.7	946.1	689.1	517.7	-24.9

注：固定长途电话通话时长和移动电话通话时长中分别包括了从固定和移动电话发起的IP电话通话时长。

2017年固定电话通话量分省情况

（单位：万分钟）

	固定本地电话通话时长		固定长途电话通话时长				
	2017年	比2016年（%）	2017年	比2016年（%）	其中：		
					国内长途	国际	港澳台
全 国	15 278 790.2	-18.6	3 141 181.5	-21.6	3 094 812.0	24 660.5	21 709.1
东 部	9 171 736.9	-19.3	2 179 893.7	-21.3	2 135 825.8	22 902.5	21 165.3
北 京	735 136.7	-25.2	382 607.8	-33.7	376 214.2	3 377.2	3 016.4
天 津	172 966.7	-19.3	45 507.6	12.3	45 049.3	346.6	111.8
河 北	1 025 843.5	-10.6	112 155.5	-22.8	111 969.6	169.0	16.9
辽 宁	550 177.9	-20.2	111 318.2	-15.2	110 005.5	1 177.3	135.5
上 海	1 075 239.5	-19.6	346 907.7	-9.6	335 327.8	8 313.7	3 266.2
江 苏	1 189 723.6	-19.1	255 071.1	-21.7	251 772.0	2 301.9	997.2
浙 江	980 585.9	-15.1	175 425.6	-22.0	173 674.0	995.9	755.7
福 建	585 919.8	-21.4	90 567.1	-17.7	88 836.0	587.6	1 143.6
山 东	993 177.6	-16.3	129 862.1	-15.6	129 039.9	642.2	180.0
广 东	1 784 734.9	-24.0	517 519.1	-21.8	501 259.5	4 793.5	11 466.1
海 南	78 230.9	-16.5	12 951.9	-18.0	12 678.2	197.7	76.0
中 部	2 946 412.0	-17.4	491 621.0	-17.1	490 398.0	949.2	273.8
山 西	171 683.1	-25.8	23 571.4	-28.3	23 558.9	8.2	4.3
吉 林	149 998.1	-15.6	31 075.2	-33.8	30 665.9	397.4	11.9
黑龙江	282 476.5	-23.2	34 098.6	-24.2	34 044.1	48.5	6.0
安 徽	417 260.6	-21.0	93 590.4	-16.1	93 362.7	157.3	70.4
江 西	310 765.6	-14.1	58 370.3	-15.3	58 281.6	46.5	42.3
河 南	619 649.4	-9.4	71 389.6	-21.0	71 292.7	72.9	23.9
湖 北	489 936.5	-15.1	97 908.2	-14.0	97 683.2	158.1	67.0
湖 南	504 642.3	-21.1	81 617.4	-2.6	81 509.0	60.3	48.2
西 部	3 160 641.3	-17.4	469 666.8	-27.2	468 588.1	808.7	269.9
内蒙古	189 163.5	-16.0	34 081.4	-19.5	34 000.5	76.6	4.2
广 西	382 415.9	-21.7	29 306.5	-27.3	29 210.6	47.4	48.5
重 庆	359 174.8	-16.4	29 314.4	-58.1	29 163.3	82.2	68.9
四 川	804 400.2	-16.4	151 176.8	-23.5	150 774.6	319.2	83.1
贵 州	143 715.1	-29.7	21 064.9	-34.6	21 052.5	6.7	5.7
云 南	321 566.5	-7.3	31 736.0	-27.7	31 680.1	40.7	15.3
西 藏	5 827.9	-44.3	4 161.3	21.0	4 158.4	2.8	0.2
陕 西	427 589.5	-17.5	88 797.0	-17.8	88 661.5	102.8	32.6
甘 肃	103 430.0	-18.9	24 105.7	-13.8	24 069.1	30.1	6.6
青 海	42 750.7	-18.1	8 131.1	-28.1	8 129.6	1.2	0.3
宁 夏	35 780.0	-19.2	6 753.3	-39.2	6 747.8	4.5	1.0
新 疆	344 827.3	-17.1	41 038.4	-27.7	40 940.1	94.7	3.7

2017年移动电话通话量分省情况（一）

（单位：万分钟）

| | 移动电话通话时长 | | 其中： | | | |
| | | | 去话通话时长 | | 来话通话时长 | |
	2017年	比2016年（%）	2017年	比2016年（%）	2017年	比2016年（%）
全　国	540 046 917.1	-4.6	269 041 523.0	-4.2	271 005 394.1	-5.0
东　部	251 491 869.3	-5.8	126 958 424.3	-5.6	124 533 445.0	-5.9
北　京	13 369 129.8	-12.6	7 111 138.5	-16.2	6 257 991.3	-8.1
天　津	6 111 107.2	-5.6	3 140 501.8	-5.7	2 970 605.4	-5.4
河　北	25 179 433.1	-4.3	12 357 256.4	-3.6	12 822 176.7	-4.9
辽　宁	18 248 694.9	-7.3	9 155 761.1	-7.0	9 092 933.8	-7.6
上　海	10 685 582.9	-9.1	5 453 780.0	-9.4	5 231 802.9	-8.9
江　苏	32 768 970.7	-4.6	16 381 507.2	-4.2	16 387 463.5	-4.9
浙　江	29 044 725.7	-4.0	14 675 479.2	-4.1	14 369 246.5	-3.8
福　建	16 972 658.5	-7.2	8 732 457.0	-6.4	8 240 201.5	-8.1
山　东	38 982 670.2	-2.7	19 327 144.7	-2.0	19 655 525.4	-3.3
广　东	55 549 120.6	-7.0	28 296 071.9	-6.3	27 253 048.7	-7.7
海　南	4 579 775.8	-2.0	2 327 326.4	-1.0	2 252 449.3	-3.0
中　部	138 346 407.1	-4.0	67 322 850.3	-3.1	71 023 556.7	-4.9
山　西	13 849 147.2	-3.8	6 904 517.8	-3.0	6 944 629.4	-4.5
吉　林	10 237 633.1	-7.9	5 010 453.3	-7.3	5 227 179.8	-8.4
黑龙江	13 140 052.2	-8.6	6 448 774.2	-7.5	6 691 278.0	-9.7
安　徽	16 869 164.4	-3.7	8 230 321.0	-2.6	8 638 843.4	-4.6
江　西	13 208 379.4	-1.7	6 402 531.3	-1.0	6 805 848.2	-2.3
河　南	31 806 944.5	-2.6	15 253 701.7	-1.5	16 553 242.9	-3.6
湖　北	17 618 518.2	-3.5	8 588 295.7	-2.3	9 030 222.5	-4.6
湖　南	21 616 568.1	-3.3	10 484 255.4	-2.5	11 132 312.6	-4.1
西　部	150 208 640.7	-3.1	74 760 248.4	-2.6	75 448 392.3	-3.6
内蒙古	11 459 405.2	-6.2	5 721 462.4	-5.5	5 737 942.8	-6.8
广　西	14 946 428.8	-2.7	7 285 582.0	-2.1	7 660 846.8	-3.3
重　庆	12 384 607.0	-6.3	6 196 915.8	-4.8	6 187 691.2	-7.8
四　川	30 811 192.4	-2.7	15 147 492.1	-2.1	15 663 700.4	-3.3
贵　州	16 492 309.5	0.4	8 234 125.3	1.2	8 258 184.2	-0.4
云　南	18 002 281.8	-2.1	9 033 185.9	-1.6	8 969 095.8	-2.6
西　藏	1 460 616.0	-2.4	763 838.3	-1.9	696 777.7	-3.0
陕　西	15 565 401.9	-5.3	7 754 605.1	-5.9	7 810 796.8	-4.6
甘　肃	10 043 763.4	-4.4	4 945 435.6	-3.6	5 098 327.8	-5.2
青　海	2 461 570.0	-6.5	1 243 328.6	-6.1	1 218 241.4	-6.8
宁　夏	2 965 164.0	-6.3	1 489 188.0	-5.9	1 475 976.0	-6.8
新　疆	13 615 900.8	0.7	6 945 089.5	0.4	6 670 811.3	1.1

2017年移动电话通话量分省情况（二）

（单位：万分钟）

| | \multicolumn{6}{c}{移动电话去话通话时长中：} |
| | \multicolumn{2}{c}{按长途地区分} | \multicolumn{4}{c}{按漫游地区分} |
	国内长途	国际长途	非漫游	国内漫游	国际漫游	港澳台漫游
全 国	**41 599 326.8**	**89 892.9**	**234 243 627.0**	**34 739 379.7**	**34 562.8**	**23 386.9**
东 部	**21 909 758.1**	**73 102.1**	**109 996 851.9**	**16 915 161.3**	**25 523.7**	**20 321.7**
北 京	1 646 734.5	8 267.5	6 180 388.9	924 976.3	4 174.9	1 590.4
天 津	475 254.4	1 323.9	2 913 882.4	226 039.3	451.3	128.8
河 北	894 412.1	1 197.4	11 615 938.2	740 545.9	578.5	193.9
辽 宁	1 177 502.8	2 500.2	8 382 020.0	772 203.3	1 282.5	255.3
上 海	1 333 080.8	12 919.7	4 521 153.5	925 790.9	5 768.8	511.7
江 苏	2 965 305.2	5 416.4	13 997 962.3	2 380 159.2	2 397.3	987.7
浙 江	2 656 260.4	6 062.6	12 511 236.2	2 160 579.7	2 885.1	778.2
福 建	1 475 516.9	4 119.4	7 662 860.8	1 067 241.9	1 256.1	1 098.1
山 东	2 665 937.3	2 618.7	17 406 331.1	1 918 942.2	1 551.3	320.2
广 东	6 371 766.9	28 124.4	22 574 307.7	5 702 676.9	4 849.9	14 237.0
海 南	247 986.9	552.1	2 230 770.9	96 005.8	328.0	220.4
中 部	**9 997 200.0**	**7 412.2**	**57 902 373.0**	**9 414 487.9**	**4 409.4**	**1 579.4**
山 西	862 487.3	410.2	6 124 626.2	779 565.0	184.0	142.2
吉 林	664 339.9	748.8	4 499 682.6	510 321.1	307.7	141.9
黑龙江	875 191.9	694.9	5 845 518.8	602 704.8	420.7	129.4
安 徽	1 148 809.9	684.0	6 823 778.2	1 406 079.1	313.9	149.9
江 西	924 627.2	664.2	5 549 330.7	852 542.0	525.4	132.9
河 南	2 529 527.3	1 468.7	12 713 927.6	2 538 424.9	1 020.9	328.2
湖 北	1 412 294.2	1 467.5	7 290 552.6	1 296 644.5	645.1	453.5
湖 南	1 579 922.5	1 274.1	9 054 956.3	1 428 206.4	991.8	100.9
西 部	**9 692 368.7**	**9 378.6**	**66 344 402.1**	**8 409 730.5**	**4 629.7**	**1 485.8**
内蒙古	813 444.7	868.8	5 155 895.0	564 589.4	703.2	274.7
广 西	953 191.0	2 089.2	6 390 053.7	894 658.8	579.4	290.1
重 庆	542 676.4	853.2	5 678 242.6	518 052.1	443.9	177.3
四 川	1 377 853.1	1 669.8	13 600 805.9	1 545 559.4	850.8	275.8
贵 州	1 176 938.9	186.9	7 056 161.2	1 177 409.1	335.0	220.0
云 南	980 846.2	1 639.7	8 261 469.5	771 024.8	667.7	23.8
西 藏	163 990.6	27.3	615 073.9	148 753.9	7.9	2.6
陕 西	1 098 395.5	956.8	6 805 092.7	948 802.6	557.2	152.5
甘 肃	800 964.6	207.3	4 304 638.1	640 580.7	165.3	51.5
青 海	264 793.4	100.7	1 030 421.9	212 821.6	80.6	4.5
宁 夏	338 054.9	59.1	1 256 751.7	232 401.6	31.6	3.1
新 疆	1 181 219.6	719.8	6 189 796.0	755 076.5	207.0	9.9

2017年移动互联网接入流量分省情况

（单位：万·GB）

	移动互联网接入流量		其中：按上网方式		
	2017年	比2016年（%）	无线上网卡流量	手机上网流量	
				2017年	比2016年（%）
全　国	2 459 380.3	162.2	103 006.9	2 350 190.9	178.8
东　部	1 211 545.6	150.7	40 258.9	1 167 314.8	163.0
北　京	78 117.9	133.6	4 867.2	72 802.0	140.8
天　津	25 341.8	150.9	398.1	24 889.9	175.2
河　北	102 527.7	176.3	14 522.7	87 744.8	189.6
辽　宁	86 655.4	98.1	15 229.3	71 312.3	204.7
上　海	48 162.7	128.6	1 279.5	46 437.6	138.6
江　苏	178 112.1	152.2	1 156.5	176 337.0	154.5
浙　江	150 822.8	138.6	420.3	150 280.3	141.2
福　建	71 383.3	135.1	1 426.5	69 803.5	139.7
山　东	118 818.1	197.9	197.8	118 515.9	203.0
广　东	328 666.1	160.4	488.9	326 532.9	162.6
海　南	22 937.8	204.1	272.2	22 658.5	209.6
中　部	598 448.5	152.9	48 716.9	548 582.7	182.4
山　西	49 212.9	192.6	173.8	48 966.9	196.6
吉　林	65 369.0	83.5	26 028.2	39 208.8	241.4
黑龙江	56 155.5	169.8	3 313.8	52 814.1	196.7
安　徽	85 024.9	132.2	17 081.4	67 774.5	159.7
江　西	57 687.9	154.5	236.8	57 427.7	156.9
河　南	134 407.2	207.7	175.9	134 006.8	211.2
湖　北	74 504.0	146.1	1 112.5	73 018.9	157.4
湖　南	76 087.2	152.4	594.5	75 365.0	163.7
西　部	649 386.0	198.1	14 031.0	634 293.5	209.7
内蒙古	44 887.3	249.3	1 707.7	43 106.1	248.5
广　西	63 282.7	191.6	41.0	63 182.1	192.4
重　庆	54 842.8	158.4	1 313.7	53 469.3	163.2
四　川	103 502.5	186.1	207.5	102 971.7	188.6
贵　州	84 612.3	303.9	2 579.6	81 957.4	336.5
云　南	116 314.7	219.1	1 499.3	114 763.6	241.9
西　藏	2 420.2	110.6	84.9	2 312.1	122.8
陕　西	78 748.9	157.3	2 021.8	76 592.5	163.4
甘　肃	40 620.5	227.8	63.1	40 505.4	230.4
青　海	17 331.4	245.0	2 234.1	15 091.0	354.7
宁　夏	20 823.4	192.1	326.3	20 479.8	208.4
新　疆	21 999.4	81.1	1 952.1	19 862.6	96.3

2017年移动短信和彩信业务量分省情况

	移动短信业务量			移动彩信业务量		
	2017年 （万条）	比2016年 （%）	点对点短信 （万条）	2017年 （万条）	比2016年 （%）	点对点彩信 （万条）
全 国	**66 413 919.9**	**-0.4**	**13 240 139.0**	**4 881 487.8**	**-12.3**	**188 127.1**
东 部	**44 643 285.9**	**4.3**	**5 697 360.3**	**2 153 565.5**	**-15.0**	**73 813.2**
北 京	5 911 872.1	9.1	453 504.0	157 066.1	-20.2	7 957.4
天 津	351 177.0	-8.8	113 118.5	17 797.5	-15.4	914.2
河 北	1 780 626.0	2.7	555 228.8	59 648.9	-31.4	4 761.5
辽 宁	2 032 720.5	32.1	309 663.7	50 942.3	-20.2	4 545.6
上 海	2 367 418.0	7.4	323 912.6	206 512.3	-20.4	2 852.5
江 苏	7 715 727.6	24.5	764 955.4	632 063.1	-23.5	11 375.9
浙 江	8 590 415.9	-4.8	574 320.5	377 190.3	8.9	10 361.6
福 建	6 167 784.8	-4.2	358 371.2	180 494.1	-17.0	4 582.9
山 东	2 829 563.0	-7.6	852 813.6	158 957.4	17.5	5 801.3
广 东	6 550 150.2	2.5	1 203 974.8	281 883.8	-18.6	18 467.1
海 南	345 830.9	-17.9	187 497.3	31 009.8	-7.3	2 193.3
中 部	**10 117 317.8**	**-4.2**	**3 461 652.4**	**1 578 376.7**	**-7.1**	**42 639.1**
山 西	2 806 654.4	39.5	329 237.2	400 067.0	22.4	6 883.0
吉 林	592 329.6	-1.0	163 077.4	27 999.0	-24.6	1 953.1
黑龙江	487 067.9	-21.5	235 331.7	11 867.5	-12.3	1 447.5
安 徽	1 180 149.0	-12.6	520 699.6	40 597.3	-8.0	5 780.0
江 西	990 757.9	-10.6	401 232.1	452 058.5	40.4	4 268.6
河 南	1 445 095.7	-8.4	740 415.1	88 881.7	-23.4	6 208.9
湖 北	1 019 485.6	-20.0	566 280.7	237 079.6	-21.6	8 154.8
湖 南	1 595 777.8	-20.9	505 378.6	319 826.1	-40.5	7 943.2
西 部	**11 653 316.2**	**-12.6**	**4 081 126.3**	**1 149 545.7**	**-13.9**	**71 674.7**
内蒙古	673 530.1	-19.2	272 402.3	90 501.9	-23.2	6 852.5
广 西	1 227 623.4	-4.7	334 515.5	147 508.9	6.4	7 502.7
重 庆	885 223.1	-2.3	335 472.1	207 033.5	-16.7	4 010.1
四 川	2 011 109.7	-16.9	1 005 546.7	238 452.2	-18.3	11 646.6
贵 州	936 561.7	-3.7	374 820.5	35 316.4	-14.6	6 627.4
云 南	1 319 106.6	-9.6	439 777.7	141 454.2	-14.5	15 318.0
西 藏	134 292.5	-10.8	100 011.3	8 223.1	-6.4	1 043.5
陕 西	2 253 818.3	-3.5	355 088.6	107 814.8	-20.5	4 269.1
甘 肃	1 042 232.8	-36.8	317 523.3	43 277.8	23.9	5 509.3
青 海	153 794.3	-23.3	73 387.9	27 081.3	1.6	2 499.2
宁 夏	282 203.4	-13.6	109 201.9	24 946.4	-10.0	1 043.7
新 疆	733 820.4	-7.8	363 378.7	77 935.2	-20.2	5 352.7

2017年互联互通业务量分省情况

	固定电话互联互通通话时长		移动电话互联互通通话时长		短信互联互通业务量	
	2017年 (万分钟)	比2016年 (%)	2017年 (万分钟)	比2016年 (%)	2017年 (万条)	比2016年 (%)
全　国	**10 675 120.7**	**−18.1**	**89 330 109.5**	**0.2**	**5 177 217.4**	**−24.9**
东　部	**6 196 920.5**	**−19.3**	**40 026 808.0**	**−1.5**	**2 356 270.2**	**−25.3**
北　京	594 686.1	−22.4	2 700 570.5	−4.5	176 375.4	−28.0
天　津	129 778.8	−20.9	1 273 566.4	−1.0	52 506.5	−30.9
河　北	680 347.5	−13.1	4 752 152.9	0.2	196 135.8	−28.8
辽　宁	375 589.4	−21.7	2 872 999.5	−4.0	105 754.1	−26.5
上　海	578 919.2	−19.9	2 130 232.7	−4.4	152 212.2	−25.2
江　苏	645 217.1	−13.1	5 304 476.7	1.5	397 176.1	−20.9
浙　江	644 217.4	−24.8	3 747 789.3	−3.1	250 042.1	−22.8
福　建	374 775.5	−15.9	3 103 108.6	−4.5	168 756.3	−30.9
山　东	737 017.4	−16.4	6 323 329.1	4.7	301 714.8	−26.7
广　东	1 380 306.4	−21.8	7 112 290.1	−5.0	488 930.5	−24.4
海　南	56 065.8	−21.8	706 292.3	0.5	66 666.5	−18.5
中　部	**2 493 187.8**	**−16.3**	**24 180 281.7**	**0.6**	**1 330 203.4**	**−27.9**
山　西	162 382.3	−21.4	2 223 605.7	2.1	119 221.3	−32.1
吉　林	207 387.4	−14.7	1 828 499.6	−5.7	68 229.4	−37.3
黑龙江	240 433.3	−21.8	2 289 557.7	−1.3	81 629.0	−33.3
安　徽	275 107.4	−18.0	3 003 386.3	0.3	210 253.2	−30.8
江　西	202 273.3	−9.9	1 847 554.9	0.6	104 072.1	−26.1
河　南	718 850.6	−11.1	5 776 146.7	3.3	270 996.0	−25.6
湖　北	380 537.7	−14.6	3 265 471.1	−0.4	255 074.0	−24.1
湖　南	306 215.9	−25.2	3 946 059.7	1.6	220 728.3	−24.7
西　部	**1 985 012.3**	**−16.5**	**25 123 019.7**	**2.6**	**1 490 743.8**	**−21.2**
内蒙古	130 296.8	−18.2	1 854 936.3	2.0	108 188.6	−26.2
广　西	242 326.6	−19.7	2 410 196.9	1.0	131 538.3	−21.0
重　庆	229 999.9	−18.0	2 470 640.5	2.2	108 475.3	−24.3
四　川	382 701.6	−16.1	5 153 827.4	3.1	342 665.9	−22.8
贵　州	102 681.9	−21.7	2 250 542.9	7.7	137 688.7	−15.8
云　南	158 241.2	−7.8	1 866 275.7	5.2	112 085.8	−15.3
西　藏	37 494.9	8.4	312 010.4	8.5	26 596.2	−3.5
陕　西	309 455.6	−12.9	2 922 193.5	−1.9	158 675.1	−24.0
甘　肃	87 538.2	−20.6	1 935 198.8	2.4	123 128.5	−26.8
青　海	29 008.5	−20.7	511 746.6	−4.6	34 023.4	−31.4
宁　夏	29 441.1	−21.9	590 764.0	0.9	46 814.9	−21.5
新　疆	245 826.1	−18.7	2 844 686.7	4.7	160 863.1	−11.6

2013—2017年电信通信能力发展情况

指 标 名 称	单位	2013年	2014年	2015年	2016年	2017年	2017年比2016年（%）
光缆线路长度	万千米	1 745.4	2 061.3	2 486.3	3 042.1	3 780.1	24.3
长途光缆线路长度	万千米	89.0	92.8	96.5	99.4	104.5	5.1
本地网中继光缆线路长度	万千米	834.4	997.7	1 160.9	1 043.8	1 233.6	18.2
接入网光缆线路长度	万千米	821.9	970.7	1 228.9	1 898.9	2 442.0	28.6
固定长途电话交换机容量	万路端	1 280.5	982.9	811.1	681.1	603.5	-11.4
局用交换机容量	万门	41 089.3	40 517.1	26 446.5	22 441.6	18 398.8	-18.0
接入网设备容量	万门	22 572.4	25 882.2	17 541.1	18 547.0	15 960.6	-13.9
移动电话交换机容量	万户	196 557.3	205 024.9	218 150.0	218 540.0	242 185.8	10.8
移动电话基站	万个	241.0	350.8	465.6	559.4	618.7	10.6
其中：3G基站	万个	109.3	127.8	142.8	141.4	133.0	-5.9
4G基站数	万个		84.9	177.4	263.2	328.4	24.8
移动电话话音信道	万个	9 733.2	9 947.0	10 263.3	10 415.0	9 882.0	-5.1
移动短消息中心容量	万条	696 593.4	713 067.8	722 682.2	704 370.1	691 198.4	-1.9
互联网宽带接入端口	万个	35 945.3	40 546.1	57 709.4	71 276.9	77 599.1	8.9
xDSL端口	万个	14 742.8	13 833.3	10 034.0	3 886.8	2 224.3	-42.8
FTTH/O端口	万个	11 505.0	16 384.6	34 197.4	53 781.1	65 497.3	21.8

注：互联网宽带端口为基础电信企业合计数。

2017年光缆线路长度分省情况

（单位：千米）

	光缆线路长度				
	2017年	比2016年（%）	长途光缆	本地网中继光缆	接入网光缆
全　国	37 801 073	24.0	1 044 998	12 335 739	24 420 336
东　部	16 067 569	18.0	272 594	4 523 240	11 271 735
北　京	356 820	16.0	4 583	64 379	287 858
天　津	204 693	11.0	4 135	68 906	131 652
河　北	1 714 466	45.0	38 188	815 069	861 209
辽　宁	1 174 385	13.0	24 958	479 013	670 414
上　海	582 874	9.0	5 331	147 836	429 707
江　苏	3 248 411	11.0	43 110	954 074	2 251 227
浙　江	2 776 879	21.0	27 714	324 541	2 424 624
福　建	1 270 629	24.0	25 344	297 383	947 902
山　东	2 096 625	19.0	40 667	487 249	1 568 709
广　东	2 408 414	15.0	55 188	801 116	1 552 110
海　南	233 372	17.0	3 376	83 673	146 323
中　部	10 993 941	34.0	290 560	4 116 788	6 586 593
山　西	1 069 758	18.0	32 440	443 886	593 432
吉　林	429 755	4.0	23 444	139 910	266 401
黑龙江	1 083 490	76.0	53 800	413 893	615 797
安　徽	1 799 591	32.0	38 899	705 728	1 054 963
江　西	1 540 826	125.0	25 397	607 933	907 495
河　南	1 751 133	1.0	34 589	288 148	1 428 396
湖　北	1 421 350	16.0	32 336	661 114	727 901
湖　南	1 898 039	48.0	49 655	856 177	992 207
西　部	10 739 560	24.0	481 843	3 695 712	6 562 005
内蒙古	985 571	68.0	77 865	289 127	618 580
广　西	1 093 489	23.0	39 216	321 912	732 361
重　庆	930 677	14.0	8 173	375 525	546 979
四　川	2 506 090	32.0	67 565	800 515	1 638 009
贵　州	866 172	9.0	36 459	411 926	417 787
云　南	1 088 486	19.0	51 489	287 051	749 946
西　藏	162 078	20.0	36 584	56 005	69 489
陕　西	1 086 745	21.0	30 813	476 369	579 564
甘　肃	725 924	21.0	35 762	154 781	535 381
青　海	210 368	17.0	42 728	96 843	70 797
宁　夏	198 617	23.0	10 954	23 165	164 498
新　疆	885 343	15.0	44 235	402 493	438 614

2017年固定通信能力分省情况

	固定长途电话交换机容量		局用交换机容量		其中：接入网设备容量	
	2017年 （万路端）	比2016年 （万路端）	2017年 （万门）	比2016年 （万门）	2017年 （万门）	比2016年 （万门）
全　国	**603.5**	**−77.6**	**18 398.7**	**−4 042.8**	**15 960.6**	**−2 586.4**
东　部	**326.0**	**−44.4**	**6 786.7**	**−2 903.9**	**5 748.0**	**−1 823.8**
北　京	45.8		1 238.1	4.8	1 122.5	5.4
天　津	10.6	−1.2	453.1	−23.1	418.8	−22.3
河　北	25.4		1 016.6	−202.8	968.0	−181.7
辽　宁	23.4		1 030.5	−280.5	882.9	−276.9
上　海	46.4		550.7	−440.3	509.6	−7.4
江　苏	21.2	−16.4	168.2	−529.9	14.1	−503.0
浙　江	78.4	−6.8	478.8	−25.6	410.2	−25.4
福　建	4.1	−5.4	280.2	−119.5	252.0	−40.7
山　东	19.1	−4.1	822.0	−316.2	764.0	−316.2
广　东	50.2	−7.9	701.9	−954.9	368.5	−441.4
海　南	1.5	−2.6	46.7	−16.0	37.5	−14.1
中　部	**142.1**	**−9.2**	**7 684.9**	**−711.8**	**7 042.7**	**−541.0**
山　西	21.5		432.0	−38.7	347.7	−36.2
吉　林	8.6		413.4	−71.8	351.4	−15.4
黑龙江	26.2	−1.6	4 525.3	−374.6	4 452.8	−326.4
安　徽	1.8	−3.6	166.7	−36.4	99.4	−16.4
江　西	20.7	−0.1	408.4	−59.0	363.5	−61.0
河　南	18.8		877.7	−23.4	781.8	−22.9
湖　北	3.6	−3.9	408.4	−83.3	313.3	−47.3
湖　南	41.0		452.9	−24.7	332.8	−15.3
西　部	**130.9**	**−23.9**	**3 925.2**	**−427.1**	**3 169.9**	**−221.6**
内蒙古	4.6	−5.5	238.1	−89.3	182.2	−89.2
广　西	25.3	−2.6	1 034.2	−123.9	992.9	−54.9
重　庆	6.5		239.5	−2.0	179.7	−1.9
四　川	37.4		713.9	−37.8	597.5	−36.8
贵　州	2.7		331.4	−42.3	309.7	−14.5
云　南	19.9		684.2	30.6	415.2	16.7
西　藏		−1.3	10.8	0.3	10.8	0.3
陕　西	10.1	−9.8	275.6	−126.8	239.4	−40.4
甘　肃	5.8	−1.5	76.3	−40.2	22.6	−26.1
青　海	11.0	−2.1	21.3	−0.9	6.5	0.2
宁　夏	4.8	−1.2	82.2	−8.4	66.0	−3.9
新　疆	2.8		217.9	13.4	147.6	28.8
总部及直属	4.6		2.0			

2017年移动通信能力分省情况

| | 移动电话交换机容量 | | 移动电话基站 | | 其中: | | 移动电话话音信道 | 移动短消息中心容量 |
	2017年（万户）	比2016年（万户）	2017年（万个）	比2016年（万个）	3G基站 2017年（万个）	4G基站 2017年（万个）	2017年（万个）	2017年（万条）
全　国	242 185.8	23 645.8	618.7	59.3	133.0	328.4	9 882.0	691 198.4
东　部	105 878.1	8 145.3	282.9	23.4	61.1	149.1	4 609.1	337 544.7
北　京	5 850.0	620.0	15.8	1.2	4.6	7.7	252.1	17 377.2
天　津	3 350.0	765.0	5.6	-0.1	1.0	3.2	147.0	5 695.2
河　北	13 981.0	2 050.3	29.0	3.3	6.1	16.6	472.0	21 600.0
辽　宁	6 499.2	-276.0	20.8	3.1	4.2	10.9	257.6	26 928.0
上　海	5 044.0	620.0	9.8	0.1	1.9	5.7	204.0	10 273.7
江　苏	10 643.7	-219.4	38.3	0.3	5.5	22.9	729.8	48 240.0
浙　江	15 234.7	3 536.0	39.0	0.6	9.0	19.9	674.5	23 084.0
福　建	7 263.6	-700.0	23.1	1.2	4.6	12.8	285.0	30 960.0
山　东	13 290.4	622.5	40.3	6.2	9.9	18.5	498.6	79 074.0
广　东	23 037.5	1 055.2	55.9	7.0	13.0	28.5	1 003.8	69 416.6
海　南	1 684.0	71.6	5.2	0.4	1.4	2.5	84.7	4 896.0
中　部	65 081.5	6 631.7	159.2	14.7	34.8	85.1	2 353.0	154 752.6
山　西	5 562.5	466.0	18.5	2.1	4.3	8.9	240.9	10 722.2
吉　林	5 103.5	1 252.0	10.2	1.0	2.1	5.5	126.7	11 484.0
黑龙江	8 850.9	304.0	13.2	1.8	2.2	7.6	199.3	15 796.8
安　徽	8 563.2	155.4	21.6	1.8	5.6	11.0	327.3	27 864.0
江　西	6 125.9	1 942.0	18.9	0.6	3.8	9.8	233.9	34 158.0
河　南	12 239.0	-118.0	33.4	3.2	8.0	17.9	502.9	21 097.4
湖　北	8 833.5	84.8	21.1	1.9	4.6	11.4	320.2	15 336.0
湖　南	9 803.0	2 545.5	22.3	2.2	4.2	13.0	401.7	18 294.1
西　部	71 226.3	8 868.8	176.6	21.3	37.2	94.2	2 919.9	198 901.1
内蒙古	6 083.3	-210.8	12.3	0.7	2.5	5.9	323.0	14 544.0
广　西	11 809.0	6 617.9	17.8	2.2	3.5	9.5	288.4	16 560.0
重　庆	4 099.0	62.0	14.9	2.9	2.1	9.2	205.5	12 100.0
四　川	16 388.3	-20.0	31.5	2.2	4.4	18.3	493.1	36 437.1
贵　州	4 908.0		19.3	2.7	3.6	10.5	262.8	15 066.0
云　南	6 027.2	267.7	21.5	2.1	3.8	12.2	274.5	21 312.0
西　藏	2 820.0	397.0	3.1	0.9	1.2	1.2	46.0	1 008.0
陕　西	5 111.5		20.0	3.4	5.3	10.4	273.5	37 872.0
甘　肃	5 227.0	2 099.0	13.9	2.5	4.2	6.3	203.5	20 854.0
青　海	927.0	-381.0	3.5		0.9	1.8	83.4	3 420.0
宁　夏	1 451.0	37.0	3.2	0.2	0.6	1.9	67.8	5 544.0
新　疆	6 375.0		15.6	1.4	5.0	6.9	398.3	14 184.0

2017年互联网宽带接入端口分省情况

（单位：万个）

	互联网宽带接入端口		其中：				
			xDSL端口		LAN端口	FTTH/O端口	
	2017年	比2016年	2017年	比2016年	2017年	2017年	比2016年
全　国	77 599.1	6 322.2	2 224.3	−1 662.6	6 665.5	65 497.3	11 716.2
东　部	39 168.7	3 385.7	1 128.1	−857.4	3 816.1	32 538.6	5 233.0
北　京	1 818.0	34.0	74.4	−45.4	36.6	1 491.9	79.7
天　津	795.3	71.0	19.1	0.4	25.1	697.9	76.9
河　北	4 126.9	285.8	50.6	−9.1	87.1	3 735.8	510.0
辽　宁	3 118.8	−120.8	54.8	−59.2	175.1	2 601.8	201.2
上　海	1 810.2	214.5	41.6	−6.0	199.3	1 494.4	226.1
江　苏	6 531.7	854.9	39.9	−124.3	1 087.4	5 230.0	1 028.4
浙　江	5 455.1	734.5	67.1	−187.5	727.4	4 577.2	872.8
福　建	2 861.8	379.5	74.2	−73.4	460.5	2 257.5	578.8
山　东	5 596.9	916.9	26.3	0.0	495.9	4 699.5	1 040.4
广　东	6 482.3	−33.3	640.1	−323.3	478.6	5 273.4	534.5
海　南	571.6	48.7	39.9	−29.8	43.0	479.3	84.2
中　部	19 914.0	886.8	304.0	−361.4	1 480.0	17 301.5	2 849.9
山　西	1 840.1	257.2	23.7	−2.4	133.1	1 615.8	347.4
吉　林	1 761.1	200.4	17.1	−0.7	192.7	1 390.3	321.2
黑龙江	1 937.2	−27.7	27.9	−13.8	108.9	1 554.1	159.7
安　徽	2 872.2	344.9	18.3	−49.2	181.3	2 612.9	530.9
江　西	1 985.9	−69.7	52.1	−106.4	156.9	1 711.8	568.4
河　南	4 475.9	130.1	36.4	−51.2	95.1	4 256.4	394.8
湖　北	2 605.5	10.8	30.9	−99.8	356.7	2 151.4	259.0
湖　南	2 436.0	40.8	97.7	−37.9	255.5	2 008.8	268.4
西　部	18 516.5	2 049.7	792.2	−443.8	1 369.4	15 657.1	3 633.4
内蒙古	1 294.1	93.4	10.0	−4.6	85.8	1 121.7	282.5
广　西	2 216.4	121.5	89.3	−70.4	411.9	1 601.4	295.8
重　庆	1 935.2	291.5	75.8	−73.2	100.3	1 667.4	417.0
四　川	4 702.8	993.2	121.9	−64.2	149.1	4 313.3	1 461.7
贵　州	1 325.6	211.7	33.7	1.0	184.7	988.2	308.4
云　南	1 661.8	−12.7	97.7	−20.5	65.3	1 467.9	176.9
西　藏	154.6	47.5	0.4		4.4	142.7	41.6
陕　西	1 993.2	−89.9	82.2	−38.8	192.5	1 641.4	12.7
甘　肃	1 099.9	153.8	105.4	−76.3	115.1	855.3	238.2
青　海	310.6	48.3	13.4	−9.2	4.8	289.7	67.4
宁　夏	415.1	107.9	13.4	−9.4	1.1	398.9	120.5
新　疆	1 407.4	83.5	149.0	−78.4	54.5	1 169.4	210.9

2013—2017年电信财务、投资、服务水平发展情况

指 标 名 称	单位	2013年	2014年	2015年	2016年	2017年
电信业务收入	万元	116 686 662.3	119 079 749.2	116 651 582.2	120 014 943.9	126 369 385.1
其中：增值电信业务收入	万元	23 294 534.2	20 022 400.2	19 087 525.9	15 413 611.1	15 388 596.3
固定通信业务收入	万元	29 841 734.7	33 786 638.0	34 557 632.3	34 179 504.5	35 451 203.2
移动通信业务收入	万元	86 844 927.6	85 939 774.9	82 093 949.9	85 835 439.4	90 918 181.9
电信业务成本	万元	57 806 484.6	65 548 540.8	76 988 874.4	86 129 129.0	86 322 426.6
电信利润总额	万元	12 131 167.8	16 515 594.5	16 454 771.6	15 448 615.2	16 355 392.1
电信增加值	万元	61 082 349.3	66 613 288.9	66 825 088.3	64 141 244.6	66 198 921.8
电信资产总额	万元	265 199 411.0	282 283 474.8	306 411 905.5	318 038 706.3	316 546 767.9
电信固定资产原值	万元	331 894 471.3	353 482 243.0	346 653 244.8	366 967 620.1	383 733 790.9
电信固定资产净值	万元	146 481 989.7	153 441 148.0	147 050 412.0	153 058 285.3	157 437 394.3
电信固定资产投资完成额	万元	37 425 688.8	40 062 001.7	45 248 446.7	37 391 400.5	37 251 756.4
固定通信投资	万元	437 747.3	374 952.5	98 819.3	68 682.1	64 034.4
移动通信投资	万元	13 317 546.5	18 084 370.5	20 570 253.1	15 921 783.1	16 712 019.5
互联网及数据通信投资	万元	5 111 214.8	4 002 363.7	7 163 219.4	8 093 120.0	6 705 050.1
创新及增值平台投资	万元	1 657 183.0	1 414 104.4	1 419 552.1	1 727 914.9	2 235 672.8
业务支撑系统投资	万元	1 661 670.1	1 486 113.3	1 642 739.7	1 577 363.6	1 461 128.7
传输投资	万元	9 428 384.1	9 612 320.4	10 060 741.9	5 934 225.7	6 026 127.6
局房及营业场所投资	万元	2 740 404.9	2 568 707.5	3 027 202.3	2 814 346.2	2 811 076.8
电信其他投资	万元	3 071 538.1	2 519 069.4	1 265 918.9	1 253 964.9	1 081 504.9
移动电话漫游国家和地区				45 248 447		37 096 615
中国电信	个	258	258	245	245	262
中国移动	个	242	251	255	255	257
中国联通	个	250	251	251	258	252
固定电话普及率	部/百人	19.6	18.2	16.8	14.9	13.9
城市固定电话普及率	部/百人	25.2	24.0	22.5	19.7	18.1
移动电话普及率	部/百人	90.3	94.0	92.5	95.6	102.0
互联网宽带接入普及率	%	13.9	14.7	18.9	21.5	25.1

2017年电信主要经济效益分省情况（一）

（单位：万元）

	电信业务收入	其中：增值业务收入	电信业务收入中：		电信业务成本
			固定通信	移动通信	
全　国	**126 369 385.1**	**15 388 596.3**	**35 451 203.2**	**90 918 181.9**	**86 322 426.6**
东　部	**67 590 115.6**	**8 823 133.7**	**21 390 471.2**	**46 199 647.4**	**44 936 000.8**
北　京	5 873 249.1	1 499 442.2	2 355 363.1	3 517 886.1	3 786 021.3
天　津	1 601 925.0	227 685.2	527 527.9	1 074 397.2	1 193 581.2
河　北	4 875 600.3	566 063.7	1 138 194.1	3 737 407.2	3 536 049.7
辽　宁	3 935 425.1	506 110.0	1 166 143.6	2 769 281.6	2 864 385.0
上　海	5 677 004.3	843 020.6	2 683 861.9	2 993 143.5	3 528 448.5
江　苏	9 146 090.4	1 163 900.5	2 765 929.7	6 380 161.7	6 041 444.8
浙　江	7 752 767.8	899 419.9	2 530 701.6	5 222 066.2	5 237 838.0
福　建	4 510 899.4	562 820.8	1 238 923.1	3 271 977.3	2 950 865.8
山　东	6 808 970.7	816 718.7	1 707 678.1	5 101 292.6	4 558 798.4
广　东	16 349 077.2	1 607 481.5	5 056 421.8	11 292 654.4	10 478 519.2
海　南	1 059 106.4	130 470.6	219 726.4	839 380.0	760 048.9
中　部	**29 151 297.7**	**3 051 968.9**	**6 546 368.1**	**22 604 929.6**	**20 275 035.7**
山　西	2 546 859.1	338 313.8	598 559.4	1 948 299.7	2 027 199.7
吉　林	1 883 639.4	152 012.0	514 748.5	1 368 890.8	1 585 225.6
黑龙江	2 437 392.4	290 671.5	656 894.0	1 780 498.4	2 006 769.8
安　徽	4 061 616.4	452 805.1	850 233.3	3 211 383.0	2 636 494.6
江　西	2 755 781.8	303 965.8	667 990.1	2 087 792.8	1 878 103.3
河　南	6 344 119.7	598 525.3	1 217 609.2	5 126 510.6	4 275 777.5
湖　北	4 448 044.1	435 202.9	1 074 010.0	3 374 033.1	2 938 861.9
湖　南	4 673 844.9	480 472.6	966 323.6	3 707 521.3	2 926 603.4
西　部	**29 833 551.3**	**2 971 162.3**	**6 873 424.4**	**22 960 126.9**	**21 842 229.2**
内蒙古	2 294 493.3	203 936.4	520 546.2	1 773 947.0	1 830 394.6
广　西	3 390 259.9	272 762.7	834 681.6	2 555 579.3	2 320 272.5
重　庆	2 582 595.2	255 148.8	634 310.3	1 948 284.0	1 824 954.4
四　川	6 019 992.5	666 093.5	1 564 335.4	4 455 657.0	4 355 296.2
贵　州	2 708 025.2	231 043.1	504 964.6	2 203 061.5	1 888 652.0
云　南	3 465 218.0	347 870.4	677 724.7	2 787 493.4	2 281 039.6
西　藏	509 796.1	69 749.8	106 710.9	403 086.2	491 312.9
陕　西	3 450 213.1	362 031.0	799 095.6	2 651 115.5	2 459 667.3
甘　肃	1 972 585.6	228 311.8	432 040.8	1 540 544.8	1 510 614.7
青　海	596 939.7	63 542.7	139 363.4	457 576.4	492 898.2
宁　夏	650 489.6	57 137.7	153 404.0	497 086.6	534 998.6
新　疆	2 192 943.1	213 534.3	506 246.8	1 686 695.3	1 852 128.1
总部及直属	−205 580.5	542 331.4	640 940.5	−846 523.0	−730 836.0

2017年电信主要经济效益分省情况（二）

（单位：万元）

	电信利润总额	增加值	资产总额	固定资产原值	固定资产净值
全 国	**16 355 392.1**	**66 198 921.8**	**316 546 767.9**	**383 733 790.9**	**157 437 394.3**
东 部	**11 940 466.3**	**34 503 365.8**	**152 673 624.0**	**187 867 885.0**	**73 787 472.1**
北 京	1 455 827.1	3 282 786.6	12 362 280.6	16 061 297.7	5 894 013.6
天 津	134 241.3	788 567.4	3 442 057.9	5 070 400.8	2 055 361.7
河 北	325 151.0	2 121 740.0	10 342 936.9	15 977 735.3	6 358 742.8
辽 宁	205 641.5	1 775 693.7	8 418 651.3	13 541 169.1	5 359 204.4
上 海	1 090 212.7	2 849 478.6	12 473 732.4	14 932 239.1	5 468 818.4
江 苏	1 630 078.1	4 817 754.0	18 439 215.0	23 703 879.7	9 763 837.4
浙 江	1 384 534.1	3 809 837.0	18 313 394.7	19 879 508.1	8 175 405.2
福 建	653 640.7	2 264 897.8	9 874 529.2	13 364 711.2	5 337 803.4
山 东	944 049.0	3 375 172.6	13 806 317.0	20 155 168.8	7 938 299.0
广 东	3 995 198.3	8 917 059.5	42 999 997.2	42 348 687.6	16 238 962.7
海 南	121 892.6	500 378.6	2 200 511.8	2 833 087.4	1 197 023.5
中 部	**3 158 798.2**	**13 993 857.5**	**60 421 466.0**	**84 176 198.8**	**35 168 153.3**
山 西	55 864.5	1 200 027.0	5 576 906.3	9 044 235.8	3 768 197.2
吉 林	-138 284.0	761 806.9	4 115 412.1	7 610 764.1	2 961 459.3
黑龙江	-112 981.6	1 049 842.7	5 903 290.8	9 978 172.4	4 168 170.1
安 徽	656 541.0	2 078 610.0	8 062 950.6	10 561 020.1	4 545 913.4
江 西	307 819.6	1 341 672.2	5 709 051.5	7 593 120.5	3 220 076.2
河 南	900 600.3	2 951 128.5	12 574 404.0	16 971 425.1	7 195 419.2
湖 北	750 757.9	2 357 809.1	8 526 901.2	11 818 638.9	4 587 269.6
湖 南	738 480.5	2 252 961.0	9 952 549.6	10 598 821.9	4 721 648.5
西 部	**2 196 242.6**	**13 846 791.9**	**59 615 176.5**	**86 138 698.8**	**37 793 261.2**
内蒙古	-45 437.9	943 442.0	5 045 719.5	8 428 097.1	3 635 368.6
广 西	481 386.6	1 681 849.5	6 326 814.8	8 599 534.0	3 479 449.1
重 庆	296 729.0	1 232 400.5	4 933 102.1	8 065 782.8	3 449 616.5
四 川	648 045.2	2 876 259.9	11 688 581.7	15 403 018.6	6 715 372.0
贵 州	358 088.1	1 303 049.9	5 169 568.1	6 935 609.0	3 357 150.9
云 南	456 362.1	1 701 583.2	6 440 323.9	9 558 716.9	3 874 561.7
西 藏	-138 344.6	237 538.4	1 310 582.7	1 705 118.1	910 114.3
陕 西	294 617.5	1 694 689.3	6 805 204.2	9 797 634.9	4 312 904.9
甘 肃	110 088.6	885 344.6	4 117 056.3	5 896 997.5	2 739 817.9
青 海	-56 642.0	233 704.5	1 391 257.3	1 908 900.3	889 085.3
宁 夏	-63 207.0	219 669.5	1 440 733.9	2 096 721.4	951 843.6
新 疆	-145 443.0	837 260.6	4 946 232.2	7 742 568.3	3 477 976.4
总部及直属	-940 116.0	3 854 906.7	43 836 500.3	25 551 009.3	10 688 508.7

2017年电信固定资产投资分省情况

（单位：万元）

	电信固定资产投资	固定通信	移动通信	互联网及数据	其中: 创新及增值平台	其中: 业务支撑系统	传输投资	局房及营业场所	其他投资
全 国	37 251 756.4	64 034.4	16 712 019.5	6 705 050.1	2 235 672.8	1 461 128.7	6 026 127.6	2 811 076.8	1 081 504.9
东 部	16 821 664.1	32 413.5	7 455 443.4	3 114 946.1	1 017 059.6	627 717.3	2 812 689.8	1 534 390.6	162 029.4
北 京	1 148 625.5	4 528.7	522 379.6	237 414.6	31 786.0	58 384.4	175 084.3	93 352.6	23 001.6
天 津	475 001.8	753.4	210 979.9	84 304.6	20 067.1	25 767.4	82 115.6	35 204.6	12 711.5
河 北	1 590 507.1	1 479.3	855 616.4	274 406.5	41 170.2	38 735.4	216 302.9	144 325.8	11 378.7
辽 宁	1 043 408.5	1 468.9	461 647.7	149 301.9	55 126.4	35 157.7	247 378.1	65 435.9	20 896.2
上 海	1 347 439.1	7 647.4	392 886.6	249 831.2	117 632.7	77 271.8	239 260.4	274 751.3	-14 464.5
江 苏	2 112 067.9	4 080.2	922 060.5	401 265.2	180 083.9	69 693.9	296 091.7	189 644.1	43 635.5
浙 江	1 872 698.9	1 180.0	792 867.8	356 078.9	172 248.9	70 249.2	281 109.9	180 428.0	13 847.3
福 建	1 339 617.8	934.7	665 430.9	198 703.1	104 706.9	41 335.6	232 328.2	87 084.6	-8 724.1
山 东	1 702 389.5	593.1	770 175.5	309 551.3	109 213.2	38 360.2	263 192.4	167 269.4	38 867.4
广 东	3 872 168.2	8 793.4	1 705 160.3	788 166.1	170 864.8	164 082.3	738 815.5	270 984.6	16 960.2
海 南	317 739.8	954.5	156 238.1	65 922.8	14 159.6	8 679.6	41 010.8	25 909.8	3 919.7
中 部	8 635 868.7	13 828.8	4 229 740.1	1 810 905.6	397 136.0	239 728.1	1 307 366.1	475 549.6	139 955.6
山 西	788 303.2	563.3	391 356.3	88 785.8	41 157.4	18 718.5	189 152.6	67 003.1	-11 317.5
吉 林	652 857.2	1 927.1	286 821.1	112 136.1	20 868.4	21 247.6	129 230.8	32 797.9	46 033.0
黑龙江	810 282.8	1 489.4	362 689.5	174 516.0	33 672.5	32 709.2	134 211.7	45 533.4	22 498.7
安 徽	1 090 675.7	2 030.4	505 243.6	276 148.1	57 611.5	35 083.4	142 971.0	53 075.6	16 411.6
江 西	880 850.4	1 532.5	502 735.8	135 613.4	45 097.5	34 793.4	95 332.5	37 916.6	25 742.9
河 南	1 805 916.0	3 122.5	864 891.5	436 613.8	89 908.2	24 469.6	243 881.1	119 486.7	19 530.2
湖 北	1 270 480.0	2 161.0	715 218.1	227 105.1	49 911.3	38 647.3	161 209.8	62 646.1	10 999.7
湖 南	1 336 503.5	1 002.6	600 784.4	359 987.4	58 909.2	34 059.3	211 376.6	57 090.2	10 056.8
西 部	10 070 685.4	15 279.1	4 953 019.3	1 769 063.2	440 335.2	326 588.3	1 804 810.0	565 317.9	127 785.8
内蒙古	802 933.8	432.6	308 019.0	163 973.2	33 642.4	26 167.4	220 927.2	39 923.4	8 181.6
广 西	998 160.8	858.6	535 315.9	182 075.4	45 842.8	29 686.4	135 974.5	45 385.5	20 882.6
重 庆	932 792.6	2 391.5	543 491.0	167 347.2	35 903.8	22 380.9	104 138.7	45 841.7	-12.4
四 川	1 823 643.5	4 881.4	921 356.0	377 187.0	82 670.7	62 492.2	241 537.2	94 488.2	33 132.1
贵 州	1 010 240.2	1 093.9	579 566.8	124 825.2	24 156.6	36 410.9	170 613.2	39 432.7	18 926.4
云 南	1 085 103.2	751.6	536 259.4	144 553.8	33 710.8	25 951.2	266 697.6	48 914.1	9 497.7
西 藏	321 299.2	602.3	153 358.6	44 277.4	12 838.0	11 310.9	78 999.8	15 856.5	1 626.5
陕 西	1 113 249.4	2 711.3	563 787.9	149 150.2	48 090.5	35 510.3	228 245.8	71 894.4	11 333.7
甘 肃	779 609.0	699.2	363 560.8	127 168.0	52 776.1	25 486.1	152 858.0	46 395.4	8 648.1
青 海	214 400.5	379.7	94 061.2	41 221.0	28 364.8	13 647.0	25 214.1	10 396.4	606.8
宁 夏	283 480.0	551.1	128 301.3	52 276.3	6 329.2	9 833.3	55 543.4	27 492.4	2 675.0
新 疆	705 773.5	-73.9	225 941.3	195 008.5	36 009.6	27 711.8	124 060.4	79 297.4	12 287.8
总部及直属	1 723 538.2	2 513.0	73 816.7	10 135.3	381 142.0	267 094.9	101 261.7	235 818.6	651 734.1

2017年电信通信水平分省情况

	固定电话普及率（部/百人）	城市固定电话普及率（部/百人）	移动电话普及率（部/百人）	互联网宽带接入普及率（%）	城市互联网宽带接入普及率（%）	农村互联网宽带接入普及率（%）	家庭互联网宽带接入普及率（%）
全 国	**13.9**	**18.1**	**102.0**	**25.1**	**31.3**	**16.3**	**72.1**
东 部	**17.5**	**20.4**	**116.8**	**30.4**	**33.0**	**25.0**	**85.5**
北 京	29.9	28.2	172.9	25.0	25.1	24.1	70.3
天 津	19.0	22.7	101.5	21.8	25.2	5.4	56.6
河 北	10.2	15.5	100.8	25.4	28.7	21.3	77.9
辽 宁	17.8	22.6	108.9	24.2	28.7	15.0	64.0
上 海	28.6	32.6	136.4	28.2	32.1	0.0	68.0
江 苏	18.8	18.2	109.7	38.7	35.4	46.0	104.0
浙 江	21.4	25.4	134.2	43.6	48.4	33.4	122.6
福 建	19.9	19.3	109.8	35.1	36.1	33.4	91.3
山 东	8.8	10.5	99.4	25.9	28.8	21.4	71.2
广 东	21.5	23.7	132.5	29.1	33.8	18.2	93.2
海 南	17.3	19.5	108.8	24.7	27.8	20.5	81.1
中 部	**10.0**	**13.5**	**86.9**	**20.8**	**28.0**	**12.1**	**59.2**
山 西	8.2	12.2	98.5	23.6	32.4	11.8	64.6
吉 林	18.3	25.2	105.6	18.5	27.7	6.4	51.7
黑龙江	11.4	16.7	96.5	17.5	22.8	9.8	46.5
安 徽	8.8	11.7	78.1	21.2	26.9	14.5	61.3
江 西	10.3	12.6	74.6	21.6	27.3	14.7	68.8
河 南	7.7	10.8	89.5	22.3	32.0	12.4	65.5
湖 北	11.2	14.2	84.6	21.1	28.0	11.0	57.5
湖 南	9.8	12.5	82.8	19.2	25.1	12.0	52.3
西 部	**13.1**	**18.6**	**97.1**	**21.9**	**31.0**	**12.2**	**63.0**
内蒙古	9.2	13.0	112.4	19.5	24.9	10.8	49.9
广 西	6.3	9.2	89.8	19.8	27.9	11.9	61.9
重 庆	18.4	22.1	106.5	28.2	33.6	18.6	78.7
四 川	19.7	24.4	92.7	26.1	33.9	18.0	70.8
贵 州	6.9	12.3	97.4	15.9	26.5	6.8	48.4
云 南	6.3	11.0	88.1	16.9	31.0	4.6	48.1
西 藏	14.0	45.3	86.1	18.2	53.1	2.6	66.8
陕 西	16.2	22.2	110.0	23.5	30.4	14.5	69.4
甘 肃	12.4	19.6	96.2	22.0	31.2	14.0	71.2
青 海	17.8	29.9	102.1	20.1	33.4	5.1	51.0
宁 夏	9.1	14.0	116.2	23.3	35.6	6.5	64.8
新 疆	19.0	30.5	92.1	23.3	33.8	13.1	62.5

注：普及率采用2017年年底常住人口数和2015年家庭数。

2013—2017年固定电话普及率分省情况

（单位：部/百人）

	2013年	2014年	2015年	2016年	2017年
全　国	**19.6**	**18.2**	**16.8**	**14.9**	**13.9**
东　部	**25.8**	**23.9**	**21.7**	**19.3**	**17.5**
北　京	41.0	38.6	36.1	32.0	29.9
天　津	24.0	23.8	22.2	19.9	19.0
河　北	15.7	14.7	13.2	11.4	10.2
辽　宁	27.8	26.2	23.6	20.3	17.8
上　海	36.0	34.6	33.0	30.2	28.6
江　苏	28.8	26.8	24.7	21.4	18.8
浙　江	32.4	29.8	26.6	23.0	21.4
福　建	26.1	24.5	23.1	21.1	19.9
山　东	17.5	14.5	11.4	9.8	8.8
广　东	29.1	27.5	25.9	23.7	21.5
海　南	19.4	18.8	18.8	18.4	17.3
中　部	**15.5**	**14.2**	**13.0**	**10.9**	**10.0**
山　西	16.1	15.2	12.1	9.3	8.2
吉　林	21.0	20.9	20.8	19.0	18.3
黑龙江	19.5	16.7	15.6	13.1	11.4
安　徽	16.2	13.8	12.0	9.9	8.8
江　西	13.8	12.7	12.4	11.3	10.3
河　南	13.0	12.1	10.7	8.4	7.7
湖　北	17.0	15.6	14.9	12.4	11.2
湖　南	13.7	12.5	11.6	10.0	9.8
西　部	**15.0**	**14.5**	**13.8**	**13.1**	**13.1**
内蒙古	15.1	14.3	12.9	10.6	9.2
广　西	10.3	10.5	9.2	7.2	6.3
重　庆	19.5	19.4	18.5	17.8	18.4
四　川	16.2	15.9	16.5	18.0	19.7
贵　州	10.4	9.7	8.9	7.3	6.9
云　南	10.4	9.1	8.0	7.0	6.3
西　藏	12.9	11.3	10.8	11.7	14.0
陕　西	20.4	19.9	19.1	17.8	16.2
甘　肃	14.1	13.2	12.5	12.0	12.4
青　海	17.6	17.2	17.7	17.2	17.8
宁　夏	16.0	15.5	12.6	10.5	9.1
新　疆	22.9	22.3	21.2	19.6	19.0

2013—2017年移动电话普及率分省情况

（单位：部/百人）

	2013年	2014年	2015年	2016年	2017年
全　国	**90.3**	**94.0**	**92.5**	**95.6**	**102.0**
东　部	**109.8**	**112.7**	**110.3**	**112.6**	**116.8**
北　京	159.5	189.5	181.7	178.1	172.9
天　津	89.9	89.1	88.5	96.0	101.5
河　北	81.9	84.4	82.6	95.3	100.8
辽　宁	104.4	103.3	97.9	101.1	108.9
上　海	132.5	135.7	129.7	130.4	136.4
江　苏	100.0	101.4	100.2	102.5	109.7
浙　江	128.6	133.8	131.5	129.3	134.2
福　建	114.0	112.4	108.2	107.4	109.8
山　东	85.6	88.5	92.3	96.5	99.4
广　东	138.2	139.3	133.5	130.5	132.5
海　南	95.9	100.4	98.2	102.7	108.8
中　部	**73.7**	**78.4**	**76.8**	**79.8**	**86.9**
山　西	85.6	91.3	88.5	91.4	98.5
吉　林	86.2	94.9	91.2	97.1	105.6
黑龙江	78.8	90.2	87.4	90.7	96.5
安　徽	65.7	69.3	68.2	70.1	78.1
江　西	62.1	64.7	66.4	68.4	74.6
河　南	76.5	81.7	79.5	82.8	89.5
湖　北	76.2	79.2	77.4	79.6	84.6
湖　南	68.3	70.1	69.2	73.2	82.8
西　部	**80.0**	**84.9**	**84.3**	**88.6**	**97.1**
内蒙古	107.7	105.2	94.7	98.0	112.4
广　西	62.2	74.8	75.0	78.0	89.8
重　庆	80.2	86.6	90.8	94.5	106.5
四　川	77.5	81.2	82.9	88.3	92.7
贵　州	76.0	82.2	83.3	86.7	97.4
云　南	72.5	79.5	78.9	82.6	88.1
西　藏	85.1	91.9	82.9	85.9	86.1
陕　西	93.3	95.6	94.0	100.0	110.0
甘　肃	76.5	79.5	81.0	84.4	96.2
青　海	93.9	93.2	87.9	91.0	102.1
宁　夏	95.9	104.0	95.3	106.2	116.2
新　疆	94.2	90.4	86.0	88.9	92.1

2017年地（市）电信用户发展情况

	固定电话用户（户）	固定电话普及率（部/百人）	移动电话用户（户）	移动电话普及率（部/百人）	互联网宽带接入用户（户）	互联网宽带接入普及率（%）	电信业务收入（万元）
北京市	6 494 131	29.89	37 520 670	172.68	5 419 360	24.94	5 873 249
天津市	2 958 783	18.94	15 801 435	101.15	3 393 455	21.72	1 601 925
河北省	7 637 886	10.22	75 817 817	101.50	19 101 037	25.57	4 875 600
石家庄市	1 315 292	12.66	12 653 614	121.81	3 179 841	30.62	869 762
唐山市	1 064 629	13.89	8 633 170	112.64	2 109 139	27.52	549 508
秦皇岛市	465 388	15.40	3 559 913	117.79	1 070 093	35.41	241 508
邯郸市	567 568	6.11	8 672 745	93.35	1 902 722	20.48	460 398
邢台市	588 985	8.18	6 253 709	86.88	1 605 447	22.29	357 353
保定市	1 094 343	9.64	10 792 068	95.12	2 842 472	25.05	729 698
张家口市	332 188	7.55	4 171 637	94.86	1 046 814	23.81	269 353
承德市	275 987	7.87	3 448 707	98.41	821 098	23.43	222 603
沧州市	782 454	10.81	7 424 515	102.52	1 783 000	24.62	442 425
廊坊市	599 052	13.50	5 750 160	129.58	1 643 322	37.03	473 642
衡水市	552 000	12.57	4 457 579	101.51	1 097 089	24.98	217 687
山西省	3 023 129	8.21	36 479 051	99.08	8 728 714	23.71	2 546 859
太原市	886 564	20.84	7 144 008	167.89	1 580 471	37.15	619 430
大同市	213 246	6.35	3 218 073	95.77	740 582	22.04	218 184
阳泉市	111 811	8.11	1 520 478	110.25	436 367	31.64	95 683
长治市	260 970	7.76	3 174 631	94.32	796 786	23.68	193 694
晋城市	198 579	8.67	2 346 431	102.38	577 000	25.18	146 715
朔州市	109 116	6.29	1 585 638	91.44	320 413	18.47	102 535
晋中市	326 590	9.94	3 178 466	96.71	872 032	26.53	224 643
运城市	326 187	6.27	4 617 544	88.75	1 184 536	22.77	272 445
忻州市	152 592	4.92	2 648 376	85.32	585 271	18.86	172 223
临汾市	238 694	5.47	3 935 469	90.19	963 929	22.09	252 668
吕梁市	198 780	5.26	3 109 938	82.35	671 327	17.78	209 070
内蒙古自治区	2 323 189	9.22	28 411 813	112.74	4 939 967	19.60	2 294 493
呼和浩特市	564 182	19.15	4 260 644	144.57	812 181	27.57	437 214

	固定电话用户（户）	固定电话普及率（部/百人）	移动电话用户（户）	移动电话普及率（部/百人）	互联网宽带接入用户（户）	互联网宽带接入普及率（%）	电信业务收入（万元）
包头市	266 107	9.75	3 752 592	137.47	581 945	21.31	261 511
乌海市	79 830	14.55	670 808	122.24	156 063	28.44	61 791
赤峰市	302 441	7.00	4 003 511	92.67	607 111	14.05	279 477
通辽市	167 883	5.37	3 172 894	101.54	515 746	16.51	237 482
鄂尔多斯市	164 921	8.23	2 561 866	127.83	456 754	22.79	231 252
呼伦贝尔市	292 128	11.53	2 810 464	110.94	556 131	21.96	218 361
巴彦淖尔市	186 757	11.18	1 768 554	105.84	269 406	16.12	126 770
乌兰察布市	124 857	5.85	1 872 867	87.77	312 638	14.65	126 524
兴安盟	75 961	4.73	1 783 277	111.07	276 257	17.20	121 823
锡林郭勒盟	66 931	6.44	1 423 424	136.88	230 543	22.16	116 506
阿拉善盟	31 191	13.05	330 912	138.50	165 193	69.15	55 869
辽宁省	**7 772 444**	**17.75**	**47 556 762**	**108.63**	**10 586 202**	**24.18**	**3 935 425**
沈阳市	1 548 015	21.34	12 440 202	171.49	2 007 469	27.67	1 110 084
大连市	1 854 526	31.39	8 882 058	150.34	1 670 787	28.28	866 327
鞍山市	520 815	14.85	3 525 960	100.55	862 214	24.58	290 010
抚顺市	314 225	14.32	2 026 255	92.33	573 783	26.14	158 024
本溪市	184 026	12.01	1 513 120	98.74	442 363	28.86	125 663
丹东市	565 710	23.52	2 257 684	93.86	602 426	25.04	196 576
锦州市	558 746	18.14	2 772 739	90.01	746 371	24.22	206 398
营口市	349 800	14.90	2 309 662	98.39	605 583	25.80	222 511
阜新市	279 420	14.58	1 644 030	85.79	498 338	26.00	124 103
辽阳市	218 230	12.11	1 782 216	98.91	460 285	25.54	138 320
盘锦市	288 249	22.38	1 553 153	120.59	360 966	28.02	165 033
铁岭市	236 168	7.81	2 198 681	72.70	551 365	18.23	162 836
朝阳市	493 586	14.51	2 387 393	70.20	613 944	18.06	172 510
葫芦岛市	360 928	12.87	2 263 612	80.74	590 373	21.05	173 083
吉林省	**4 975 695**	**18.21**	**28 687 576**	**104.97**	**5 014 876**	**18.35**	**1 883 639**
长春市	1 704 077	22.51	10 175 374	134.41	1 781 053	23.53	720 337
吉林市	682 629	15.83	4 421 880	102.55	814 233	18.88	265 330

（续表）

	固定电话用户 （户）	固定电话普及率 （部/百人）	移动电话用户 （户）	移动电话普及率 （部/百人）	互联网宽带接入用户 （户）	互联网宽带接入普及率 （%）	电信业务收入 （万元）
四平市	336 938	10.03	2 987 998	88.91	504 688	15.02	163 017
辽源市	223 661	18.34	1 153 291	94.59	193 881	15.90	62 920
通化市	451 539	20.13	2 039 064	90.88	387 883	17.29	120 991
白山市	341 937	26.77	1 177 487	92.18	234 832	18.38	70 319
松原市	334 958	11.55	2 700 662	93.11	370 514	12.77	138 861
白城市	301 905	15.11	1 930 403	96.64	298 053	14.92	103 923
延边朝鲜族自治州	598 047	28.06	2 101 418	98.60	429 738	20.17	150 185
黑龙江省	**4 302 895**	**11.33**	**36 571 362**	**96.26**	**6 645 863**	**17.49**	**2 437 392**
哈尔滨市	1 762 941	17.76	12 064 197	121.53	2 002 038	20.17	935 143
齐齐哈尔市	401 663	7.20	3 901 826	69.94	744 994	13.35	243 696
鸡西市	178 482	9.60	1 708 546	91.90	337 295	18.15	100 058
鹤岗市	72 110	6.65	1 126 625	103.86	196 539	18.12	63 307
双鸭山市	157 716	10.49	1 378 286	91.62	287 335	19.10	78 331
大庆市	213 207	7.57	3 542 570	125.75	527 735	18.74	217 581
伊春市	109 202	8.81	997 664	80.44	245 603	19.80	62 294
佳木斯市	261 206	10.51	2 663 564	107.15	535 949	21.57	155 278
七台河市	51 669	5.59	861 006	93.12	169 951	18.37	50 195
牡丹江市	299 062	11.22	2 549 768	95.69	577 306	21.67	156 235
黑河市	194 559	11.26	1 434 626	83.01	279 505	16.17	88 563
绥化市	538 238	9.38	3 922 410	68.37	605 981	10.56	206 780
大兴安岭地区	62 840	12.29	420 274	82.18	135 632	26.52	29 295
上海市	**6 909 493**	**28.56**	**32 987 110**	**136.33**	**6 813 347**	**28.16**	**5 677 004**
江苏省	**15 120 820**	**18.90**	**88 076 876**	**110.12**	**31 061 459**	**38.83**	**9 146 090**
南京市	2 179 327	26.71	11 244 215	137.77	4 259 219	52.19	1 370 690
无锡市	1 519 862	23.53	8 760 076	135.61	3 091 581	47.85	976 527
徐州市	1 034 959	12.09	8 110 931	94.69	2 621 162	30.61	595 536
常州市	1 130 759	24.12	5 868 887	125.16	2 206 175	47.05	649 622
苏州市	2 771 769	26.31	15 964 037	151.50	5 542 382	52.59	1 881 581
南通市	1 552 646	21.26	7 269 588	99.56	2 700 060	36.99	649 621

（续表）

	固定电话用户（户）	固定电话普及率（部/百人）	移动电话用户（户）	移动电话普及率（部/百人）	互联网宽带接入用户（户）	互联网宽带接入普及率（%）	电信业务收入（万元）
连云港市	639 217	14.51	4 086 447	92.77	1 402 943	31.85	327 013
淮安市	479 468	9.99	4 121 825	85.91	1 358 641	28.32	324 252
盐城市	815 392	11.30	6 308 385	87.42	2 082 817	28.87	508 149
扬州市	1 012 294	22.69	4 630 690	103.78	1 690 289	37.87	656 386
镇江市	676 256	21.43	3 254 504	103.14	1 246 605	39.50	345 735
泰州市	917 802	19.82	4 320 987	93.30	1 569 839	33.90	411 089
宿迁市	391 069	8.16	4 136 304	86.35	1 289 746	26.92	340 161
浙江省	**12 110 690**	**21.66**	**75 905 922**	**135.79**	**24 645 659**	**44.09**	**7 752 768**
杭州市	2 556 890	29.06	15 379 842	174.80	4 738 554	53.86	1 884 829
宁波市	2 237 177	29.30	11 872 803	155.46	3 842 135	50.31	1 078 706
温州市	1 489 501	16.28	11 660 784	127.43	3 700 175	40.44	1 037 922
嘉兴市	888 545	19.57	5 690 556	125.34	2 047 044	45.10	498 841
湖州市	734 071	25.25	3 659 508	125.89	1 216 343	41.83	310 400
绍兴市	1 216 575	24.62	5 777 021	116.91	2 050 559	41.49	540 362
金华市	1 009 949	18.69	7 902 842	146.28	2 600 015	48.12	696 231
衢州市	340 693	16.05	2 347 146	110.60	792 646	37.35	164 699
舟山市	272 899	23.96	1 536 309	134.87	532 461	46.75	127 663
台州市	999 359	16.65	7 678 234	127.88	2 320 658	38.66	645 583
丽水市	365 030	17.21	2 400 791	113.16	804 813	37.93	180 073
安徽省	**5 513 762**	**8.90**	**48 842 890**	**78.84**	**13 236 528**	**21.36**	**4 061 616**
合肥市	1 237 441	16.31	8 770 065	115.64	2 581 642	34.03	908 120
芜湖市	414 838	11.58	3 315 800	92.61	910 346	25.42	285 786
蚌埠市	306 602	9.62	2 623 798	82.28	695 071	21.80	218 451
淮南市	255 560	10.92	2 438 718	104.21	680 783	29.10	199 583
马鞍山市	284 135	12.94	1 954 218	88.99	581 718	26.48	168 658
淮北市	179 216	8.42	1 645 608	77.32	507 161	23.83	128 029
铜陵市	171 177	23.34	1 126 192	153.52	352 298	48.01	92 091
安庆市	454 405	8.54	3 098 820	58.24	922 016	17.33	246 850
黄山市	219 409	16.23	1 158 311	85.68	340 025	25.16	98 430

（续表）

	固定电话用户（户）	固定电话普及率（部/百人）	移动电话用户（户）	移动电话普及率（部/百人）	互联网宽带接入用户（户）	互联网宽带接入普及率（%）	电信业务收入（万元）
滁州市	358 808	9.11	3 138 275	79.69	870 447	22.09	248 023
阜阳市	404 383	5.30	5 483 770	71.81	1 313 226	17.19	408 774
宿州市	275 250	5.11	4 042 684	75.13	1 003 335	18.65	281 280
六安市	298 769	5.29	3 147 275	55.71	754 529	13.35	254 158
亳州市	216 524	4.42	3 476 163	70.91	769 222	15.70	249 331
池州市	169 497	11.95	1 164 551	82.12	323 740	22.82	89 430
宣城市	267 748	10.49	2 258 642	88.54	630 969	24.74	180 600
福建省	**7 769 221**	**20.05**	**42 950 398**	**110.87**	**13 735 990**	**35.46**	**4 510 899**
福州市	1 613 390	22.19	8 903 432	122.45	2 858 544	39.31	1 106 601
厦门市	1 157 012	31.51	5 960 728	162.34	2 085 857	56.81	702 590
莆田市	583 175	20.74	3 026 917	107.66	984 591	35.01	290 973
三明市	426 076	17.06	2 440 518	97.70	762 199	30.51	206 350
泉州市	1 709 393	20.62	9 420 111	113.64	2 920 275	35.23	1 018 330
漳州市	810 776	16.55	4 774 685	97.48	1 415 036	28.89	434 968
南平市	424 123	16.12	2 598 787	98.78	800 163	30.42	215 809
龙岩市	540 411	21.02	2 576 434	100.24	889 742	34.62	236 930
宁德市	438 429	15.42	2 900 526	102.02	905 510	31.85	260 468
平潭	66 436	16.34	348 260	85.63	114 073	28.05	37 827
江西省	**4 769 773**	**10.39**	**34 491 828**	**75.11**	**9 970 684**	**21.71**	**2 755 782**
南昌市	933 580	18.21	6 133 617	119.60	1 849 231	36.06	585 880
景德镇市	157 810	9.80	1 308 065	81.23	438 432	27.23	109 198
萍乡市	242 231	12.93	1 471 202	78.53	460 581	24.59	106 167
九江市	669 277	14.01	3 661 988	76.64	1 142 395	23.91	274 747
新余市	117 837	10.23	1 052 563	91.42	338 596	29.42	75 112
鹰潭市	133 349	11.73	854 974	75.21	275 658	24.26	67 776
赣州市	884 366	10.45	6 542 087	77.33	1 666 951	19.71	477 705
吉安市	362 882	7.48	3 215 778	66.22	879 686	18.12	205 399
宜春市	477 429	8.75	3 794 302	69.55	1 070 527	19.61	266 489
抚州市	183 603	4.64	2 410 133	60.95	718 730	18.17	180 342

（续表）

	固定电话用户（户）	固定电话普及率（部/百人）	移动电话用户（户）	移动电话普及率（部/百人）	互联网宽带接入用户（户）	互联网宽带接入普及率（%）	电信业务收入（万元）
上饶市	607 409	9.16	4 047 118	61.04	1 129 897	17.04	308 561
山东省	**8 835 065**	**8.88**	**99 438 569**	**99.97**	**25 887 434**	**26.03**	**6 808 971**
济南市	1 472 822	21.20	9 643 594	138.78	2 838 603	40.85	825 349
青岛市	1 485 543	16.77	12 226 127	137.97	3 063 873	34.58	1 085 413
淄博市	621 281	13.56	5 057 015	110.41	1 276 837	27.88	334 365
枣庄市	266 617	7.07	3 390 380	89.95	949 823	25.21	202 470
东营市	331 415	16.01	2 636 361	127.40	781 018	37.74	204 387
烟台市	613 436	8.79	7 983 783	114.39	1 962 900	28.13	527 630
潍坊市	839 425	9.10	9 233 287	100.07	2 230 220	24.17	588 048
济宁市	326 469	4.00	7 298 850	89.44	1 830 810	22.43	451 730
泰安市	493 431	8.93	4 905 315	88.74	1 301 647	23.55	267 556
威海市	436 962	15.60	3 563 186	127.18	952 654	34.01	238 500
日照市	219 220	7.76	2 778 819	98.32	750 702	26.57	177 111
莱芜市	155 089	11.83	1 204 134	91.90	399 350	30.49	68 976
临沂市	511 151	5.06	9 310 801	92.12	2 270 927	22.48	618 180
德州市	318 608	5.67	4 661 806	82.99	1 255 196	22.34	269 248
聊城市	316 203	5.36	4 897 947	83.04	1 243 263	21.08	282 762
滨州市	262 117	6.91	3 778 404	99.60	1 206 182	31.79	224 170
菏泽市	165 237	1.98	6 868 760	82.43	1 573 429	18.88	380 659
河南省	**7 350 386**	**7.71**	**85 533 636**	**89.73**	**21 283 817**	**22.33**	**6 344 120**
郑州市	1 719 977	19.05	14 794 598	163.87	3 819 014	42.29	1 390 499
开封市	276 835	5.95	3 770 130	81.09	863 371	18.57	256 747
洛阳市	819 349	12.43	6 524 043	98.97	1 849 096	28.06	475 737
平顶山市	305 421	6.20	4 121 325	83.66	976 468	19.81	276 935
安阳市	543 032	10.69	4 874 060	95.96	1 298 361	25.55	315 247
鹤壁市	122 714	7.71	1 438 800	90.42	377 317	23.72	90 164
新乡市	543 899	9.59	5 389 529	94.99	1 518 506	26.76	377 284
焦作市	272 954	7.76	3 221 261	91.53	1 008 724	28.66	216 239
濮阳市	201 284	5.60	3 222 179	89.62	883 993	24.59	216 250

	固定电话用户（户）	固定电话普及率（部/百人）	移动电话用户（户）	移动电话普及率（部/百人）	互联网宽带接入用户（户）	互联网宽带接入普及率（%）	电信业务收入（万元）
许昌市	379 073	8.82	3 738 239	87.03	958 042	22.30	253 229
漯河市	154 032	6.01	2 097 820	81.83	515 406	20.10	145 082
三门峡市	159 396	7.14	1 993 291	89.30	568 312	25.47	142 685
南阳市	575 543	5.65	7 363 262	72.36	1 553 352	15.27	489 602
商丘市	401 555	5.48	6 171 241	84.31	1 425 595	19.47	402 740
信阳市	356 914	5.58	4 657 291	72.82	1 036 320	16.20	349 817
周口市	188 804	2.14	6 126 291	69.54	1 284 526	14.58	423 629
驻马店市	257 143	3.70	5 303 312	76.35	1 128 608	16.24	354 178
济源市	72 463	10.37	726 966	103.99	218 805	31.31	46 631
湖北省	**6 587 759**	**11.19**	**49 941 132**	**84.86**	**12 429 214**	**21.12**	**4 448 044**
武汉市	2 053 317	20.29	14 121 261	139.49	3 666 331	36.22	1 527 674
黄石市	312 623	12.79	2 067 883	84.61	530 306	21.69	174 636
十堰市	332 743	9.93	2 657 915	79.34	627 194	18.72	208 509
宜昌市	502 280	12.28	3 633 927	88.84	900 398	22.01	311 020
襄阳市	520 253	9.39	4 398 627	79.37	1 076 106	19.41	353 478
鄂州市	146 365	13.88	836 005	79.27	279 572	26.51	72 024
荆门市	262 837	9.11	2 193 316	75.98	515 779	17.86	173 457
孝感市	433 294	8.97	3 071 511	63.63	701 262	14.53	242 591
荆州市	457 858	8.01	4 088 413	71.50	1 131 186	19.78	325 641
黄冈市	596 730	9.59	3 941 071	63.35	955 258	15.36	301 503
咸宁市	329 219	13.31	1 976 856	79.95	532 576	21.53	159 423
随州市	143 963	6.61	1 579 324	72.49	390 284	17.91	115 497
恩施土家族苗族自治州	236 902	7.18	2 987 564	90.62	560 451	17.01	236 036
仙桃市	115 869	9.78	920 703	77.71	212 284	17.92	72 157
潜江市	57 718	6.08	752 448	79.18	172 891	18.19	58 604
天门市	74 958	5.61	664 210	49.77	159 814	11.97	50 670
神农架林区	10 830	14.14	50 098	65.41	17 522	22.88	4 823
湖南省	**6 743 604**	**9.89**	**56 834 246**	**83.31**	**13 154 807**	**19.28**	**4 673 845**

（续表）

	固定电话用户（户）	固定电话普及率（部/百人）	移动电话用户（户）	移动电话普及率（部/百人）	互联网宽带接入用户（户）	互联网宽带接入普及率（%）	电信业务收入（万元）
长沙市	1 610 511	22.72	11 061 413	156.08	2 742 067	38.70	1 137 876
株洲市	523 053	13.50	3 726 485	96.13	924 341	23.84	299 599
湘潭市	261 907	9.48	2 621 327	94.87	635 183	22.99	211 972
衡阳市	783 660	10.94	5 013 343	70.03	1 145 132	16.00	357 685
邵阳市	477 793	6.71	4 648 775	65.37	1 004 216	14.13	314 734
岳阳市	747 317	13.61	4 269 066	77.74	1 012 680	18.44	329 527
常德市	470 152	8.19	4 654 330	81.09	1 137 026	19.81	337 366
张家界市	110 755	7.42	1 378 266	92.31	359 313	24.07	113 123
益阳市	298 132	6.91	3 393 566	78.62	659 945	15.30	234 043
郴州市	479 994	10.43	3 814 460	82.85	885 067	19.23	275 393
永州市	240 324	4.62	3 495 115	67.17	770 464	14.81	245 589
怀化市	329 568	6.92	3 655 438	76.80	755 067	15.87	282 809
娄底市	274 510	7.23	3 097 123	81.61	687 366	18.10	229 302
湘西土家族苗族白治州	135 928	5.31	2 005 539	78.34	436 940	17.06	164 371
广东省	**24 060 948**	**21.88**	**147 961 922**	**134.52**	**32 468 258**	**29.52**	**16 349 077**
广州市	4 374 971	34.07	27 051 360	210.61	4 968 384	38.68	3 392 080
韶关市	409 253	14.25	2 460 567	85.72	735 273	25.62	194 356
深圳市	4 782 174	45.32	26 791 879	253.95	4 679 798	44.36	3 746 375
珠海市	617 871	39.04	3 323 296	209.94	939 484	59.35	405 668
汕头市	1 059 247	19.45	5 393 464	99.06	1 230 026	22.59	493 989
佛山市	2 204 534	30.33	11 672 998	160.60	2 919 172	40.16	1 377 382
江门市	1 051 381	23.48	5 620 777	125.51	1 529 136	34.14	478 025
湛江市	558 983	7.86	5 700 884	80.21	1 463 391	20.58	475 757
茂名市	550 116	9.21	4 332 057	72.51	990 085	16.57	350 948
肇庆市	595 209	14.95	3 370 325	84.66	964 025	24.22	297 370
惠州市	1 001 351	21.43	6 113 802	130.82	1 754 521	37.55	648 621
梅州市	455 625	10.61	3 190 020	74.29	861 041	20.06	224 901
汕尾市	347 657	11.70	1 980 438	66.60	515 437	17.34	178 821

（续表）

	固定电话用户（户）	固定电话普及率（部/百人）	移动电话用户（户）	移动电话普及率（部/百人）	互联网宽带接入用户（户）	互联网宽带接入普及率（%）	电信业务收入（万元）
河源市	369 843	12.30	2 161 130	71.86	575 058	19.11	178 410
阳江市	404 181	16.35	2 140 577	86.61	623 645	25.23	195 397
清远市	322 261	8.57	3 276 471	87.19	818 579	21.79	268 457
东莞市	2 461 319	29.68	18 272 369	220.30	2 961 973	35.70	1 690 917
中山市	926 256	29.35	6 055 831	191.88	1 750 611	55.47	649 433
潮州市	529 889	19.62	2 295 224	84.98	628 753	23.28	196 636
揭阳市	704 892	11.84	4 877 560	81.90	1 028 901	17.29	337 141
云浮市	333 935	13.83	1 880 893	77.89	530 966	22.00	160 562
广西壮族自治区	**3 077 138**	**6.36**	**43 850 819**	**90.64**	**9 679 745**	**20.01**	**3 390 260**
南宁市	660 505	9.72	9 121 765	134.22	2 346 779	34.53	875 641
柳州市	280 085	7.34	4 266 466	111.74	1 060 402	27.78	332 905
桂林市	342 792	7.09	4 690 446	97.07	1 065 340	22.04	334 773
梧州市	132 346	4.52	2 261 495	77.19	476 534	16.26	150 193
北海市	171 297	10.91	2 003 803	127.61	464 146	29.56	150 536
防城港市	99 385	11.17	1 044 677	117.43	223 062	25.08	85 081
钦州市	233 366	7.46	2 487 908	79.57	489 434	15.65	172 993
贵港市	229 879	5.49	3 136 219	74.87	589 493	14.07	211 628
玉林市	372 690	6.68	4 267 371	76.47	874 043	15.66	300 385
百色市	165 680	4.72	2 922 508	83.19	544 324	15.50	231 162
贺州市	72 479	3.65	1 515 902	76.32	307 542	15.48	100 989
河池市	154 533	4.53	2 774 134	81.31	563 305	16.50	192 881
来宾市	69 493	3.25	1 652 521	77.22	347 667	16.25	117 701
崇左市	92 608	4.58	1 705 604	84.42	327 674	16.23	133 390
海南省	**1 605 279**	**17.50**	**10 074 636**	**109.85**	**2 287 071**	**24.94**	**1 059 106**
海口市	581 450	27.18	3 871 351	180.98	854 444	39.95	374 321
三亚市	242 458	33.58	1 232 665	170.73	345 630	47.88	150 441
三沙市	247	61.90	4 243	1 063.41	63	15.79	423
五指山市	12 177	11.67	103 840	99.54	31 394	30.09	11 680
琼海市	102 258	20.87	493 219	100.65	147 601	30.12	52 251

（续表）

	固定电话用户（户）	固定电话普及率（部/百人）	移动电话用户（户）	移动电话普及率（部/百人）	互联网宽带接入用户（户）	互联网宽带接入普及率（%）	电信业务收入（万元）
儋州市	116 113	12.22	716 797	75.43	140 209	14.76	74 765
文昌市	85 258	15.73	491 554	90.69	104 331	19.25	50 993
万宁市	90 497	16.39	438 581	79.42	107 738	19.52	48 036
东方市	51 199	12.45	351 894	85.52	79 634	19.34	37 686
定安县	32 861	11.52	211 654	74.18	44 201	15.48	22 577
屯昌县	26 026	10.08	187 384	72.58	36 326	14.07	18 881
澄迈县	40 809	8.63	383 493	81.11	81 294	17.20	42 657
临高县	41 501	9.58	292 440	67.50	49 299	11.38	30 119
白沙黎族自治县	17 304	10.28	130 922	77.79	25 252	15.00	13 659
昌江黎族自治县	31 322	13.91	197 589	87.77	42 469	18.87	21 791
乐东黎族自治县	41 125	8.91	359 529	77.85	61 120	13.24	39 092
陵水黎族自治县	53 873	16.74	324 404	100.86	75 207	23.38	38 356
保亭黎族苗族自治县	18 943	12.86	134 379	91.23	31 911	21.66	15 288
琼中黎族苗族自治县	19 858	11.40	148 698	85.38	28 948	16.61	16 091
重庆市	**5 667 848**	**18.59**	**32 748 854**	**107.43**	**8 669 317**	**28.44**	**2 582 595**
四川省	**16 359 783**	**19.80**	**76 936 203**	**93.12**	**21 675 285**	**26.23**	**6 019 992**
成都市	6 110 929	43.07	23 797 082	167.73	6 844 936	48.25	2 133 458
自贡市	525 578	19.40	2 278 497	84.11	692 846	25.57	150 789
攀枝花市	342 949	27.87	1 290 135	104.84	388 903	31.61	97 284
泸州市	663 086	15.61	3 681 453	86.71	1 056 525	24.89	268 531
德阳市	619 306	17.51	3 513 779	99.37	1 094 556	30.96	229 310
绵阳市	975 809	21.01	4 831 788	104.07	1 477 889	31.83	331 573
广元市	469 837	18.59	2 184 431	86.47	643 388	25.47	164 564
遂宁市	346 601	10.63	2 199 546	67.50	596 056	18.29	150 358
内江市	621 298	16.75	2 556 434	68.93	760 934	20.50	172 075
乐山市	653 542	20.08	3 066 899	94.28	937 898	28.84	220 382
南充市	985 157	15.62	4 464 447	70.81	1 198 373	19.00	312 909

（续表）

	固定电话用户（户）	固定电话普及率（部/百人）	移动电话用户（户）	移动电话普及率（部/百人）	互联网宽带接入用户（户）	互联网宽带接入普及率（%）	电信业务收入（万元）
眉山市	539 091	18.14	2 686 553	90.41	791 048	26.63	184 767
宜宾市	668 514	14.98	3 897 168	87.37	1 016 655	22.80	275 771
广安市	416 715	12.97	2 476 178	77.12	657 507	20.49	159 729
达州市	654 186	11.87	3 759 087	68.18	868 850	15.76	257 746
雅安市	256 771	16.80	1 439 588	94.19	435 574	28.51	105 106
巴中市	371 490	11.22	2 264 212	68.37	576 948	17.41	167 062
资阳市	313 264	8.71	1 805 429	50.20	448 340	12.46	113 330
阿坝藏族羌族自治州	185 019	20.37	751 390	82.70	243 607	26.82	74 710
甘孜藏族自治州	142 581	12.68	764 634	68.01	182 216	16.21	95 522
凉山彝族自治州	492 806	10.82	3 227 473	70.89	706 100	15.50	240 968
贵州省	**2 479 021**	**6.97**	**34 856 479**	**98.05**	**5 685 707**	**15.99**	**2 708 025**
贵阳市	837 521	19.37	6 586 864	152.33	1 463 985	33.86	636 276
六盘水市	200 858	7.02	3 031 391	105.95	400 074	13.98	191 548
遵义市	515 381	8.41	6 142 245	100.30	958 066	15.65	471 650
安顺市	150 983	6.57	2 096 755	91.19	358 508	15.59	152 493
毕节市	176 042	2.71	4 873 473	74.83	532 134	8.17	325 471
铜仁市	131 203	4.23	2 822 100	91.10	449 377	14.51	207 846
黔西南布依族苗族自治州	113 622	4.04	2 690 424	95.65	440 916	15.67	197 209
黔东南苗族侗族自治州	185 484	5.34	3 406 834	97.94	585 242	16.82	258 661
黔南布依族苗族自治州	167 923	5.19	3 206 394	99.10	497 405	15.36	236 522
云南省	**3 010 875**	**6.31**	**42 284 406**	**88.64**	**8 125 821**	**17.03**	**3 465 218**
昆明市	1 203 204	18.43	10 507 720	160.97	2 119 023	32.46	1 029 583
曲靖市	231 187	3.89	4 424 078	74.46	851 559	14.33	297 347
玉溪市	115 956	4.98	2 138 145	91.73	475 637	20.40	150 037
保山市	96 039	3.79	2 071 088	81.70	363 893	14.36	153 951
昭通市	119 708	2.25	3 434 637	64.57	480 182	9.02	249 825

（续表）

	固定电话用户（户）	固定电话普及率（部/百人）	移动电话用户（户）	移动电话普及率（部/百人）	互联网宽带接入用户（户）	互联网宽带接入普及率（%）	电信业务收入（万元）
丽江市	82 810	6.58	1 092 574	86.78	265 871	21.11	95 358
普洱市	121 024	4.70	2 220 717	86.28	380 598	14.80	165 094
临沧市	107 062	4.34	1 875 072	76.01	293 576	11.89	145 139
楚雄彝族自治州	127 572	4.70	2 011 351	74.14	456 023	16.81	141 714
红河哈尼族彝族自治州	202 534	4.44	3 532 515	77.48	708 430	15.53	269 615
文山壮族苗族自治州	137 238	3.86	2 462 913	69.30	386 047	10.87	202 910
西双版纳傣族自治州	95 292	8.28	1 443 286	125.44	316 441	27.50	128 882
大理白族自治州	196 495	5.63	2 879 059	82.41	605 911	17.34	211 564
德宏傣族景颇族自治州	113 037	9.21	1 320 307	107.52	271 977	22.16	112 381
怒江傈僳族自治州	32 651	6.09	419 263	78.18	79 184	14.76	37 485
迪庆藏族自治州	29 066	7.19	451 681	111.67	71 469	17.68	34 507
西藏自治区	**472 562**	**14.28**	**2 903 095**	**87.71**	**612 393**	**18.50**	**509 796**
拉萨市	197 296	38.81	1 156 486	227.53	245 309	48.25	203 189
昌都地区	56 353	28.46	363 147	183.37	75 402	38.08	54 821
山南地区	37 380	10.85	251 167	72.95	51 429	14.93	44 651
日喀则地区	60 609	8.27	468 084	63.82	90 677	12.37	70 791
那曲地区	41 884	45.11	280 251	301.79	57 683	62.12	52 725
阿里地区	27 113	4.02	121 699	18.06	31 214	4.64	25 549
林芝地区	51 928	10.83	262 261	54.66	60 679	12.66	48 136
陕西省	**6 227 910**	**16.33**	**42 206 130**	**110.70**	**9 032 156**	**23.69**	**3 450 213**
西安市	2 732 174	31.21	15 996 070	182.77	3 434 158	39.23	1 470 611
铜川市	85 294	10.15	725 576	86.37	162 646	19.36	54 232
宝鸡市	554 898	14.83	3 321 692	88.81	767 355	20.51	238 565
咸阳市	412 071	8.35	4 311 151	87.40	958 768	19.44	297 704
渭南市	649 638	12.22	4 486 244	84.37	1 072 095	20.16	290 294
延安市	326 236	14.83	2 618 178	119.09	472 946	21.51	214 345

（续表）

	固定电话用户（户）	固定电话普及率（部/百人）	移动电话用户（户）	移动电话普及率（部/百人）	互联网宽带接入用户（户）	互联网宽带接入普及率（%）	电信业务收入（万元）
汉中市	460 539	13.48	2 983 880	87.34	656 360	19.20	208 141
榆林市	497 241	14.84	3 907 920	116.64	714 836	21.33	319 239
安康市	300 340	11.42	2 248 974	85.52	481 887	18.33	163 235
商洛市	209 479	8.93	1 606 445	68.47	311 105	13.26	103 454
甘肃省	**3 267 744**	**12.52**	**25 264 064**	**96.80**	**5 763 783**	**22.08**	**1 972 586**
兰州市	710 549	19.56	5 305 881	146.05	1 440 752	39.66	586 390
嘉峪关市	115 925	49.49	421 968	180.14	122 721	52.39	35 351
金昌市	65 658	14.05	545 907	116.79	148 462	31.77	38 311
白银市	234 354	13.66	1 546 867	90.14	343 024	19.98	107 179
天水市	442 684	13.53	2 699 834	82.49	596 103	18.22	177 601
武威市	151 121	8.29	1 531 348	84.00	349 753	19.19	103 603
张掖市	214 073	17.75	1 266 552	105.00	386 384	32.04	87 742
平凉市	262 522	12.64	1 741 756	83.89	423 376	20.40	121 386
酒泉市	269 945	24.43	1 340 899	121.33	342 028	30.95	100 134
庆阳市	242 764	10.93	2 173 067	97.82	435 462	19.60	160 101
定西市	104 849	3.81	2 252 500	81.78	400 381	14.54	142 350
陇南市	232 779	9.04	2 158 044	83.88	414 672	16.13	149 989
临夏回族自治州	164 262	8.32	1 638 039	82.94	238 610	12.10	106 437
甘南藏族自治州	56 259	8.11	641 402	92.46	122 055	17.59	56 013
青海省	**1 066 922**	**17.98**	**6 108 796**	**102.94**	**1 201 494**	**20.25**	**596 940**
西宁市	627 695	31.60	2 797 354	140.82	659 427	33.19	296 671
海东地区	142 560	8.55	1 246 803	74.72	156 167	9.37	91 409
海北藏族自治州	37 770	13.01	279 507	96.22	58 461	20.13	26 080
黄南藏族自治州	18 247	6.96	244 978	93.54	39 970	15.27	22 697
海南藏族自治州	53 670	11.73	441 392	96.54	66 795	14.60	41 812
果洛藏族自治州	15 236	8.11	170 108	90.58	23 710	12.62	19 731
玉树藏族自治州	30 914	7.87	292 364	74.52	41 149	10.48	31 918
海西蒙古族藏族自治州	75 184	27.48	315 523	115.34	78 964	28.87	33 724

（续表）

	固定电话用户（户）	固定电话普及率（部/百人）	移动电话用户（户）	移动电话普及率（部/百人）	互联网宽带接入用户（户）	互联网宽带接入普及率（%）	电信业务收入（万元）
格尔木市	65 646	50.61	320 767	247.30	76 851	59.25	32 897
宁夏回族自治区	**621 968**	**9.22**	**7 919 843**	**117.35**	**1 591 542**	**23.58**	**650 490**
银川市	294 051	14.36	3 394 520	165.73	704 339	34.38	330 148
石嘴山市	63 323	8.54	900 039	121.40	228 117	30.76	67 617
吴忠市	107 437	8.16	1 461 985	111.12	249 210	18.93	102 794
固原市	50 292	3.97	1 068 724	84.46	185 260	14.63	73 829
中卫市	106 865	9.67	1 094 575	99.05	224 616	20.34	76 102
新疆维吾尔自治区	**4 640 304**	**19.35**	**22 523 140**	**93.92**	**5 699 104**	**23.77**	**2 192 943**
乌鲁木齐市	1 290 735	50.08	4 856 346	188.42	1 330 758	51.63	618 274
克拉玛依市	112 338	39.33	599 952	210.07	199 598	69.88	59 844
吐鲁番地区	182 608	29.18	715 250	114.31	162 911	26.04	56 236
哈密地区	180 860	30.53	785 821	132.63	224 670	37.92	70 221
昌吉回族自治州	377 880	26.96	1 851 502	132.08	471 610	33.64	171 129
博尔塔拉蒙古自治州	128 229	26.48	562 048	116.07	184 010	38.00	47 661
巴音郭楞蒙古自治州	384 016	27.92	1 537 311	111.80	499 596	36.33	158 429
阿克苏地区	320 023	13.32	1 944 382	80.94	447 659	18.63	187 476
克孜勒苏柯尔克孜自治州	48 050	8.58	454 558	81.17	81 823	14.62	36 045
喀什地区	289 279	6.95	2 514 095	60.43	374 282	9.01	227 345
和田地区	131 176	6.15	1 316 343	61.73	196 047	9.19	113 421
伊犁哈萨克自治州	546 374	18.72	2 851 187	97.65	747 574	25.61	234 213
塔城地区	240 131	22.93	775 277	74.04	263 246	25.15	65 741
阿勒泰地区	223 141	33.63	733 313	110.52	280 720	42.31	63 791
石河子市	185 464	29.91	1 025 755	165.44	234 600	37.83	83 117

注：1. 部分省（区）的地市用户数之和不等于全省总数，是由于个别公司无法将用户数拆分到地市一级所致。
　　2. 省普及率计算采用2017年年末统计公报人口数据，各地级市普及率计算采用2012年人口数据。

互联网和相关服务业统计信息

2013—2017 年互联网和相关服务业主要指标发展情况

指　标　名　称	单位	2013 年	2014 年	2015 年	2016 年	2017 年
互联网和相关服务业企业个数	个	22 099	24 001	26 388	30 547	31 470
其中：民营控股企业	个	19 591	20 016	21 346	24 849	27 604
其中：互联网数据中心业务（IDC）企业	个	274	357	506	743	874
呼叫中心业务企业	个	1 138	1 138	1 356	1 517	1 764
互联网接入服务业务（ISP）企业	个	957	1 083	1 339	1 644	1 880
内容分发网络（CDN）业务企业	个				26	77
信息服务企业	个	9 823	10 599	11 988	16 291	21 090
互联网和相关服务业收入	万元	33 169 995.4	42 293 542.9	54 435 838.2	66 506 142.1	79 018 912.7
其中：互联网数据中心业务（IDC）收入	万元	590 157.4	645 951.6	794 850.9	1 269 770.1	1 626 209.5
呼叫中心业务收入	万元	1 199 335.3	1 133 423.6	1 463 053.4	2 045 515.6	2 251 758.2
互联网接入服务业务（ISP）收入	万元	1 639 202.9	1 945 373.8	2 222 778.2	2 618 572.9	2 328 569.3
内容分发网络（CDN）业务收入	万元				15 724.6	381 968.7
信息服务收入	万元	21 863 039.5	30 263 166.0	39 381 492.4	45 591 223.2	63 215 905.1
其中：网络游戏业务收入	万元	6 088 308.5	7 228 460.3	8 966 283.7	11 964 187.9	16 199 597.7
电子商务平台收入	万元	5 987 391.1	10 786 179.7	15 698 148.5	19 923 372.6	24 268 437.9
网络生活服务平台收入	万元				3 178 645.2	5 013 608.5
网络公共服务平台收入	万元				396 141.9	2 134 671.3
其他平台收入	万元				1 264 056.4	14 810 056.9
互联网和相关服务业从业人数	人	839 916	807 999	850 118	885 167	906 698

2017 年全国互联网和相关服务业发展情况

指 标 名 称	单位	2017 年	比 2016 年	同比增长（%）
互联网和相关服务业企业个数	个	31 470	923	3.0
其中：民营控股企业	个	3 826	2 105	122.3
其中：互联网数据中心业务（IDC）企业	个	874	131	17.6
呼叫中心业务企业	个	1 764	247	16.3
互联网接入服务业务（ISP）企业	个	1 880	236	14.4
内容分发网络（CDN）业务企业	个	77	51	196.2
信息服务企业	个	21 090	4 799	29.5
互联网和相关服务业收入	万元	79 018 912.7	12 512 770.6	18.8
其中：互联网数据中心业务（IDC）收入	万元	1 626 209.5	356 439.4	28.1
呼叫中心业务收入	万元	2 251 758.2	206 242.6	10.1
互联网接入服务业务（ISP）收入	万元	2 328 569.3	−290 003.6	−11.1
内容分发网络（CDN）业务收入	万元	381 968.7	366 244.2	2 329.1
信息服务收入	万元	63 215 905.1	17 624 681.9	38.7
其中：网络游戏业务收入	万元	16 199 597.7	4 235 409.8	35.4
电子商务平台收入	万元	24 268 437.9	4 345 065.3	21.8
网络生活服务平台收入	万元	5 013 608.5	1 834 963.3	57.7
网络公共服务平台收入	万元	2 134 671.3	1 738 529.4	438.9
其他平台收入	万元	14 810 056.9	13 546 000.6	1 071.6
互联网和相关服务业宽带接入用户	万户	4 262	1 530	56.0
互联网和相关服务业企业从业人数	人	906 698	21 531	2.4

2017 年互联网和相关服务业主要指标分省情况

	互联网和相关服务业企业个数		互联网和相关服务业收入		互联网和相关服务业从业人数	
	2017 年（个）	比 2016 年净增（个）	2017 年（万元）	比 2016 年增长（%）	2017 年（人）	比 2016 年净增（人）
全 国	31 470	923	79 018 912.7	18.8	906 698	21 531
东 部	23 237	1 029	71 641 025.4	15.4	698 490	-14 308
北 京	6 988	181	18 224 948.2	-5.5	146 516	-51 922
天 津	258	38	2 831 939.9	469.2	7 236	1 330
河 北	748	45	348 621.6	63.8	20 003	2 339
辽 宁	960	-114	384 676.9	26.5	35 102	15 479
上 海	1 870	350	18 337 354.4	51.7	87 288	1 071
江 苏	1 845	459	6 031 060.2	3.8	70 715	3 894
浙 江	4 175	31	4 100 157.1	-37.6	60 042	-2 883
福 建	914	142	1 571 681.9	17.2	27 970	365
山 东	872	-323	626 387.3	29.8	50 130	11 680
广 东	4 263	126	18 838 304.5	23.0	186 898	3 599
海 南	344	94	345 893.4	104.3	6 590	740
中 部	4 462	-121	3 490 185.5	61.0	103 364	11 019
山 西	189	7	29 764.8	18.6	2 662	351
吉 林	462	50	332 529.9	239.1	10 074	-136
黑龙江	515	-278	163 793.5	38.6	11 256	2 740
安 徽	411	27	572 709.7	40.4	17 253	3 658
江 西	332	50	343 862.2	49.5	6 806	568
河 南	1 102	274	521 512.1	27.2	20 005	3 355
湖 北	708	103	824 451.7	90.8	17 436	2 410
湖 南	743	-354	701 561.6	57.4	17 872	-1 927
西 部	3 771	15	3 887 701.7	71.7	104 844	24 820
内蒙古	282	-169	66 285.6	5.7	4 670	-779
广 西	310	28	255 245.7	108.9	14 041	3 455
重 庆	412	-209	733 492.6	71.0	12 920	-1 029
四 川	1 411	174	1 981 391.0	74.3	35 365	15 481
贵 州	318	14	241 428.1	67.2	13 421	4 634
云 南	264	11	234 066.9	111.9	5 656	-746
西 藏	18	18	4 031.6		320	320
陕 西	295	54	203 386.3	35.6	12 231	2 321
甘 肃	155	27	38 155.7	14.4	2 046	133
青 海	29	-3	3 079.5	35.2	361	105
宁 夏	63	30	8 971.0	31.3	1 239	827
新 疆	214	40	118 167.7	76.1	2 574	98

专用通信网统计信息

2017年专用通信网电信业务量分省情况

	固定电话用户（户）	其中：住宅电话用户（户）	宽带接入用户（户）
全　国	**18 424 849**	**5 707 829**	**30 262 818**
东　部	**12 974 916**	**5 552 743**	**25 032 918**
北　京	78 521	38 334	33 686
天　津	121 085	53 359	48 649
河　北	113 015	90 304	94 581
辽　宁	145 073	55 353	94 761
上　海			
江　苏	77 877		
浙　江	12 110 690	5 140 246	24 645 403
福　建			
山　东	207 904	137 158	81 517
广　东	120 500	37 989	34 302
海　南	251		19
中　部	**5 340 563**	**125 833**	**5 166 636**
山　西			
吉　林	4 976 000		5 015 000
黑龙江	58 063	13 579	20 400
安　徽	58 136	18 671	33 331
江　西			
河　南	248 364	93 583	97 905
湖　北			
湖　南			
西　部	**109 370**	**29 253**	**63 264**
内蒙古	23 374	6 100	160
广　西			
重　庆			
四　川			
贵　州			
云　南	16 826	8 095	51
西　藏			
陕　西			
甘　肃	38 661	13 555	32 865
青　海			
宁　夏	30 509	1 503	30 188
新　疆			

2017年专用通信网通信能力分省情况

	长途光缆线路长度（千米）	本地网中继光缆线路长度（千米）	接入网光缆线路长度（千米）	长途电话交换机容量（路端）	本地电话交换机容量（门）	宽带接入端口（个）
全　国	146 216.3	1 718 630.7	1 569 545.7	832 606	7 431 448	73 158 712
东　部	51 092.5	1 484 381.4	1 299 668.2	760 940	2 100 431	55 132 509
北　京		327.0		20 000	122 800	12
天　津		4 695.9	6 860.0	28 000	272 000	4 418
河　北	2 305.8	1 627.9	3 205.0	108	162 864	110 432
辽　宁	5 419.0	4 466.2	4 908.3	4 098	384 316	354 265
上　海						
江　苏		70.0	50.0		114 784	
浙　江	27 714.7	1 467 641.8	1 281 523.8	703 410	685 367	54 551 214
福　建						
山　东	199.0	2 997.0	1 942.0	2 356	358 300	60 354
广　东	15 454.0	2 288.8	1 106.8	2 968		51 718
海　南		266.8	72.3			96
中　部	41 145.8	225 152.9	269 357.1	67 560	4 971 562	17 934 502
山　西						
吉　林	23 443.7	139 910.1	266 401.5		4 133 966	17 610 800
黑龙江	17 648.0	19 907.0			157 570	62 786
安　徽		1 101.9	70.0		160 762	36 508
江　西						
河　南	54.1	64 233.9	2 885.6	67 560	519 264	224 408
湖　北						
湖　南						
西　部	53 978.0	9 096.3	520.4	4 106	359 455	91 701
内蒙古		66.7	169.0	21	55 000	5
广　西						
重　庆						
四　川						
贵　州						
云　南	53 640.0	953.6	215.8	1 044	95 657	28
西　藏						
陕　西						
甘　肃	4.0	253.7	110.8	2 651	111 218	45 366
青　海						
宁　夏	334.0	7 822.3	24.8	390	97 580	46 302
新　疆						

2017年专用通信网投资及从业人员分省情况

	固定资产原值 （万元）	固定资产净值 （万元）	固定资产投资完成额 （万元）	通信从业人员 （人）
全 国	**58 986 513.9**	**9 649 772.5**	**2 945 432.7**	**34 237**
东 部	**9 447 803.6**	**3 654 638.0**	**1 823 324.9**	**28 420**
北 京				360
天 津	105 908.32	37 271.2	9 523.31	783
河 北	33 580.69	11 110.36	1 450.1	906
辽 宁	404 655.05	104 417.44	18 166.83	2 249
上 海				
江 苏	1 410	1 137	1 185	465
浙 江	8 547 408	3 404 092	1 709 886	20 210
福 建				
山 东	72 028	32 972	24 677	1 685
广 东	270 203.79	63 637.95	58 201.36	1 698
海 南	12 609.76		235.33	64
中 部	**767 137.5**	**728 696.5**	**1 111 990.6**	**3 047**
山 西				
吉 林			566 892.9	
黑龙江	16 325.0	9 267.0		638
安 徽	10 620.38	33 368.2	31.68	500
江 西				
河 南	740 192.14	686 061.29	545 066	1 909
湖 北				
湖 南				
西 部	**48 771 572.8**	**5 266 438.0**	**10 117.2**	**2 770**
内蒙古	14 002.63	1 129.71	20.64	1 058
广 西				
重 庆				
四 川				
贵 州				
云 南	48 620 096.6	5 220 705.6	1 597.2	394
西 藏				
陕 西				
甘 肃	40 818.34	13 250.01	3 607.22	567
青 海				
宁 夏	96 655.23	31 352.72	4 892.09	751
新 疆				

互联网应用统计信息

2013—2017年互联网主要指标发展情况

指标名称	单位	2013年	2014年	2015年	2016年	2017年
互联网网民数	万人	61 758	64 875	68 826	73 125	77 198
其中：手机网民数	万人	50 006	55 678	61 981	69 531	75 265
手机网民所占比重	%	81.0	85.8	90.1	95.1	97.5
男性网民所占比重	%	56.0	56.4	53.6	52.4	52.6
女性网民所占比重	%	44.0	43.6	46.4	47.6	47.4
城市网民所占比重	%	71.4	72.5	71.6	72.6	73.0
农村网民所占比重	%	28.6	27.5	28.4	27.4	27.0
互联网普及率	%	45.8	47.9	50.3	53.2	55.8
其中：城市互联网普及率	%	60.3	62.8		69.1	71.0
农村互联网普及率	%	28.1	28.8		33.1	35.4
IPv4地址数	万个	33 030.8	33 199.0	33 652.0	33 810.3	33 870.5
域名数	万个	1 844.1	2 060.1	3 102.1	4 227.6	3 848.0
其中：CN域名数	万个	1 082.9	1 108.9	1 636.4	2 060.8	2 084.6
网站数	万个	320.2	335.0	422.9	482.4	533.3
网页总数	万个	15 004 076	18 991 865	21 229 622	23 599 758	26 039 903
其中：静态网页	万个	8 969 675	11 274 475	13 144 783	17 608 329	19 690 890
动态网页	万个	6 034 402	7 717 390	8 084 839	5 991 429	6 349 013
网页长度（总字节数）	GB	7 133 363	8 879 006	14 129 575	12 912 603	16 314 789
互联网国际出口带宽	Mbit/s	3 406 824	4 118 663	5 392 116	6 640 291	7 320 180

2017年互联网主要指标分省情况

	域名数 （个）	其中：CN域名数 （个）	网站数 （个）	网页数 （万个）	网页长度 （总字节数） （GB）
全　国	**38 480 355**	**20 845 513**	**5 332 978**	**26 039 903.0**	**16 314 789.2**
东　部	**27 235 431**	**14 587 862**	**3 540 624**	**22 452 321.1**	**14 400 937.5**
北　京	5 374 574	2 752 795	705 622	9 531 606.1	6 938 320.4
天　津	265 043	98 504	58 202	467 368.4	289 389.3
河　北	637 602	229 761	131 471	1 054 868.6	853 986.9
辽　宁	474 958	181 654	123 272	209 977.1	119 230.3
上　海	2 405 562	1 437 350	414 567	1 892 366.4	1 166 405.0
江　苏	1 616 149	609 358	289 345	1 291 048.1	607 609.2
浙　江	2 075 633	1 166 955	400 281	3 316 217.1	1 846 837.2
福　建	8 824 912	5 820 350	302 777	827 546.3	411 945.4
山　东	1 196 463	447 051	312 313	502 119.7	230 774.0
广　东	3 978 682	1 520 838	777 464	3 274 458.2	1 897 436.4
海　南	385 853	323 246	25 310	84 745.1	39 003.4
中　部	**4 891 749**	**2 424 670**	**695 569**	**2 686 238.4**	**1 437 360.1**
山　西	244 481	107 905	54 983	327 970.9	304 262.1
吉　林	246 436	134 992	33 284	152 994.0	81 325.7
黑龙江	201 075	74 856	43 015	258 253.2	131 535.5
安　徽	721 542	261 928	80 503	206 187.6	55 914.4
江　西	332 293	159 217	44 145	212 189.3	77 152.2
河　南	1 231 752	559 891	235 364	1 187 272.6	632 646.8
湖　北	789 674	406 515	116 646	189 036.0	98 775.1
湖　南	1 124 496	719 366	87 629	152 334.9	55 748.2
西　部	**3 403 811**	**1 610 474**	**506 552**	**901 343.3**	**476 491.6**
内蒙古	99 292	43 796	17 262	13 474.7	6 644.4
广　西	528 885	334 905	50 333	126 896.1	79 449.4
重　庆	437 663	213 864	54 588	77 438.7	54 868.0
四　川	1 183 839	494 879	233 502	299 900.3	156 785.1
贵　州	254 716	144 022	19 741	17 166.7	10 766.7
云　南	233 410	99 283	26 658	177 203.9	106 386.8
西　藏	17 882	12 684	1 547	380.2	118.4
陕　西	396 283	166 753	68 675	160 042.5	50 416.1
甘　肃	116 618	49 167	12 944	11 312.2	4 175.4
青　海	20 124	4 034	3 586	1 529.2	571.4
宁　夏	32 747	14 713	7 105	5 714.8	2 557.4
新　疆	82 352	32 374	10 611	10 284.0	3 752.6
其　他	2 949 364	2 222 507	590 233		

注：CN下域名总数不含.EDU.CN下网站。

国际电信统计信息（国际电信联盟统计数据）

2013—2017年全球电信业主要指标发展情况（一）

指 标 名 称	单位	2013年	2014年	2015年	2016年	2017年
（固定）电话主线运营数	百万线	1 142.3	1 095.0	1 045.6	1 003.9	971.6
其中：发达国家	百万线	516.1	502.7	489.5	479.4	471.3
发展中国家	百万线	626.2	592.3	556.1	524.4	500.3
其中：非洲	百万线	10.1	10.1	10.5	9.9	9.7
阿拉伯国家	百万线	32.6	29.7	29.7	29.9	29.8
亚太地区	百万线	504.4	475.7	439.3	410.5	387.4
独联体国家	百万线	69.4	66.2	62.2	58.3	55.5
欧洲	百万线	248.9	245.0	239.8	237.2	234.7
美洲	百万线	258.7	252.4	248.5	242.9	239.4
蜂窝移动电话用户数	百万户	6 661.5	6 995.9	7 183.8	7 511.4	7 739.8
其中：发达国家	百万户	1 478.6	1 527.4	1 562.8	1 602.6	1 607.0
发展中国家	百万户	5 182.9	5 468.5	5 621.0	5 908.8	6 132.8
其中：非洲	百万户	576.2	638.8	707.6	709.0	758.7
阿拉伯国家	百万户	404.5	411.8	416.0	415.4	420.5
亚太地区	百万户	3 463.4	3 677.8	3 778.0	4 069.6	4 230.3
独联体国家	百万户	386.3	389.8	394.9	396.9	397.5
欧洲	百万户	746.4	742.8	740.9	742.2	745.2
美洲	百万户	1 043.0	1 092.2	1 103.8	1 136.4	1 145.4
互联网网民数	百万人	2 630.5	2 879.7	3 149.7	3 384.6	3 578.4
其中：发达国家	百万人	922.7	946.8	971.7	1 001.7	1 023.1
发展中国家	百万人	1 707.8	1 932.8	2 178.0	2 382.8	2 555.3
其中：非洲	百万人	107.2	131.8	163.8	190.1	213.3
阿拉伯国家	百万人	120.2	135.4	150.9	162.1	172.7
亚太地区	百万人	1 239.0	1 397.2	1 552.2	1 696.9	1 813.0
独联体国家	百万人	153.5	163.0	173.7	183.2	190.6
欧洲	百万人	446.9	461.3	472.3	489.9	501.0
美洲	百万人	540.6	566.8	612.2	637.1	661.9
固定（有线）互联网宽带接入用户数	百万户	692.4	730.8	841.9	916.6	979.3
其中：发达国家	百万户	343.1	353.7	369.9	381.6	391.7
发展中国家	百万户	349.3	377.1	472.0	535.0	587.6
其中：非洲	百万户	2.9	3.5	3.5	3.9	4.1
阿拉伯国家	百万户	11.6	13.5	16.3	18.1	20.8
亚太地区	百万户	299.1	319.6	407.7	463.4	509.1
独联体国家	百万户	35.9	38.0	42.4	44.4	46.5
欧洲	百万户	170.8	176.7	184.1	190.0	194.9
美洲	百万户	164.1	170.9	181.1	190.0	197.3

注：数据来自ITU，根据最新发布数据对往年数据调整。

2013—2017年全球电信业主要指标发展情况（二）

指 标 名 称	单位	2013年	2014年	2015年	2016年	2017年
每百人（固定）电话主线运营数	线/百人	16.0	15.1	14.3	13.6	13.0
其中：发达国家	线/百人	41.3	40.2	39.0	38.1	37.3
发展中国家	线/百人	10.6	9.9	9.2	8.5	8.0
其中：非洲	线/百人	1.1	1.1	1.1	1.0	1.0
阿拉伯国家	线/百人	8.9	8.0	7.8	7.7	7.5
亚太地区	线/百人	12.6	11.8	10.8	10.0	9.3
独联体国家	线/百人	24.6	23.7	22.2	20.7	19.7
欧洲	线/百人	40.0	39.2	38.2	37.7	37.2
美洲	线/百人	26.8	25.9	25.2	24.4	23.8
每百人蜂窝移动电话用户数	户/百人	93.1	96.7	98.2	101.5	103.5
其中：发达国家	户/百人	118.2	122.0	124.5	127.3	127.3
发展中国家	户/百人	87.8	91.4	92.7	96.3	98.7
其中：非洲	户/百人	65.5	70.8	76.4	74.6	77.8
阿拉伯国家	户/百人	110.4	110.4	109.3	107.1	106.4
亚太地区	户/百人	86.5	91.0	92.6	98.9	101.9
独联体国家	户/百人	137.0	139.3	141.0	141.2	141.1
欧洲	户/百人	119.8	118.8	118.2	118.0	118.2
美洲	户/百人	107.9	111.9	112.0	114.2	114.0
每百人互联网网民数	%	36.9	39.9	43.2	45.9	48.0
其中：发达国家	%	73.8	75.6	77.4	79.6	81.0
发展中国家	%	29.0	32.4	36.1	39.0	41.3
其中：非洲	%	12.1	14.5	17.6	19.9	21.8
阿拉伯国家	%	32.8	36.3	39.7	41.8	43.7
亚太地区	%	31.1	34.8	38.3	41.5	43.9
独联体国家	%	54.4	58.2	62.0	65.1	67.7
欧洲	%	71.7	73.8	75.3	77.9	79.6
美洲	%	55.9	58.1	62.1	64.0	65.9
每百人固定（有线）互联网宽带接入用户数	户/百人	9.7	10.1	11.5	12.4	13.1
其中：发达国家	户/百人	27.4	28.3	29.5	30.3	31.0
发展中国家	户/百人	5.9	6.3	7.8	8.7	9.5
其中：非洲	户/百人	0.3	0.4	0.4	0.4	0.4
阿拉伯国家	户/百人	3.2	3.6	4.3	4.7	5.3
亚太地区	户/百人	7.5	7.9	10.0	11.3	12.3
独联体国家	户/百人	12.7	13.6	15.2	15.8	16.5
欧洲	户/百人	27.4	28.3	29.4	30.2	30.9
美洲	户/百人	17.0	17.5	18.4	19.1	19.6

注：数据来自ITU，根据最新发布数据对往年数据调整。

2013—2017年主要国家固定电话主线运营数

（单位：万线）

国家和地区	2013年	2014年	2015年	2016年	2017年
中国	26 698.5	24 943.0	23 099.6	20 662.4	19 376.2
日本	6 401.9	6 355.7	6 370.6	6 409.9	6 394.1
韩国	3 033.3	2 948.1	2 888.3	2 803.6	2 684.3
印度尼西亚	3 072.3	2 622.5	1 037.8	1 075.3	1 117.2
菲律宾	314.9	309.3	322.4	378.2	416.3
泰国	605.6	569.0	530.9	470.6	291.0
新加坡	196.7	199.7	201.6	199.8	198.3
马来西亚	453.6	441.0	449.0	483.7	657.8
印度	2 903.3	2 700.0	2 552.0	2 440.4	2 323.5
巴基斯坦	637.1	489.8	353.8	310.4	294.0
沙特阿拉伯	494.0	362.2	374.7	363.7	361.9
伊朗	2 968.9	2 937.6	3 041.9	3 069.7	3 118.3
埃及	682.1	631.6	623.5	611.8	660.5
南非	387.6	364.8	413.1	452.3	362.9
德国	4 870.0	4 702.1	4 535.0	4 530.0	4 440.0
英国	3 338.4	3 323.8	3 321.1	3 351.3	3 314.1
法国	3 908.0	3 880.5	3 892.9	3 900.6	3 868.7
意大利	2 109.8	2 058.1	2 020.9	2 026.7	2 070.1
俄罗斯	4 047.3	3 821.3	3 555.3	3 227 7	3 119.1
荷兰	712.5	694.6	695.2	677.4	655.1
波兰	825.7	973.2	905.4	814.3	
西班牙	1 938.4	1 923.7	1 937.4	1 963.1	1 968.1
瑞典	392.8	377.9	355.5	310.4	279.4
瑞士	459.3	437.5	414.0	385.3	367.3
土耳其	1 355.2	1 252.9	1 149.3	1 107.8	1 130.8
乌克兰	1 183.1	1 046.1	911.3	845.1	718.7
美国	13 323.3	12 849.5	12 484.8	12 153.0	11 990.2
加拿大	1 692.1	1 640.4	1 561.2	1 515.6	1 470.1
墨西哥	1 859.4	1 856.0	2 017.1	2 059.1	2 060.3
巴西	4 503.8	4 412.8	4 367.7	4 200.4	4 087.8
阿根廷	966.2	982.2	1 007.3	993.9	953.0
澳大利亚	1 035.0	919.0	850.0	818.0	846.0
新西兰	185.0	185.0	185.0	176.0	136.8

注：数据来自ITU，根据最新发布数据对往年数据调整。

2013—2017年主要国家每百人电话主线数

（单位：线/百人）

国家和地区	2013年	2014年	2015年	2016年	2017年
中国	19.3	17.9	16.5	14.7	13.7
日本	49.9	49.6	49.8	50.2	50.2
韩国	60.5	58.5	57.1	55.2	52.7
印度尼西亚	12.2	10.3	4.0	4.1	4.2
菲律宾	3.2	3.1	3.2	3.7	4.0
泰国	8.9	8.3	7.7	6.8	4.2
新加坡	36.7	36.6	36.4	35.5	34.7
马来西亚	15.3	14.6	14.6	15.5	20.8
印度	2.3	2.1	1.9	1.8	1.7
巴基斯坦	3.5	2.6	1.9	1.6	1.5
沙特阿拉伯	16.5	11.8	11.9	11.3	11.0
伊朗	38.3	37.5	38.3	38.2	38.4
埃及	7.6	6.9	6.6	6.4	6.8
南非	7.2	6.7	7.5	8.1	6.4
德国	59.9	57.7	55.5	55.3	54.1
英国	51.6	51.1	50.8	50.9	50.1
法国	61.1	60.5	60.4	60.3	59.5
意大利	35.4	34.5	34.0	34.1	34.9
俄罗斯	28.2	26.6	24.7	22.4	21.7
荷兰	42.3	41.1	41.0	39.9	38.5
波兰	21.6	25.4	23.7	21.3	
西班牙	41.5	41.3	41.8	42.4	42.5
瑞典	40.9	39.0	36.4	31.6	28.2
瑞士	56.5	53.2	49.8	45.9	43.3
土耳其	17.9	16.3	14.7	13.9	14.0
乌克兰	26.2	24.7	21.6	20.1	17.2
美国	42.2	40.4	39.0	37.7	37.0
加拿大	48.0	46.1	43.4	41.8	40.1
墨西哥	15.2	14.9	16.0	16.1	16.0
巴西	22.3	21.6	21.2	20.2	19.5
阿根廷	22.7	22.9	23.2	22.7	21.5
澳大利亚	44.7	39.1	35.7	33.9	34.6
新西兰	41.0	40.5	40.1	37.8	29.1

注：数据来自ITU，根据最新发布数据对往年数据调整。

2013—2017年主要国家移动电话用户数

（单位：万户）

国家和地区	2013年	2014年	2015年	2016年	2017年
中国	122 911.3	128 609.3	129 198.4	136 493.4	147 409.7
日本	14 788.8	15 785.7	16 056.0	16 685.3	17 012.8
韩国	5 468.1	5 729.0	5 893.5	6 129.6	6 365.9
印度尼西亚	31 322.7	32 558.3	33 894.8	38 557.3	45 892.3
菲律宾	10 282.4	11 132.6	11 783.8	12 009.7	11 582.5
泰国	9 384.9	9 709.6	10 294.2	11 966.9	12 153.0
新加坡	843.8	810.4	823.3	846.1	846.3
马来西亚	4 300.5	4 492.9	4 410.4	4 346.5	4 233.9
印度	88 630.4	94 400.9	100 105.6	112 780.9	116 890.2
巴基斯坦	12 773.7	13 576.2	12 590.0	13 648.9	14 452.6
沙特阿拉伯	5 310.4	5 273.5	5 279.6	4 793.3	4 021.1
伊朗	6 524.6	6 889.1	7 421.9	8 052.0	8 710.7
埃及	9 970.5	9 531.6	9 401.6	9 779.1	10 295.8
南非	7 686.5	7 928.1	8 799.9	8 241.3	9 187.8
德国	10 003.4	9 953.0	9 636.0	10 347.0	10 600.0
英国	7 867.4	7 846.1	7 925.1	7 893.1	7 917.4
法国	6 332.4	6 542.5	6 668.1	6 757.1	6 901.7
意大利	9 686.3	8 991.5	8 769.1	8 595.6	8 387.2
俄罗斯	21 830.0	22 103.0	22 728.8	22 912.6	22 734.2
荷兰	1 946.7	1 956.2	2 080.9	2 089.0	2 053.2
波兰	5 697.3	5 690.5	5 453.7	5 300.2	4 982.9
西班牙	5 015.9	5 080.6	5 106.8	5 152.2	5 248.5
瑞典	1 201.4	1 231.3	1 263.9	1 254.3	1 243.6
瑞士	1 104.9	1 115.0	1 124.3	1 124.2	1 129.2
土耳其	6 966.1	7 188.8	7 363.9	7 506.2	7 780.0
乌克兰	6 245.9	6 117.0	6 072.0	5 671.8	5 571.5
美国	31 069.8	35 550.0	38 230.7	39 588.1	39 588.1
加拿大	2 836.0	2 878.9	2 976.5	3 075.2	3 145.9
墨西哥	10 674.7	10 494.8	10 768.8	11 173.0	11 432.7
巴西	27 110.0	28 072.9	25 781.4	24 406.7	23 648.9
阿根廷	6 736.2	6 123.4	6 184.2	6 372.4	6 189.7
澳大利亚	2 494.0	2 506.0	2 577.0	2 655.1	2 755.3
新西兰	476.6	510.0	560.0	580.0	640.0

注：数据来自ITU，根据最新发布数据对往年数据调整。

2013—2017年主要国家每百人移动电话用户数

（单位：户/百人）

国家和地区	2013年	2014年	2015年	2016年	2017年
中国	88.89	92.52	92.48	97.25	104.58
日本	115.26	123.17	125.46	130.61	133.45
韩国	108.99	113.70	116.49	120.68	124.86
印度尼西亚	124.28	127.61	131.29	147.66	173.84
菲律宾	104.41	111.21	115.85	116.24	110.40
泰国	137.72	141.92	149.94	173.78	176.03
新加坡	157.40	148.74	148.74	150.48	148.24
马来西亚	144.77	148.63	143.55	139.37	133.88
印度	69.32	72.96	76.47	85.17	87.28
巴基斯坦	70.30	73.17	66.48	70.65	73.36
沙特阿拉伯	177.34	171.35	167.30	148.51	122.08
伊朗	84.26	87.86	93.52	100.30	107.32
埃及	111.02	103.82	100.25	102.20	105.54
南非	142.96	145.36	159.16	147.13	161.99
德国	123.10	122.14	117.93	126.31	129.09
英国	121.71	120.68	121.18	119.98	119.63
法国	99.07	101.92	103.45	104.40	106.21
意大利	162.34	150.90	147.37	144.63	141.29
俄罗斯	152.02	153.75	157.96	159.15	157.89
荷兰	115.60	115.82	122.85	122.97	120.52
波兰	148.72	148.60	142.52	138.66	130.54
西班牙	107.41	109.21	110.07	111.16	113.22
瑞典	124.95	127.07	129.45	127.50	125.48
瑞士	135.85	135.49	135.14	133.81	133.22
土耳其	91.92	93.32	94.08	94.40	96.35
乌克兰	138.44	144.28	143.98	135.20	133.49
美国	98.47	111.89	119.50	122.88	122.01
加拿大	80.44	80.86	82.80	84.74	85.90
墨西哥	87.12	84.48	85.54	87.60	88.51
巴西	133.94	137.47	125.18	117.54	113.00
阿根廷	158.35	142.47	142.43	145.33	139.81
澳大利亚	107.73	106.75	108.28	110.05	112.69
新西兰	105.50	111.68	121.36	124.44	136.00

注：数据来自ITU，根据最新发布数据对往年数据调整。

2013—2017年主要国家固定宽带接入用户数

（单位：万户）

国家和地区	2013年	2014年	2015年	2016年	2017年
中国	18 890.9	20 048.3	27 704.6	32 259.7	37 854.0
日本	3 691.9	3 778.9	3 887.3	3 980.6	4 039.1
韩国	1 873.8	1 919.9	2 002.4	2 055.6	2 119.6
印度尼西亚	325.2	340.0	398.3	522.7	604.5
菲律宾	257.3	290.0	290.0	298.5	339.9
泰国	519.2	544.0	622.9	721.9	820.8
新加坡	149.3	147.4	148.6	146.1	147.0
马来西亚	293.9	306.1	306.4	271.9	268.8
印度	1 492.8	1 575.0	1 694.3	1 865.3	1 785.6
巴基斯坦	162.8	200.9	179.3	164.3	183.0
沙特阿拉伯	292.0	303.2	356.5	328.8	249.9
伊朗	516.1	614.5	660.9	732.5	1 005.8
埃及	267.6	306.8	382.6	446.9	522.3
南非	161.5	170.6	140.9	115.1	169.8
德国	2 864.2	2 957.3	3 070.7	3 200.0	3 321.7
英国	2 304.0	2 373.0	2 468.6	2 519.0	2 601.6
法国	2 494.0	2 596.9	2 686.7	2 766.4	2 842.9
意大利	1 401.3	1 438.2	1 490.0	1 556.3	1 658.6
俄罗斯	2 374.5	2 495.1	2 688.1	2 752.3	3 087.3
荷兰	679.2	685.1	702.9	718.3	721.1
波兰	703.1	723.4	726.6	732.8	705.3
西班牙	1 225.2	1 300.5	1 354.3	1 411.3	1 447.4
瑞典	314.8	328.1	349.6	368.0	373.6
瑞士	343.8	353.6	370.1	377.4	385.0
土耳其	889.3	886.6	950.5	1 050.0	1 192.5
乌克兰	399.7	394.6	497.9	512.5	524.0
美国	9 603.2	9 781.0	10 221.2	10 632.7	10 983.8
加拿大	1 209.4	1 256.8	1 303.0	1 338.7	1 392.3
墨西哥	1 274.8	1 303.3	1 475.8	1 603.4	1 713.2
巴西	2 136.1	2 396.8	2 548.2	2 675.7	2 867.0
阿根廷	625.1	651.9	685.6	723.2	787.0
澳大利亚	598.1	653.6	682.8	737.4	792.3
新西兰	131.6	141.0	145.1	153.1	158.2

注：数据来自ITU，根据最新发布数据对往年数据调整。

2013—2017年主要国家每百人固定宽带接入用户数

（单位：户/百人）

国家和地区	2013年	2014年	2015年	2016年	2017年
中国	13.66	14.42	19.83	22.99	26.86
日本	28.77	29.49	30.38	31.16	31.68
韩国	37.35	38.10	39.58	40.47	41.58
印度尼西亚	1.29	1.33	1.54	2.00	2.29
菲律宾	2.61	2.90	2.85	2.89	3.24
泰国	7.62	7.95	9.07	10.48	11.89
新加坡	27.86	27.05	26.85	25.99	25.76
马来西亚	9.89	10.13	9.97	8.72	8.50
印度	1.17	1.22	1.29	1.41	1.33
巴基斯坦	0.90	1.08	0.95	0.85	0.93
沙特阿拉伯	9.75	9.85	11.30	10.19	7.59
伊朗	6.67	7.84	8.33	9.12	12.39
埃及	2.98	3.34	4.08	4.67	5.35
南非	3.00	3.13	2.55	2.05	2.99
德国	35.25	36.29	37.58	39.07	40.45
英国	35.64	36.50	37.75	38.29	39.31
法国	39.02	40.46	41.68	42.74	43.75
意大利	23.48	24.14	25.04	26.19	27.94
俄罗斯	16.54	17.36	18.68	19.12	21.44
荷兰	40.33	40.56	41.50	42.28	42.33
波兰	18.35	18.89	18.99	19.17	18.48
西班牙	26.24	27.95	29.19	30.45	31.22
瑞典	32.74	33.87	35.81	37.41	37.70
瑞士	42.28	42.97	44.48	44.91	45.42
土耳其	11.73	11.51	12.14	13.21	14.77
乌克兰	8.86	9.31	11.81	12.22	12.55
美国	30.43	30.79	31.95	33.00	33.85
加拿大	34.31	35.30	36.25	36.89	38.01
墨西哥	10.40	10.49	11.72	12.57	13.26
巴西	10.55	11.74	12.37	12.89	13.70
阿根廷	14.69	15.17	15.79	16.49	17.78
澳大利亚	25.84	27.84	28.69	30.56	32.40
新西兰	29.13	30.88	31.44	32.84	33.62

注：数据来自ITU，根据最新发布数据对往年数据调整。

2013—2017年主要国家每百人互联网网民数

（单位：%）

国家和地区	2013年	2014年	2015年	2016年	2017年
中国	45.80	47.90	50.30	53.20	54.30
日本	88.22	89.11	91.06	93.18	90.87
韩国	84.77	87.56	89.90	92.84	95.10
印度尼西亚	14.94	17.14	21.98	25.45	32.29
菲律宾	48.10	49.60	53.70	55.50	
泰国	28.94	34.89	39.32	47.50	52.89
新加坡	80.90	79.03	79.01	84.45	84.45
马来西亚	57.06	63.67	71.06	78.79	80.14
印度	15.10	21.00	26.00	29.55	
巴基斯坦	10.90	12.00	14.00	15.51	
沙特阿拉伯	60.50	64.71	69.62	74.88	80.08
伊朗	29.95	39.35	45.33	53.23	60.42
埃及	29.40	33.89	37.82	41.25	44.95
南非	46.50	49.00	51.92	54.00	
德国	84.17	86.19	87.59	89.65	84.40
英国	89.84	91.61	92.00	94.78	
法国	81.92	83.75	78.01	79.27	80.50
意大利	58.46	55.64	58.14	61.32	61.30
俄罗斯	67.97	70.52	70.10	73.09	76.01
荷兰	93.96	91.67	91.72	90.41	93.20
波兰	62.85	66.60	68.00	73.30	75.99
西班牙	71.64	76.19	78.69	80.56	84.60
瑞典	94.78	92.52	90.61	89.65	96.41
瑞士	86.34	87.40	87.48	89.13	93.71
土耳其	46.25	51.04	53.74	58.35	64.68
乌克兰	40.95	46.24	48.88	53.00	
美国	71.40	73.00	74.55	76.18	
加拿大	85.80	87.12	88.47	91.16	
墨西哥	43.46	44.39	57.43	59.54	63.85
巴西	51.04	54.55	58.33	60.87	
阿根廷	59.90	64.70	68.04	70.97	
澳大利亚	83.45	84.00	84.56	88.24	86.54
新西兰	82.78	85.50	88.22	88.47	

注：数据来自ITU，根据最新发布数据对往年数据调整。

第三部分　附　录

统计指标解释

一、公用通信网

电信业务总量

电信业务总量是以货币形式表示的电信企业为社会提供各类电信服务的总数量，是用于观察电信业务发展变化总趋势的综合性总量指标，计量单位：元。

电信业务总量是以各类业务的实物量分别乘以相应的不变单价，通过各类业务的货币量加总求得。

不变单价是一定时期内计算业务总量的同度量因素，是根据基础年份各类电信业务量与相对应的电信业务收入测算的平均单价。不变单价的作用是在一定时期内保持电信业务总量不受价格变动的影响，其能够比较准确地综合反映电信业务的发展情况。电信主管部门根据国家统一规定先后制定过 7 次全国不变单价，基本为 10 年一次。2017 年电信业务总量根据最新制定的 2015 年电信业务不变单价计算。

固定电话用户

固定电话用户是指报告期末在电信企业营业网点办理开户登记手续并已接入固定电话网的全部电话用户，计量单位：户。

城市电话用户是指按行政区划属于中央直辖市、省辖市、地级市、县级市的市区、市郊区及县城区范围内的电话用户数，包括分布在农村地区但以县团级以上建制的独立工矿区、林区、驻军的电话用户。

农村电话用户是指按行政区划属于城市范围以外的乡（镇）、村电话用户。

住宅电话用户是指私人付费或安装在居民住宅并按照私人或住宅电话用户登记注册和收费的各类电话用户。

无线市话用户是指在本电信运营企业营业网点办理开户登记手续，利用无线接入话机，采用 PHS/PAS 制式，通过无线通信方式接入公众电话网、占用固定电话号码资源的电话用户，即通常所说的小灵通用户。

公用电话用户是指使用安装在街道、宾馆、机场、车站等公共场所以及电信营业厅等地的设备，并按照公用电话登记注册和收费的电话用户。

移动电话用户

移动电话用户是指报告期末在电信企业营业网点办理开户登记手续，通过移动电话交换机进入移动电话网，占用移动电话号码的各类电话用户，包括各类签约用户、智能网预付费用户、无线上网卡用户，计量单位：户。

3G 移动电话用户是指在计费系统拥有使用信息，占用 3G 网络资源的在网用户。

4G 移动电话用户是指在计费系统拥有使用信息，占用 4G 网络资源的在网用户。

互联网拨号用户

互联网拨号用户是指报告期末通过 PSTN、N-ISDN 等，采用拨号方式接入公众互联网的用户，包括已在电信企业营业网点（或代理商及与电信企业合作经营的 ISP、ICP）办理开户登记手续的、使用个人账号接入公众互联网的全部注册拨号用户；使用公用账号拨通上网特服号接入公众互联网的全部主叫电话号码用户；使用电信企业发行的各种上网储值卡（银行与本电信企业签有协议的）、银行卡等接入公众互联网的全部卡式用户，计量单位：户。

互联网宽带接入用户

互联网宽带接入用户是指报告期末在电信企业登记注册，通过 xDSL、FTTx+LAN、FTTH/O 以及其他宽带接入方式和普通专线接入公众互联网的用户，计量单位：户。

xDSL 用户是指在电信企业登记注册，并通过 xDSL 方式接入公众互联网的用户，包括 xDSL 虚拟拨号用户和 xDSL 专线用户。

FTTx+LAN 用户是指在电信企业登记注册，通过 FTTx+LAN 方式接入公众互联网的用户，包括 FTTx+LAN 业务终端方式用户和 FTTx+LAN 业务专线方式用户。

FTTH/O 用户是指报告期末在电信企业登记注册，通过 FTTH 或 FTTO 方式接入公众互联网的用户。

城市宽带接入用户是指行政区划属于中央直辖市、省辖市、地级市、县级市的市区、市郊区及县城区范围内的宽带接入用户，还包括分布在农村地区的县团级以上建制的独立工矿区、林区、驻军的宽带接入用户。

农村宽带接入用户是指行政区划属于城市范围以外的乡（镇）、村宽带接入用户。

卫星移动通信系统用户

卫星移动通信系统用户是指报告期末在电信企业办理注册登记手续的，通过移动电话交换机进入卫星移动电话网，占用卫星移动电话号码的电话用户，计量单位：户。

固定电话通话量

　　本地电话通话时长是指电信企业固定电话用户作主叫，拨打本地网内的所有去话通话时长，包括拨打本地网内本电信企业或其他电信企业的固定或移动电话用户，经本电信企业或其他电信企业固定或移动本地电路接续的全部去话通话时长，还包括本地网内区间电话通话时长、本地网内区内电话通话时长和本地网内拨号上网通话时长，计量单位：分钟。

　　固定长途电话通话时长是指电信企业固定电话用户作主叫，拨打本地网以外的所有去话通话时长，包括国内长途电话通话时长、国际电话去话通话时长和港澳台电话去话通话时长，还包括固定 IP 电话通话时长，计量单位：分钟。

　　"分钟"按计费通话时长（6s 为一个计费单元）累计后折合为分钟数统计。

移动电话通话量

　　移动电话通话量是指移动电话用户在移动电话网上发生的所有通话量，包括移动电话用户在非漫游和漫游出访状态下发生的本地、国内长途、国际及港澳台地区的主、被叫通话量。计量单位：分钟。

　　"分钟"按计费通话时长（本地电话 1 分钟为一个计费单元；国内长途、国际及港澳台地区电话 6s 为一个计费单元）累计后折合为分钟数统计。

　　移动电话去话通话时长是指电信企业移动电话用户作主叫，在非漫游、漫游出访状态下拨打其他电话用户的所有去话通话时长。漫游来访的异地移动电话用户去话通话时长由计收话费的电信企业统计。该项指标根据漫游状态的不同分为移动非漫游去话通话时长、移动国内漫游去话通话时长、移动国际漫游去话通话时长、移动港澳台地区漫游去话通话时长。

　　移动电话来话通话时长是指电信企业移动电话用户在非漫游、漫游出访状态下接听其他电话用户的所有来话通话时长。

移动短信业务量

　　移动短信业务量是指移动电话用户通过移动通信网络短信平台使用短信业务的通信量，计量单位：条。

　　点对点短信量是指电信企业移动电话用户经过短消息中心发送成功的点对点短信条数，包括本电信企业移动电话用户成功发送给本电信企业或其他电信企业移动电话用户和无线市话用户的短信息业务量。

移动彩信业务量

　　移动彩信业务量是指电信企业移动电话用户通过移动通信网络彩信平台使用移动彩信业务的通信量，计量单位：条。

　　点对点彩信量是指电信企业移动电话用户经过彩信网关发送成功的点对点彩信条数，包括电信企业移动电话用户成功发送给本电信企业或其他电信企业移动电话用户的彩信业务量。

固定电话互联互通通话时长

固定电话互联互通通话时长是指从电信企业固定电话网内发起的经网间关口局疏通的去往其他电信企业固定或移动电话网的电话通话时长，计量单位：min。

移动电话互联互通通话时长

移动电话互联互通通话时长是指从本电信企业移动电话网内发起的经网间关口局疏通的去往其他电信企业固定或移动电话网的通话时长，计量单位：min。

移动短信互联互通业务量

移动短信互联互通业务量是指从本电信企业固定或移动电话用户发起，通过短信互通网关发送到其他电信企业固定或移动电话用户的各类短信通信量，计量单位：条。

长途光缆

长途光缆是指由一定数量的光纤按照一定方式组成缆心，外包有护套，用于实现光信号传输的一种可以长途通信的通信线路，包括架空、直埋、管道、水底、海底光缆，其分别按长途光缆线路长度、长途光缆纤芯长度统计。

长途光缆线路长度是指长途光缆线路的实际长度，架空的光缆按实际杆路长度统计，埋设地下、水底、海底的光缆按沟长统计，计量单位：km。

长途光缆纤芯长度是指长途光缆纤芯数与长途光缆长度的乘积，计量单位：芯公里。

本地网中继光缆

本地网中继光缆是指本地网内各业务节点（如局用交换机、远端模块、数据通信节点机等）之间的光缆，包括本地电话网内本地电话交换机至长途电话交换机之间、各本地电话交换机之间及各业务节点之间的架空、直埋、管道、水底等光缆，其分别按本地网中继光缆线路长度、本地网中继光缆纤芯长度统计。

本地网中继光缆线路长度是指本地网内各业务节点之间从起点至终点所经由的光缆线路实际长度。架空光缆按实际杆路长度统计，埋设地下、水底的光缆按埋设光缆的沟长统计，计量单位：km。

本地网中继光缆纤芯长度是指本地网光缆纤芯数与光缆长度的乘积，计量单位：芯公里。

接入网光缆

接入网光缆是指本地网内各业务节点（如局用交换机、远端模块、数据通信节点机等）至用户节点（光终端设备）之间的光缆，分别按接入网光缆线路长度、接入网光缆纤芯长度统计。

接入网光缆线路长度是指本地网内各业务节点至用户节点之间的光缆线路或沟长的实际长度，计量单位：km。

接入网光缆纤芯长度是指接入网光缆纤芯数与光缆长度的乘积，计量单位：芯公里。

长途电话交换机容量

长途电话交换机容量是指电信企业用于接入长途电话网的电话交换机的设备额定容量，计量单位：路端。

局用交换机容量

局用交换机容量是指安装在电信企业内用于接续本地固定电话的电话交换机容量，包括接入网设备容量（安装在电信运营企业用于连接话音用户的远端节点的设备容量），计量单位：门。

移动电话交换机容量

移动电话交换机容量是指移动电话交换机根据一定话务模型和交换机处理能力计算出来的同时服务用户的最大数量，按报告期末已割接入网正式投入使用的设备实际容量统计，计量单位：户。

移动电话基站

移动电话基站是指为小区服务的无线收发信设备，处理基站与移动台之间的无线通信在移动交换机与移动台之间起中继作用，用以监视无线传输质量的全套设备，计量单位：个。

3G 基站数是指报告期末本电信企业 3G 移动通信网络上实际使用的 Node B 数量。

移动电话话音信道数

移动电话话音信道数是指基站发射和接收移动电话信号的无线传输通道数，按报告期末已割接入网投入使用的设备实际信道数统计，计量单位：个。

移动短消息中心容量

移动短消息中心容量是指本电信企业短消息中心一小时内处理短信息的最大条数，计量单位：条。

互联网宽带接入端口

互联网宽带接入端口是指用于接入互联网用户的各类实际安装运行的接入端口的数量，包括 xDSL 用户接入端口、LAN 接入端口、FTTH/O 端口及其他类型接入端口等，不包括窄带拨号接入端口，计量单位：个。

IPv6 地址数

IPv6 地址是指报告期末本电信企业拥有的或在 APNIC（Asia Pacific Network Information Centre, 亚太互联网信息中心）申请的 IPv6 地址个数之和，不包括本电信企业从其他单位得到的 IPv6 地址，计量单位：块 /32。

电信业务收入

电信业务收入是指电信企业经营基础电信业务和增值电信业务所取得的资费收入以及电信企业之间网间互联电信业务的结算收入，计量单位：元。

电信业务成本

电信业务成本是指电信企业在通信生产过程中实际发生的与通信生产直接相关的各项费用支出，包括直接从事通信生产人员的工资、职工福利费、折旧费、修理费、低值易耗品摊销、业务费、电路及网元租赁费等，不包括管理人员和营销人员的工资，计量单位：元。

电信利润总额

电信利润总额是指电信企业在生产经营过程中，通过销售过程将商品卖给购买方实现收入，收入扣除当初的投入成本以及其他一系列费用，再加、减非经营性质的收支及投资收益，即为企业的利润总额，计量单位：元。

统计方法：利润总额 = 营业利润 + 投资收益（减投资损失）+ 补贴收入 + 营业外收入 − 营业外支出。

增加值

增加值是指电信行业在核算期内从事生产经营或劳务的最终成果，即电信行业在核算期内为国家和社会新创造的价值总额，电信行业增加值采用"收入法"计算，计量单位：元。

资产总额

资产总额是指过去的交易或事项形成并由电信企业拥有或控制的所有资源，该资源预期会给企业带来经济利益，其按流动性分为流动资产和非流动资产，计量单位：元。

固定资产原值

固定资产原值是指电信企业在建造、购置、安装、改建、扩建、技术改造某项固定资产时所支出的全部货币总额，它一般包括买价、包装费、运杂费和安装费等，计量单位：元。

固定资产净值

固定资产净值是指固定资产原值扣除历年已提折旧额后的净额，计量单位：元。

固定资产投资完成额

固定资产投资完成额是指以货币形式表现的在一定时期内建造和购置固定资产的工作量以及有关的费用总称，包括用于电信通信枢纽和电信房屋、设备及线路等建设的投资，主要分为以下几项。

固定通信投资是指专门用于固定通信网络建设的投资，包括无线市话网投资，但不包括数据通信网投资。

移动通信投资是指专门用于移动通信网络建设的投资。

互联网及数据通信投资是指用于互联网和数据业务网络的投资，包括 IP 数据网投资和基础数据网投资，还包括核心路由器、边缘路由器、服务路由器（SR）、BAS 的投资和其他投资。

创新及增值平台投资是指用于承载网、业务网和增值平台等方面的投资。

业务支撑系统投资是指用于信令网、智能网、同步网、BOSS、MIS、OA 等网络的设备和软件投资。

传输投资是指专门用于传输网建设的投资，如管道、光缆、传输系统及其他投资，还包括传输设备、光缆线路、微波投资。

局房及营业场所投资是指用于生产用房、办公经营用房和营业厅的投资。

电信其他投资是指用于管理、共用等不属于上述方面的其他投资。

移动电话漫游国家和地区

移动电话漫游国家和地区是指在移动电话用户出国（境）时，可以用原有的手机和 SIM 卡，并且沿用在中国的电话号码，能接听来电并随时随地打电话，即统计期末所有与本企业签署漫游协议，提供漫游服务的国家和地区，计量单位：个。

固定电话普及率

固定电话普及率是指报告期行政区域总人口中，平均每百人拥有的固定电话用户数（不包括专用通信网电话和接入用户交换机的电话），计量单位：部／百人。

计算公式：

$$固定电话普及率 = \frac{固定电话话机总数（部）}{行政区域总人口数（人）} \times 100\%$$

注：人口数取自国家统计局统计资料。

城市固定电话普及率

城市固定电话普及率是指报告期城市行政区域总人口中，平均每百人拥有的固定电话用户数（不包括专用通信网电话和接入用户交换机的电话），计量单位：部／百人。

计算公式：

$$城市固定电话普及率 = \frac{城市固定电话话机总数（部）}{城市辖区内人口总数（人）} \times 100\%$$

注：人口数取自公安部公布的人口资料。

移动电话普及率

移动电话普及率是指报告期行政区域总人口中，平均每百人拥有的移动电话数，计量单位：部 / 百人。

计算公式：

$$移动电话普及率 = \frac{移动电话用户总数（部）}{行政区域总人口数（人）} \times 100\%$$

注：人口数取自国家统计局统计资料。

二、增值电信业务

增值电信企业

增值电信企业是指在中国大陆境内经营全国或区域性增值电信业务的服务商，计量单位：个。

国有控股企业是指在企业全部资本中，国家资产投资或持股比例超过 50%，且以国有控股企业性质注册增值电信业务经营许可的企业，包括国有独资企业。

外商投资企业是指外国投资者同中国投资者在中国境内依法以中外合资经营的形式，共同投资设立的企业，且以外商投资企业性质注册增值电信业务经营许可的企业。

民营控股企业是指除国有控股、外商投资增值电信企业以外，以民营控股企业性质注册增值电信业务经营许可的企业。

港澳台投资企业是指企业工商登记注册类型为港澳台商投资的增值电信企业，包括与港澳台商合资经营、合作经营，港澳台商独资经营以及港澳台商投资股份有限公司的企业。

因特网数据中心业务（IDC）企业是指利用相应的机房设施，以外包出租的方式为用户的服务器等因特网或其他网络的相关设备提供放置、代理维护、系统配置及管理服务，以及提供数据库系统或服务器等设备的出租及其存储空间的出租、通信线路和出口带宽的代理租用和其他应用服务的服务商。

存储转发类业务企业是指利用存储转发机制为用户提供信息发送业务的服务商。存储转发类业务包括语音信箱、X.400 电子邮件、传真存储转发等。

呼叫中心业务企业是指受企事业单位委托，利用与公用电话网或因特网连接的呼叫中心系统和数据库技术，经过信息采集、加工、存储等建立信息库，通过固定网、移动网或因特网等公众通信网络向用户提供有关该企事业单位的业务咨询、信息咨询和数据查询等服务的服务商。呼叫中心业务还包括呼叫中心系统和话务员座席的出租服务。

因特网接入服务业务（ISP）企业是指利用接入服务器和相应的软、硬件资源建立业务节点，并利用公用电信基础设施将业务节点与因特网骨干网相连接，为各类用户提供接入因特网服务的服务商。因特网接入服务业务包括为因特网信息服务业务（ICP）经营者等利用因特网从事信息内容提供、网上交易、在线应用等提供接入因特网的服务以及为普通上网用户等需要上网获得相关服务的用户提供接入因特网的服务。

信息服务业务企业是指通过信息采集、开发、处理和信息平台的建设，通过固定网、移动网或因特网等公众通信网络直接向终端用户提供话音信息服务（声讯服务）或在线信息和数据检索等信息服务的业务服务商。信息服务的类型主要包括内容服务、娱乐/游戏、商业信息和定位信息等服务。面向的用户可以是固定通信网络用户、移动通信网络用户、因特网用户或其他数据传送网络的用户。

（1）统计范围：根据《电信业务分类目录》，增值电信业务企业包括在线数据处理与交易处理业务企业、国内多方通信服务业务企业、国内因特网虚拟专用网业务企业、因特网数据中心业务企业等第一类电信增值业务企业；存储转发类业务企业、呼叫中心业务企业、因特网接入服务业务企业、信息服务业务企业等第二类增值电信业务企业；无线寻呼业务企业、国内甚小口径卫星通信终端（VSAT）通信业务企业等比照增值电信业务管理的基础电信业务企业。

（2）注意事项：a. 增值电信企业包括在工业和信息化部电信管理局领取跨地区经营许可证的增值电信企业和在省（区、市）通信管理局领取本省（区、市）内经营许可证的增值电信企业，不包括同时经营增值电信业务的 3 家基础电信企业；b. 在统计增值电信企业总数时，对于一个企业拥有多项增值电信业务经营许可的情况，只计算为一个企业，不重复计算，增值电信企业总数应小于或等于各分类业务的企业数量之和；c. 各分类业务的企业数量的统计，按拥有该分类业务经营许可的情况计算。对于拥有同一个业务分类中的多项业务经营许可的情况，只计算为一个企业，不重复计算。

增值电信业务收入

增值电信业务收入是指增值电信企业经营各项增值电信业务所获得的业务收入总和，计量单位：万元。注意事项：增值电信业务收入不包括增值电信企业从事非增值电信业务所获得的收入。

因特网数据中心业务（IDC）收入是指增值电信企业经营因特网数据中心业务所获得的业务收入，计量单位：万元。

呼叫中心业务收入是指增值电信企业经营呼叫中心业务所获得的业务收入。

存储转发类业务收入是指增值电信企业经营存储转发类业务所获得的业务收入。

因特网接入服务业务（ISP）收入是指增值电信企业经营因特网接入服务所获得的业务收入。

信息服务业务收入是指增值电信企业经营信息服务业务所获得的业务收入，包括固定网信息服务业务收入、移动网信息服务业务收入和因特网信息服务业务收入。

其中，**SMS 短信业务收入**是指增值电信企业经营 SMS 短信业务所获得的业务收入。

WAP 业务收入是指增值电信企业经营 WAP 业务所获得的业务收入。

个性化回铃音业务收入是指增值电信企业经营个性化回铃音业务所获得的业务收入，计量单位：万元。

网络广告业务收入是指增值电信企业经营网络广告业务所获得的业务收入。

网络游戏业务收入是指增值电信企业经营网络游戏业务所获得的业务收入。

搜索引擎业务收入是指增值电信企业搜集整理互联网上的信息资源，为用户提供互联网上信息检索服务所获得的收入，包括搜索引擎广告收入、网址导航收入、提供搜索引擎技术服务所获得的收入等。

网络视频业务收入是指增值电信企业在运营的视频网站上，向互联网用户提供在线视频服务所取得的收入，包括点播、下载、包月等。

增值电信企业从业人数

增值电信企业从业人数是指增值电信企业中直接从事增值电信业务的员工数，计量单位：人。

注意事项：增值电信企业从业人数不包括增值电信企业中从事非增值电信业务的员工数。

三、专用通信网

本地电话用户

本地电话用户是指在报告期末接入区域专用电话网上的电话用户。

住宅电话用户是指安装在居民住宅并按照私人或住宅电话用户管理的各类电话用户。注意事项：a. 普通电话按正机数统计；b. 住宅电话用户不包括安装在居民住宅，属于经营性的电话用户。

互联网拨号用户

互联网拨号用户是指在报告期末通过本专用通信网接入国内、国际因特网，享用因特网上的丰富资源和各种服务的用户。

统计范围：包括报告期末在本专用网上连接的所有用户。

宽带接入用户

宽带接入用户是指在报告期末通过 xDSL、FTTx+LAN、WLAN 等方式接入本专用宽带网上的用户。

统计范围：包括报告期末在本专用网上连接的所有用户。

长途光缆线路

长途光缆线路是指由一定数量的光纤按照一定方式组成的缆心，外包有护套，用于实现光信号传输的一种可以长途通信的通信线路，包括架空、直埋、管道、水底的光缆。

长途光缆线路长度是指长途光缆线路的实际长度。架空的光缆按实际杆路长度统计，埋设地下、水底的光缆按沟长统计。

本地线路

本地网中继光缆线路长度是指区域网（本地网）内各业务节点之间起点至终点所经由的光缆线路实际长度。

接入网光缆线路长度是指区域网（本地网）内各业务节点至用户节点之间的光缆杆路或沟长的实际长度。

统计范围：a.区域网（本地网）中继光缆包括专用电话网内本地电话交换机至长途电话交换机之间、各本地电话交换机之间及各业务节点之间的架空、直埋、管道、水底等光缆；b.接入网光缆包括本地网内各业务节点（如局用交换机远端模块和数据通信节点机等）至用户节点（光终端设备）之间的光缆，分为有线接入和无线接入两种。

本地电话交换机容量

本地电话交换机容量是指安装在本专用网上用于接续本地固定电话的电话交换机容量。

统计范围：a.包括人工或自动交换机（含远端模块）以及接入网局用交换机的全部容量；b.包括虽没有建立固定资产账户却已交付业务部门使用的局用交换机，但不包括工程虽已竣工但尚未交付使用业务部门使用的局用交换机；c.不包括仅作汇接用，不向用户开放的交换机容量；d.分期投产的设备，按实际交付使用的用户设备容量统计；拆去或加装用户设备的交换机，按实际设备用户容量统计；e.与长途电话交换机合用的交换机，产权明确的，按产权归属统计，产权不明确的，按主要用途统计。注意事项：a.程控交换机按用户板容量统计；b.人工电话交换机按空塞或号牌统计；c.机械式自动交换机容量按用户机键统计。

固定资产原值

固定资产原值是指专用网在建造、购置、安装、改建、扩建、技术改造某项固定资产时所支出的全部货币总额，它一般包括买价、包装费、运杂费和安装费等。

固定资产净值

固定资产净值是指固定资产原值扣除历年已提折旧额后的净额。

通信从业人员

通信从业人员是指在报告期末专用网内从事通信的在岗职工人数。

固定资产投资完成额

固定资产投资是指为了建造、购置或更新改造固定资产而进行的经济活动。

固定资产投资完成额是以货币形式表现在一定时期内建造和购置固定资产的工作量以及有关的费用总称。它是固定资产投资统计的主要指标，也是反映固定资产投资规模、结构和发展速度的综合指标，还是观察工程进度和考核投资效果的重要依据。

四、国际电联统计指标

电话主线运营数

电话主线运营数是指将用户终端设备与公众交换网进行连接并在电话交换设备上拥有专门端口的（固定）电话线，该术语与通信文件中常用的主站或直接交换线（DEL）为同义词术语。电话主线可能不同于接入线或用户线，该指标中涵盖综合业务数字网（ISDN）通道的数量，固定无线用户也应包括其中。

蜂窝移动电话用户数

蜂窝移动电话用户数是指使用蜂窝技术向公众交换电话网（PSTN）提供接入的公众移动电话业务的便携式电话签约付费用户数量，其中可以包括模拟和数字蜂窝系统以及 IMT-2000（第三代移动通信系统）的用户。公众移动数据业务或无线寻呼业务的用户不应包括其中。

互联网网民数

互联网网民数是指通过定期调查进行估算的互联网上网人数。通常而言，调查会说明某一特定年龄组人口的百分比（如 15 ～ 74 岁）。互联网网民数应提供该年龄组的互联网网民总数，而非由人口总数乘以该年龄组互联网网民的百分比。

中华人民共和国
2017 年国民经济和社会发展统计公报

2017 年，各地区各部门在以习近平同志为核心的党中央坚强领导下，不断增强政治意识、大局意识、核心意识、看齐意识，深入贯彻落实党的十八大和十八届三中、四中、五中、六中、七中全会精神，认真学习贯彻党的十九大精神，以习近平新时代中国特色社会主义思想为指导，按照中央经济工作会议和《政府工作报告》部署，坚持稳中求进工作总基调，坚定不移贯彻新发展理念，坚持以提高发展质量和效益为中心，统筹推进"五位一体"总体布局和协调推进"四个全面"战略布局，以供给侧结构性改革为主线，统筹推进稳增长、促改革、调结构、惠民生、防风险各项工作，经济运行稳中有进、稳中向好、好于预期，经济社会保持平稳健康发展。

一、综合

初步核算，2017 年国内生产总值 827 122 亿元，比 2016 年增长 6.9%，具体如图 1 所示。其中，第一产业增加值 65 468 亿元，增长 3.9%；第二产业增加值 334 622 亿元，增长 6.1%；第三产业增加值 427 032 亿元，增长 8.0%。第一产业增加值占国内生产总值的比重为 7.9%，第二产业增加值占国内生产总值的比重为 40.5%；第三产业增加值占国内生产总值的比重为 51.6%，具体如图 2 所示。2017 年最终消费支出对国内生产总值增长的贡献率为 58.8%，资本形成总额贡献率为 32.1%，货物和服务净出口贡献率为 9.1%。2017 年人均国内生产总值 59 660 元，比 2016 年增长 6.3%。全年国民总收入 825 016 亿元，比 2016 年增长 7.0%。

2017 年年末人口数及其构成见表 1，我国大陆地区总人口 139 008 万人，比 2016 年年末增加 737 万人，其中城镇常住人口 81 347 万人，占总人口比重（常住人口城镇化率）的 58.52%，比 2016 年年末提高 1.17 个百分点。户籍人口城镇化率为 42.35%，比 2016 年年末提高 1.15 个百分点。2017 年出生人口 1 723 万人，出生率为 12.43‰，死亡人口 986 万人，死亡率为 7.11‰，自然增长率为 5.32‰。全国人户分离的人口 2.91 亿人，其中流动人口 2.44 亿人。

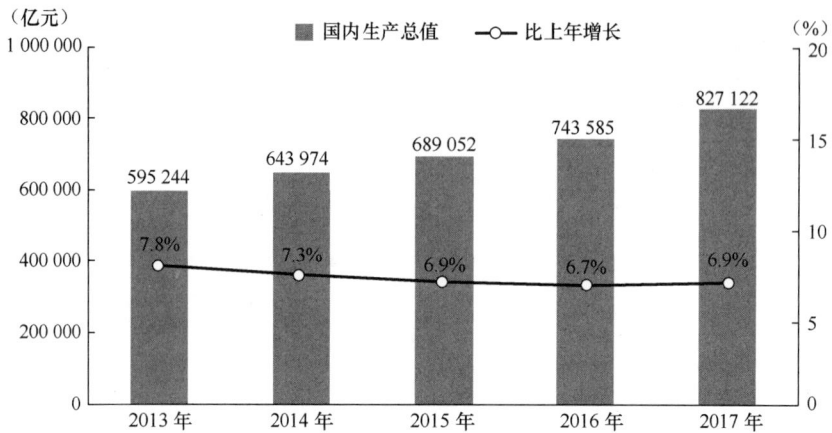

图 1　2013—2017 年国内生产总值及其增长速度

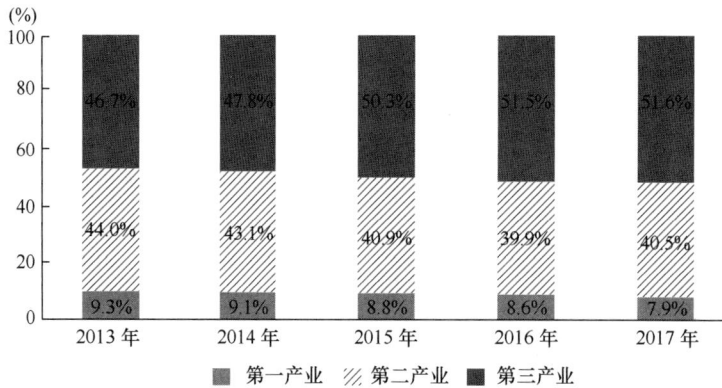

图 2　2013—2017 年三次产业增加值占国内生产总值比重

表 1　2017 年年末人口数及其构成

指　　标	年末数（万人）	比重
全国总人口	139 008	100.0%
其中：城镇	81 347	58.52%
乡村	57 661	41.48%
其中：男性	71 137	51.2%
女性	67 871	48.8%
其中：0～15岁（含不满16周岁）	24 719	17.8%
16～59岁（含不满60周岁）	90 199	64.9%
60周岁及以上	24 090	17.3%
其中：65周岁及以上	15 831	11.4%

2017 年年末全国就业人员 77 640 万人，其中城镇就业人员 42 462 万人。2017 年城镇新增就业 1 351 万人，比 2016 年增加 37 万人，具体如图 3 所示。2017 年年末城镇登记失业率为 3.90%，比 2016 年年末下降 0.12 个百分点。全国农民工 28 652 万人，比 2016 年增长 1.7%。其中，外出农民工 17 185 万人，增长 1.5%；本地农民工 11 467 万人，增长 2.0%。

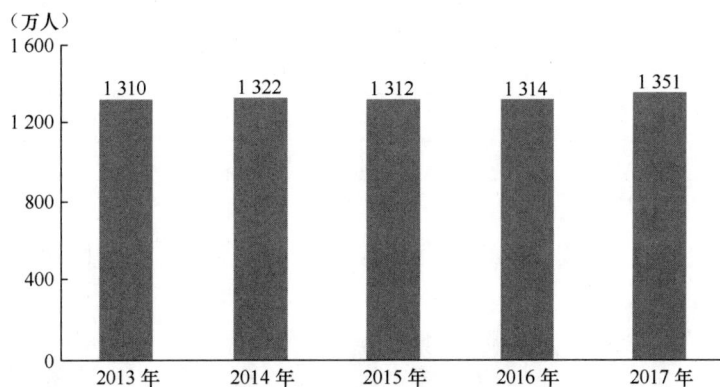

图 3　2013—2017 年城镇新增就业人数

2017 年居民消费价格比 2016 年涨跌幅度见表 2，2017 年居民消费价格比 2016 年上涨 1.6%；工业生产者出厂价格上涨 6.3%；工业生产者购进价格上涨 8.1%；固定资产投资价格上涨 5.8%；农产品生产者价格下降 3.5%。2017 年居民消费价格月度涨跌幅度如图 4 所示。

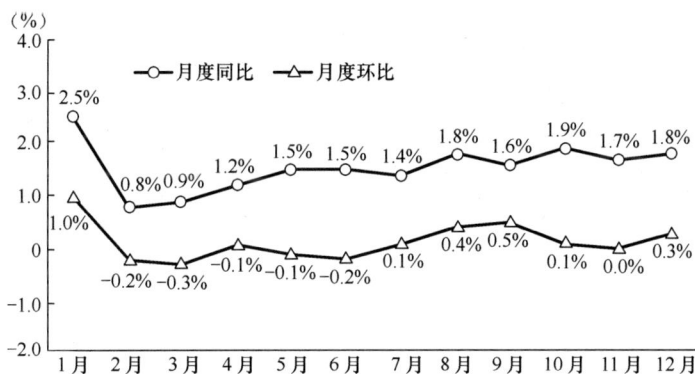

图 4　2017 年居民消费价格月度涨跌幅度

表 2　2017 年居民消费价格比 2016 年涨跌幅度

指　标	全　国	城　市	农　村
居民消费价格	1.6%	1.7%	1.3%
其中：食品烟酒	-0.4%	-0.2%	-1.1%
衣　着	1.3%	1.2%	1.3%

（续表）

指　标	全　国	城　市	农　村
居　住	2.6%	2.5%	2.7%
生活用品及服务	1.1%	1.0%	1.2%
交通和通信	1.1%	1.0%	1.4%
教育文化和娱乐	2.4%	2.4%	2.3%
医疗保健	6.0%	6.8%	4.2%
其他用品和服务	2.4%	2.5%	2.4%

2017 年 12 月 70 个大中城市新建商品住宅销售价格月同比上涨的城市个数为 61 个，具体如图 5 所示，比 2017 年 1 月减少 5 个；下降的城市个数为 9 个，比 2017 年 1 月增加 5 个。

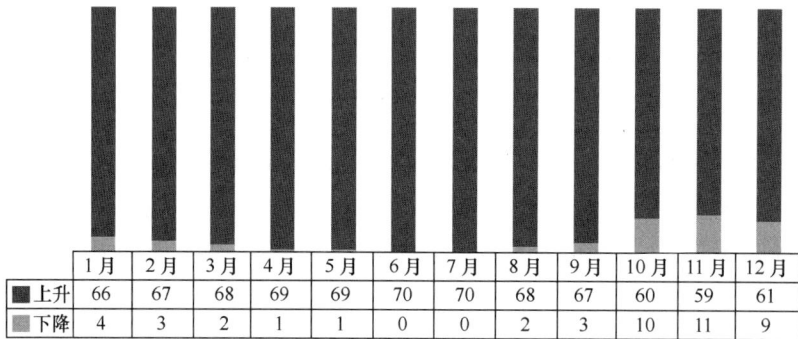

	1月	2月	3月	4月	5月	6月	7月	8月	9月	10月	11月	12月
上升	66	67	68	69	69	70	70	68	67	60	59	61
下降	4	3	2	1	1	0	0	2	3	10	11	9

图 5　2017 年新建商品住宅销售价格月同比上涨、下降城市个数变化情况

2017 年年末国家外汇储备 31 399 亿美元，比 2016 年年末增加 1 294 亿美元，具体如图 6 所示。2017 年人民币平均汇率为 1 美元兑 6.7518 元，比 2016 年贬值 1.6%。

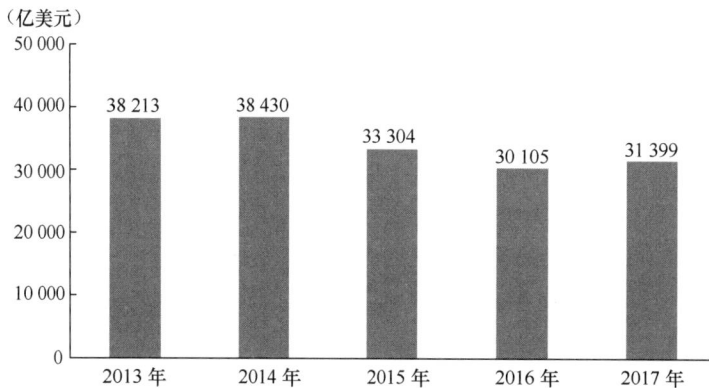

图 6　2013—2017 年年末国家外汇储备

供给侧结构性改革扎实推进。2017 年全国工业产能利用率为 77.0%，比 2016 年提高 3.7 个百分点。其中，煤炭开采和洗选业产能利用率为 68.2%，比 2016 年提高 8.7 个百分点；黑色金属冶炼和压延加工业产能利用率为 75.8%，比 2016 年提高 4.1 个百分点。2017 年年末商品房待售面积 58 923 万平方米，比 2016 年年末减少 10 616 万平方米。其中，商品住宅待售面积 30 163 万平方米，减少 10 094 万平方米。2016 年年末规模以上工业企业资产负债率为 55.5%，比 2016 年年末下降 0.6 个百分点。2017 年规模以上工业企业每百元主营业务收入中的成本为 84.92 元，比 2016 年下降 0.25 元；每百元主营业务收入中的费用为 7.77 元，下降 0.2 元。2017 年生态保护和环境治理业、公共设施管理业、农业固定资产投资（不含农户）分别比 2016 年增长 23.9%、21.8% 和 16.4%。

新动能、新产业、新业态加快成长。2017 年规模以上工业战略性新兴产业增加值比 2016 年增长 11.0%。高技术制造业增加值增长 13.4%，占规模以上工业增加值的比重为 12.7%。装备制造业增加值增长 11.3%，占规模以上工业增加值的比重为 32.7%。2017 年新能源汽车产量 69 万辆，比 2016 年增长 51.2%；智能电视产量 9 666 万台，增长 3.8%；工业机器人产量 13 万台（套），增长 81.0%；民用无人机产量 290 万架，增长 67.0%。2017 年规模以上服务业中，战略性新兴服务业营业收入 41 235 亿元，比 2016 年增长 17.3%，其中，实现营业利润 7 446 亿元，比 2016 年增长 30.2%。2017 年高技术产业投资 42 912 亿元，比 2016 年增长 15.9%，占固定资产投资（不含农户）的比重为 6.8%；工业技术改造投资 105 912 亿元，比 2016 年增长 16.3%，占固定资产投资（不含农户）的比重为 16.8%。2017 年网上零售额 71 751 亿元，比 2016 年增长 32.2%，其中，网上商品零售额 54 806 亿元，比 2016 年增长 28.0%，占社会消费品零售总额的比重为 15.0%。在网上商品零售额中，吃类商品增长 28.6%、穿类商品增长 20.3%、用类商品增长 30.8%。

发展质量效益改善。2017 年全国一般公共预算收入 172 567 亿元，比 2016 年增长 8.1%，具体如图 7 所示。其中，税收收入 144 360 亿元，比 2016 年增加 13 999 亿元，增长 10.7%。2017 年规模以上工业企业实现利润 75 187 亿元，比 2016 年增长 21.0%。2017 年规模以上服务业企业实现营业利润 23 645 亿元，比 2016 年增长 24.5%。2017 年全员劳动生产率为 101 231 元 / 人，比 2016 年提高 6.7%，具体如图 8 所示。

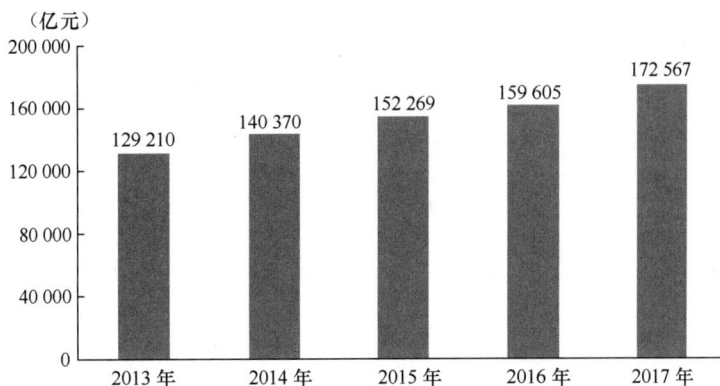

注：图中 2013—2016 年数据为全国一般公共预算收入决算数，2017 年为执行数。

图 7　2013—2017 年全国一般公共预算收入

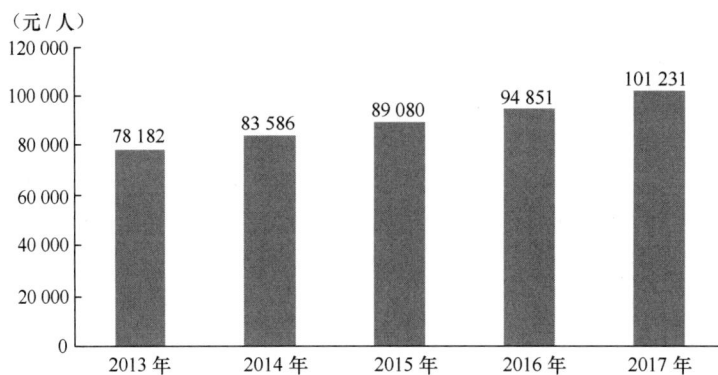

图 8　2013—2017 年全员劳动生产率

二、农业

2017 年粮食种植面积 11 222 万公顷，比 2016 年减少 81 万公顷。棉花种植面积 323 万公顷，减少 12 万公顷；油料种植面积 1 420 万公顷，增加 7 万公顷；糖料种植面积 168 万公顷，减少 1 万公顷。

2017 年粮食产量 61 790 万吨（1 吨 =1000 千克），比 2016 年增加 166 万吨，约增产 0.3%，具体如图 9 所示。其中，夏粮产量 14 031 万吨，增产 0.8%；早稻产量 3 174 万吨，减产 3.2%；秋粮产量 44 585 万吨，增产 0.4%。

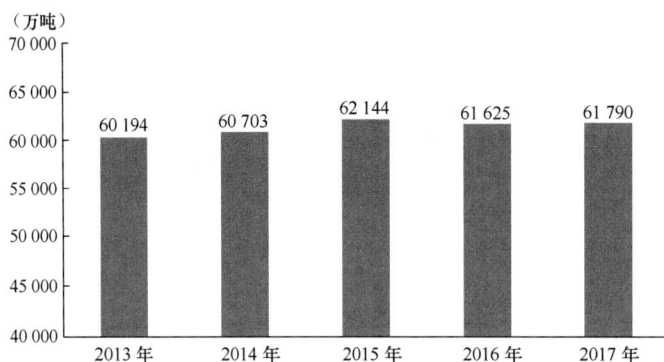

图 9　2013—2017 年粮食产量

2017 年棉花产量 549 万吨，比 2016 年增产 3.5%；油料产量 3 732 万吨，增产 2.8%；糖料产量 12 556 万吨，增产 1.7%。

2017 年猪牛羊禽肉产量 8 431 万吨，比 2016 年增长 0.8%。其中，猪肉产量 5 340 万吨，增长 0.8%；牛肉产量 726 万吨，增长 1.3%；羊肉产量 468 万吨，增长 1.8%；禽肉产量 1 897 万吨，增长 0.5%。禽蛋产量 3 070 万吨，比 2016 年下降 0.8%。牛奶产量 3 545 万吨，比 2016

年下降 1.6%。2017 年年末生猪存栏 4.3 亿头，比 2016 年下降 0.4%；生猪出栏 68 861 万头，比 2016 年增长 0.5%。

2017 年全年水产品产量 6 938 万吨，比 2016 年增长 0.5%。其中，养殖水产品产量 5 281 万吨，增长 2.7%；捕捞水产品产量 1 657 万吨，下降 5.8%。

2017 年全年木材产量 7 682 万立方米，比 2016 年下降 1.2%。

2017 年新增耕地灌溉面积 109 万公顷，新增高效节水灌溉面积 144 万公顷。

三、工业和建筑业

2017 年全年全部工业增加值 279 997 亿元，比 2016 年增长 6.4%。规模以上工业增加值增长 6.6%。在规模以上工业中，分经济类型看，国有控股企业增长 6.5%，集体企业增长 0.6%，股份制企业增长 6.6%，外商及港澳台商投资企业增长 6.9%，私营企业增长 5.9%。分门类看，采矿业下降 1.5%，制造业增长 7.2%，电力、热力、燃气及水生产和供应业增长 8.1%。

2017 年规模以上工业中，农副食品加工业增加值比 2016 年增长 6.8%，纺织业增长 4.0%，化学原料和化学制品制造业增长 3.8%，非金属矿物制品业增长 3.7%，黑色金属冶炼和压延加工业增长 0.3%，通用设备制造业增长 10.5%，专用设备制造业增长 11.8%，汽车制造业增长 12.2%，电气机械和器材制造业增长 10.6%，计算机、通信和其他电子设备制造业增长 13.8%，电力、热力生产和供应业增长 7.8%。六大高耗能行业增长 3.0%，占规模以上工业增加值的比重为 29.7%。2017 年主要工业产品产量及其增长速度见表 3。

表 3　2017 年主要工业产品产量及其增长速度

产品名称	单位	产量	比2016年增长
纱	万吨	4 050.0	8.5%
布	亿米	868.1	-4.3%
化学纤维	万吨	4 919.6	0.7%
成品糖	万吨	1 470.6	1.9%
卷烟	亿支	23 448.3	-1.6%
彩色电视机	万台	15 932.6	1.0%
其中：液晶电视机	万台	15 755.9	0.3%
家用电冰箱	万台	8 548.4	0.8%
房间空气调节器	万台	17 861.5	24.5%
一次能源生产总量	亿吨标准煤	35.9	3.6%
原煤	亿吨	35.2	3.3%
原油	万吨	19 150.6	-4.1%

（续表）

产品名称	单位	产量	比2016年增长
天然气	亿立方米	1 480.3	8.2%
发电量	亿千瓦小时	64 951.4	5.9%
其中：火电	亿千瓦小时	46 627.4	5.1%
水电	亿千瓦小时	11 898.4	0.5%
核电	亿千瓦小时	2 480.7	16.3%
粗　钢	万吨	83 172.8	3.0%
钢　材	万吨	104 958.8	0.1%
10种有色金属	万吨	5 501.0	2.9%
其中：精炼铜（电解铜）	万吨	897.0	6.3%
原铝（电解铝）	万吨	3 329.0	2.0%
水　泥	亿吨	23.4	-3.1%
硫　酸（折100%）	万吨	9 212.9	0.9%
烧　碱（折100%）	万吨	3 365.2	5.1%
乙　烯	万吨	1 821.8	2.3%
化　肥（折100%）	万吨	6 184.3	-6.7%
发电机组（发电设备）	万千瓦	11 830.4	-9.8%
汽　车	万辆	2 901.8	3.2%
其中：基本型乘用车（轿车）	万辆	1 194.5	-1.4%
运动型多用途乘用车（SUV）	万辆	1 004.7	9.9%
大中型拖拉机	万辆	41.8	-32.4%
集成电路	亿块	1 564.6	18.7%
程控交换机	万台	1 240.8	-14.9%
移动通信手持机[25]	万台	188 982.4	2.2%
微型计算机设备	万台	30 678.4	5.8%

2017 年年末全国发电装机容量 177 703 万千瓦，比 2016 年年末增长 7.6%。其中[26]，火电装机容量 110 604 万千瓦，增长 4.3%；水电装机容量 34 119 万千瓦，增长 2.7%；核电装机容量 3 582 万千瓦，增长 6.5%；并网风电装机容量 16 367 万千瓦，增长 10.5%；并网太阳能发电装机容量 13 025 万千瓦，增长 68.7%。

2017 年全社会建筑业增加值 55 689 亿元，比 2016 年增长 4.3%。全国具有资质等级的总承包和专业承包建筑业企业实现利润 7 661 亿元，增长 9.7%。其中，国有控股企业 2 313 亿元，增长 15.1%。

四、固定资产投资

2017 年全社会固定资产投资 641 238 亿元，比 2016 年增长 7.0%。其中，固定资产投资（不含农户）631 684 亿元，增长 7.2%。分区域看，东部地区投资 265 837 亿元，比 2016 年增长 8.3%；中部地区投资 163 400 亿元，增长 6.9%；西部地区投资 166 571 亿元，增长 8.5%；东北地区投资 30 655 亿元，增长 2.8%。

在固定资产投资（不含农户）中，第一产业投资 20 892 亿元，比 2016 年增长 11.8%；第二产业投资 235 751 亿元，比 2016 年增长 3.2%；第三产业投资 375 040 亿元，比 2016 年增长 9.5%，具体如图 10 所示。基础设施投资 140 005 亿元，比 2016 年增长 19.0%，占固定资产投资（不含农户）的比重为 22.2%。民间固定资产投资 381 510 亿元，比 2016 年增长 6.0%，占固定资产投资（不含农户）的比重为 60.4%，具体如图 11 所示。六大高耗能行业投资 64 430 亿元，比 2016 年下降 1.8%，占固定资产投资（不含农户）的比重为 10.2%。2017 年分行业固定资产投资（不含农户）及其增长速度见表 4。2017 年固定资产投资新增主要生产与运营能力见表 5。

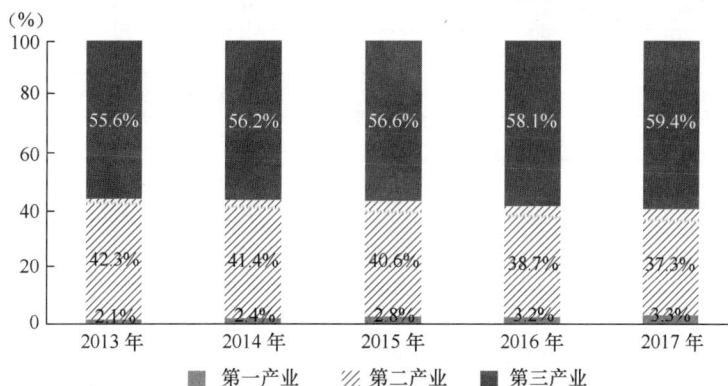

图 10　2013—2017 年三次产业投资占固定资产投资（不含农户）比重

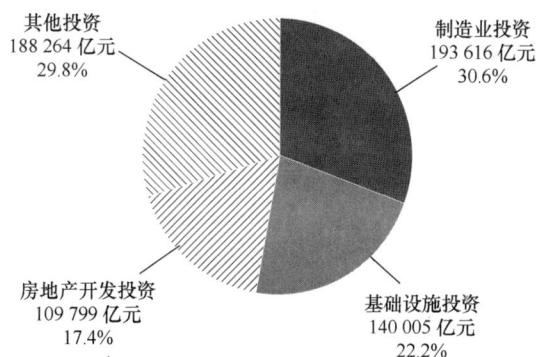

图 11　2017 年按领域分固定资产投资（不含农户）及其占比

表 4　2017 年分行业固定资产投资（不含农户）及其增长速度

行　　业	投资额（亿元）	比2016年增长
总计	631 683	7.2%
农、林、牧、渔业	24 638	9.1%
采矿业	9 209	−10.0%
制造业	193 616	4.8%
电力、热力、燃气及水生产和供应业	29 794	0.8%
建筑业	3 648	−19.0%
批发和零售业	16 542	−6.3%
交通运输、仓储和邮政业	61 186	14.8%
住宿和餐饮业	6 107	3.9%
信息传输、软件和信息技术服务业	6 987	12.8%
金融业	1 121	−13.3%
房地产业	139 734	3.6%
租赁和商务服务业	13 304	14.4%
科学研究和技术服务业	5 932	9.4%
水利、环境和公共设施管理业	82 105	21.2%
居民服务、修理和其他服务业	2 686	2.4%
教育	11 084	20.2%
卫生和社会工作	7 327	18.1%
文化、体育和娱乐业	8 732	12.9%
公共管理、社会保障和社会组织	7 931	−2.0%

表 5　2017 年固定资产投资新增主要生产与运营能力

指　　标	单位	绝对数
新增220千伏及以上变电设备	万千伏安	24 263
新建铁路投产里程	千米	3 038
其中：高速铁路	千米	2 182
增、新建铁路复线投产里程	千米	3 223
电气化铁路投产里程	千米	4 583
新改建公路里程	千米	313 607
其中：高速公路	千米	6 796
港口万吨级码头泊位新增通过能力	万吨/年	24 858
新增民用运输机场	个	11
新增光缆线路长度	万千米	705

2017 年房地产开发投资 109 799 亿元，比 2016 年增长 7.0%。其中住宅投资 75 148 亿元，增长 9.4%；办公楼投资 6 761 亿元，增长 3.5%；商业营业用房投资 15 640 亿元，下降 1.2%，具体见表 6。

表 6　2017 年房地产开发和销售主要指标及其增长速度

指　标	单位	绝对数	比2016年增长
投资额	亿元	109 799	7.0%
其中：住宅	亿元	75 148	9.4%
其中：90平方米及以下	亿元	22 367	-9.7%
房屋施工面积	万平方米	781 484	3.0%
其中：住宅	万平方米	536 444	2.9%
房屋新开工面积	万平方米	178 654	7.0%
其中：住宅	万平方米	128 098	10.5%
房屋竣工面积	万平方米	101 486	-4.4%
其中：住宅	万平方米	71 815	-7.0%
商品房销售面积	万平方米	169 408	7.7%
其中：住宅	万平方米	144 789	5.3%
2017年到位资金	亿元	156 053	8.2%
其中：国内贷款	亿元	25 242	17.3%
个人按揭贷款	亿元	23 906	-2.0%

2017 年全国城镇棚户区住房改造开工 609 万套，棚户区改造基本建成 604 万套，公租房基本建成 82 万套。2017 年全国农村地区建档立卡贫困户危房改造 152.5 万户。

五、国内贸易

2017 年社会消费品零售总额 366 262 亿元，比 2016 年增长 10.2%，具体如图 12 所示。按经营地统计，城镇消费品零售额 314 290 亿元，增长 10.0%；乡村消费品零售额 51 972 亿元，增长 11.8%。按消费类型统计，商品零售额 326 618 亿元，增长 10.2%；餐饮收入额 39 644 亿元，增长 10.7%。

在限额以上企业商品零售额中，粮油、食品、饮料、烟酒类零售额比 2016 年增长 9.7%，服装、鞋帽、针纺织品类增长 7.8%，化妆品类增长 13.5%，金银珠宝类增长 5.6%，日用品类增长 8.0%，家用电器和音像器材类增长 9.3%，中西药品类增长 12.4%，文化办公用品类增长 9.8%，家具类增长 12.8%，通信器材类增长 11.7%，建筑及装潢材料类增长 10.3%，汽车类增长 5.6%，石油及制品类增长 9.2%。

（亿元）

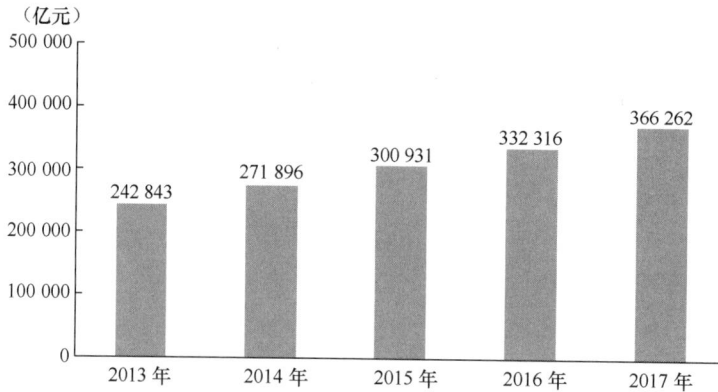

图 12　2013—2017 年社会消费品零售总额

六、对外经济

2017 年货物进出口总额 277 923 亿元，比 2016 年增长 14.2%，如图 13 所示。其中，出口 153 321 亿元，增长 10.8%；进口 124 602 亿元，增长 18.7%。表 7 所示为货物进出口差额（出口减进口）28 719 亿元，比 2016 年减少 4 734 亿元。

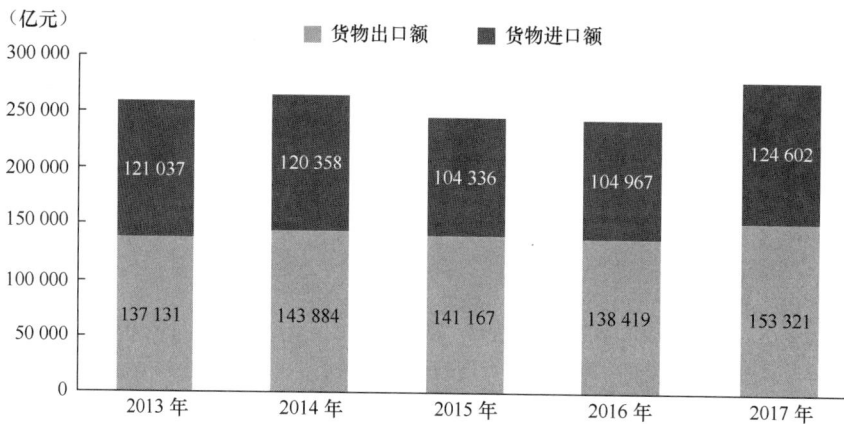

图 13　2013—2017 年货物进出口总额

表 7　2017 年货物进出口总额及其增长速度

指　　标	金额（亿元）	比2016年增长
货物进出口总额	277 923	14.2%
货物出口额	153 321	10.8%
其中：一般贸易	83 325	11.7%
加工贸易	51 381	8.8%

（续表）

指　　标	金额（亿元）	比2016年增长
其中：机电产品	89 465	12.1%
高新技术产品	45 150	13.3%
货物进口额	124 602	18.7%
其中：一般贸易	73 299	23.2%
加工贸易	29 180	11.3%
其中：机电产品	57 785	13.3%
高新技术产品	39 501	14.1%
货物进出口差额（出口减进口）	28 719	—

2017 年主要进 / 出口数量、金额及其增长速度见表 8 和表 9。

表 8　2017 年主要商品出口数量、金额及其增长速度

商品名称	单位	数量	比2016年增长	金额（亿元）	比2016年增长
煤（包括褐煤）	万吨	817	−7.0%	75	64.7%
钢材	万吨	7 541	−30.5%	3 700	3.1%
纺织纱线、织物及制品	—	—	—	7 441	7.4%
服装及衣着附件	—	—	—	10 656	2.3%
鞋类	—	450	6.5%	3 269	5.0%
家具及其零件	—	—	—	3 385	7.4%
自动数据处理设备及其部件	万台	154 208	−3.1%	10 710	18.1%
手持或车载无线电话	万台	121 087	−4.8%	8 503	11.3%
集装箱	万个	300	50.6%	567	103.2%
液晶显示板	万个	193 367	1.6%	1 737	2.3%
汽车	万辆	104	43.1%	898	27.2%

表 9　2017 年主要商品进口数量、金额及其增长速度

商品名称	单位	数量	比2016年增长	金额（亿元）	比2016年增长
谷物及谷物粉	万吨	2 559	16.4%	440	17.2%
大豆	万吨	9 553	13.8%	2 688	19.6%
食用植物油	万吨	577	4.4%	307	11.3%
铁矿砂及其精矿	万吨	107 474	5.0%	5 175	35.0%
氧化铝	万吨	287	−5.3%	75	29.5%

（续表）

商品名称	单位	数量	比2016年增长	金额（亿元）	比2016年增长
煤（包括褐煤）	万吨	27 090	6.1%	1 536	63.7%
原油	万吨	41 957	10.1%	11 003	42.7%
成品油	万吨	2 964	6.4%	982	33.3%
初级形状的塑料	万吨	2 868	11.5%	3 284	20.1%
纸浆	万吨	2 372	12.6%	1 039	28.5%
钢材	万吨	1 330	0.6%	1 027	18.2%
未锻轧铜及铜材	万吨	469	−5.2%	2 115	21.3%
集成电路	亿个	3 770	10.1%	17 592	17.3%
汽车	万辆	124	15.7%	3 422	16.3%

2017 年对主要国家和地区货物进出口额及其增长速度见表 10。

表 10　2017 年对主要国家和地区货物进出口额及其增长速度

国家和地区	出口额（亿元）	比2016年增长	占全部出口比重	进口额（亿元）	比2016年增长	占全部进口比重
欧盟	25 199	12.6%	16.4%	16 543	20.2%	13.3%
美国	29 103	14.5%	19.0%	10 430	17.3%	8.4%
东盟	18 902	11.9%	12.3%	15 942	22.8%	12.8%
日本	9 301	8.9%	6.1%	11 204	16.3%	9.0%
中国香港	18 899	−0.4%	12.3%	495	−54.9%	0.4%
韩国	6 965	12.6%	4.5%	12 013	14.4%	9.6%
中国台湾	2 979	12.2%	1.9%	10 512	14.5%	8.4%
巴西	1 962	35.2%	1.3%	3 974	31.4%	3.2%
印度	4 615	19.8%	3.0%	1 107	42.4%	0.9%
俄罗斯	2 906	17.8%	1.9%	2 790	31.0%	2.2%
南非	1 004	18.4%	0.7%	1 649	12.1%	1.3%

2017 年服务进出口总额 46 991 亿元，比 2016 年增长 6.8%。其中，服务出口 15 407 亿元，增长 10.6%；服务进口 31 584 亿元，增长 5.1%；服务进出口逆差 16 177 亿元。

2017 年吸收外商直接投资（不含银行、证券、保险）新设立企业 35 652 家，比 2016 年增长 27.8%，见表 11。实际使用外商直接投资金额 8 776 亿元，增长 7.9%，增速比 2016 年加快 3.8 个百分点。其中，"一带一路"沿线国家对华直接投资新设立企业 3 857 家，增长 32.8%；对华直接投资金额 374 亿元。2017 年高技术制造业实际使用外资 666 亿元，增长 11.3%。

2017 年对外直接投资额（不含银行、证券、保险）1 201 亿美元，比 2016 年下降 29.4%。其中，对"一带一路"沿线国家直接投资额 144 亿美元。

2017 年对外承包工程业务完成营业额 1 686 亿美元，比 2016 年增长 5.8%。其中，对"一带一路"沿线国家完成营业额 855 亿美元，增长 12.6%，占对外承包工程业务完成营业额比重为 50.7%；对外劳务合作派出各类劳务人员 52 万人，增长 5.7%。

七、交通、邮电和旅游

2017 年货物运输总量 479.4 亿吨，比 2016 年增长 9.3%，见表 11。2017 年规模以上港口完成货物吞吐量 126 亿吨，比 2016 年增长 6.4%，其中，外贸货物吞吐量 40 亿吨，增长 5.7%；2017 年规模以上港口集装箱吞吐量 23 680 万标准箱，增长 8.3%。

表 11　2017 年各种运输方式完成货物运输量及其增长速度

指　　标	单　　位	绝对数	比2016年增长
货物运输总量	亿吨	479.4	9.3%
铁路	亿吨	36.9	10.7%
公路	亿吨	368.0	10.1%
水运	亿吨	66.6	4.3%
民航	万吨	705.8	5.7%
管道	亿吨	7.9	7.3%

2017 年旅客运输总量 185.1 亿人次，比 2016 年下降 2.6%，见表 12。

表 12　2017 年各种运输方式完成旅客运输量及其增长速度

指　　标	单　　位	绝对数	比2016年增长
旅客运输总量	亿人次	185.1	-2.6%
铁路	亿人次	30.8	9.6%
公路	亿人次	145.9	-5.4%
水运	亿人次	2.8	4.1%
民航	亿人次	5.5	13.0%

2017 年年末全国民用汽车保有量 21 743 万辆（包括三轮汽车和低速货车 820 万辆），比 2016 年年末增长 11.8%，其中，私人汽车保有量 18 695 万辆，增长 12.9%。民用轿车保有量 12 185 万辆，增长 12.0%，其中，私人轿车 11 416 万辆，增长 12.5%。

2017 年，快递业务量 400.6 亿件比 2016 年增长 28%，具体如图 14 所示。2017 年完成电信业务总量 27 557 亿元，比 2016 年增长 76.4%。电信业全年新增移动电话交换机容量 23 646 万户，达到 242 186 万户。2017 年年末全国电话用户总数 161 125 万户，其中移动电话用户 141 749 万户；移动电话普及率上升至 102.5 部 / 百人。固定互联网宽带接入用户 34 854 万户，比 2016 年增加 5 133 万户；移动宽带用户 113 152 万户，增加 19 077 万户，具体如图 15 所示。移动互联网接入流量 246 亿，比 2016 年增长 162.7%。互联网上网人数 7.72 亿人，增加 4 074 万人。互联网普及率达到 55.8%，其中，农村地区互联网普及率达到 35.4%。软件和信息技术服务业 2017 年完成软件业务收入 55 037 亿元，比 2016 年增长 13.9%。

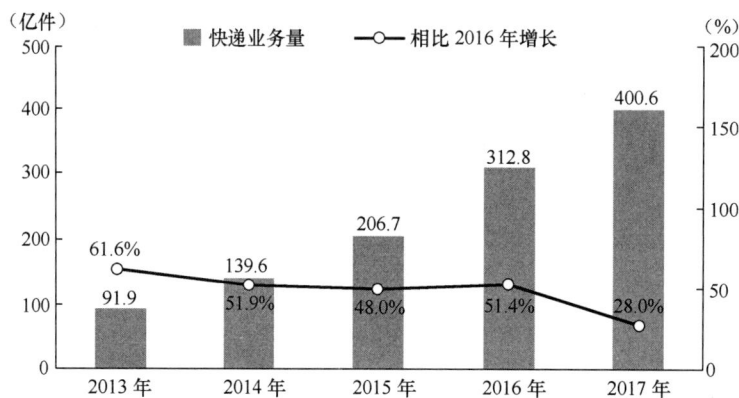

图 14　2013—2017 年快递业务量及其增长速度

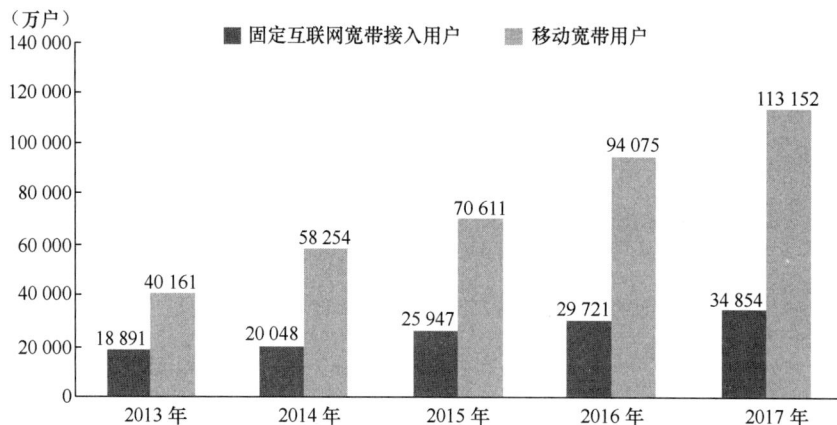

图 15　2013—2017 年固定互联网宽带接入用户和移动宽带用户

2017 年国内游客 50 亿人次，比 2016 年增长 12.8%；国内旅游收入 45 661 亿元，增长 15.9%。入境游客 13 948 万人次，增长 0.8%。外国人 2 917 万人次，增长 3.6%。港澳台地区游客 11 032 万人次，与 2016 年持平。在入境游客中，过夜游客 6 074 万人次，增长 2.5%。国际旅游收入 1 234 亿美元，增长 2.9%。国内居民出境 14 273 万人次，增长 5.6%。其中，因私出境 13 582 万人次，增长 5.7%。

八、金融

2017 年年末广义货币供应量（M₂）余额 1 677 000 亿元，比 2016 年年末增长 8.2%；狭义货币供应量（M₁）余额 544 000 亿元，增长 11.8%；流通中货币（M₀）余额 71 000 亿元，增长 3.4%。

2017 年社会融资规模增量 194 000 亿元，按可比口径计算比 2016 年增加 16 000 亿元；2016 年年末社会融资规模存量 1 746 000 亿元，比 2016 年年末增长 12.0%。2017 年年末全部金融机构本外币各项存款余额 1 693 000 亿元，比 2017 年年初增加 137 000 亿元，其中，人民币各项存款余额 1 641 000 亿元，增加 135 000 亿元。全部金融机构本外币各项贷款余额 1 256 000 亿元，增加 136 000 亿元，其中，人民币各项贷款余额 1 201 000 亿元，增加 135 000 亿元，具体见表 13。

表 13　2017 年年末全部金融机构本外币存贷款余额及其增长速度

指　　标	年末数（亿元）	比2016年年末增长
各项存款	1 692 727	8.8%
其中：境内住户存款	651 983	7.5%
其中：人民币	643 768	7.7%
境内非金融企业存款	571 641	7.7%
各项贷款	1 256 074	12.1%
其中：境内短期贷款	411 153	8.2%
境内中长期贷款	750 894	18.2%

2017 年年末主要农村金融机构（农村信用社、农村合作银行、农村商业银行）人民币贷款余额 149 820 亿元，比 2017 年年初增加 15 602 亿元。全部金融机构人民币消费贷款余额 315 195 亿元，增加 64 717 亿元。其中，个人短期消费贷款余额 68 041 亿元，增加 18 724 亿元；个人中长期消费贷款余额 247 154 亿元，增加 45 993 亿元。

2017 年上市公司通过境内市场累计筹资 40 836 亿元，比 2016 年减少 12 244 亿元。其中，首次公开发行 A 股完成申购 419 支，筹资 2 186 亿元；A 股现金再融资（包括公开增发、定向增发、配股、优先股）9 209 亿元，减少 4 178 亿元；上市公司通过沪深交易所发行债券（包括公司债、可转债、可交换债和企业资产支持证券）筹资 28 105 亿元，减少 8 563 亿元。2017 年全国中小企业股份转让系统新增挂牌公司 2 176 家，筹资 1 336 亿元，减少 3.95%。

2017 年发行公司信用类债券 56 400 亿元，比 2016 年减少 25 900 亿元。

2017 年保险公司原保险保费收入 36 582 亿元，比 2016 年增长 18.2%。其中，寿险业务原保险保费收入 21 456 亿元，健康险和意外伤害险业务原保险保费收入 5 291 亿元，财产险业务原保险保费收入 9 835 亿元。支付各类赔款及给付 11 180 亿元。其中，寿险业务给付 4 575 亿元，健康险和意外伤害险赔款及给付 1 518 亿元，财产险业务赔款 5 087 亿元。

九、居民收入消费和社会保障

2017 年全国居民人均可支配收入 25 974 元，比 2016 年增长 9.0%，扣除价格因素，实际增长 7.3%。全国居民人均可支配收入中位数 22 408 元，增长 7.3%，具体如图 16 所示。按常住地分，城镇居民人均可支配收入 36 396 元，比 2016 年增长 8.3%，扣除价格因素，实际增长 6.5%。城镇居民人均可支配收入中位数 33 834 元，增长 7.2%。农村居民人均可支配收入 13 432 元，比 2016 年增长 8.6%，扣除价格因素，实际增长 7.3%。农村居民人均可支配收入中位数 11 969 元，增长 7.4%。按全国居民五等份收入分组，低收入组人均可支配收入 5 958 元，中等偏下收入组人均可支配收入 13 843 元，中等收入组人均可支配收入 22 495 元，中等偏上收入组人均可支配收入 34 547 元，高收入组人均可支配收入 64 934 元。全国农民工人均月收入 3 485 元，比 2016 年增长 6.4%。

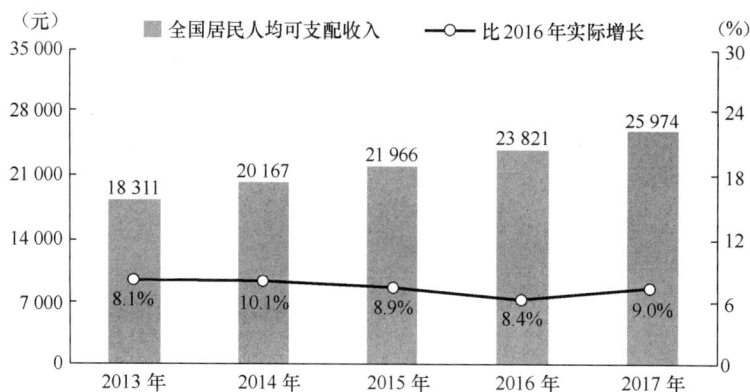

图 16   2013—2017 年全国居民人均可支配收入及其增长速度

全国居民人均消费支出 18 322 元，比 2016 年增长 7.1%，扣除价格因素，实际增长 5.4%。按常住地分，城镇居民人均消费支出 24 445 元，增长 5.9%，扣除价格因素，实际增长 4.1%；农村居民人均消费支出 10 955 元，增长 8.1%，扣除价格因素，实际增长 6.8%。恩格尔系数为 29.3%，比 2016 年下降 0.8 个百分点，其中城镇为 28.6%，农村为 31.2%，具体如图 17 所示。

按照每人每年 2 300 元（2010 年不变价）的农村贫困标准计算，2017 年年末农村贫困人口 3 046 万人，比 2016 年年末减少 1 289 万人；贫困发生率 3.1%，比 2016 年下降 1.4 个百分点。贫困地区农村居民人均可支配收入 9 377 元，比 2016 年增长 10.5%，扣除价格因素，实际增长 9.1%，具体如图 18 所示。

2017 年年末全国参加城镇职工基本养老保险人数 40 199 万人，比 2016 年年末增加 2 269 万人。全国参加城乡居民基本养老保险人数 51 255 万人，增加 408 万人。参加基本医疗保险人数 117 664 万人，增加 43 272 万人。其中，参加职工基本医疗保险人数 30 320 万人，增加 789 万人；参加城乡居民基本医疗保险人数 87 343 万人，增加 42 483 万人。参加失业保险人数 18 784 万人，增加 695 万人。2017 年年末全国领取失业保险金人数 220 万人。参加工伤保险人数 22 726 万人，增加 836 万人，其中，参加工伤保险的农民工 7 807 万人，增加 297 万人。参加生育保险人数 19 240 万人，增加 789 万人。2017 年年末全国共有 1 264 万人享受城市居民最低生活保障，4 047 万人享受农村居民最低生活保障，467 万人享受农村特困人员救助供养。2017 年资助 5 203 万人参加基本医疗保险，医疗救助 3 536 万人次。国家抚恤、补助各类优抚对象 859 万人。

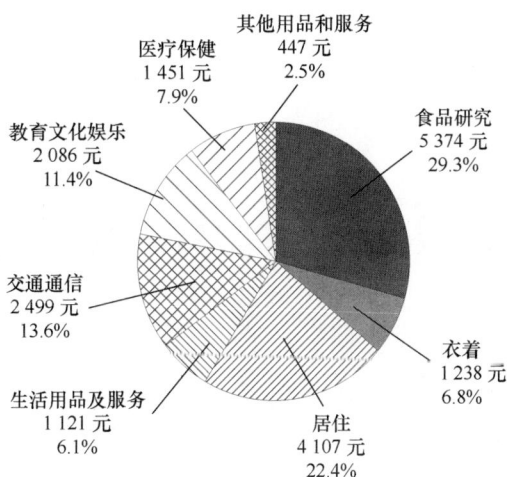

图 17 2017 年全国居民人均消费支出及其构成

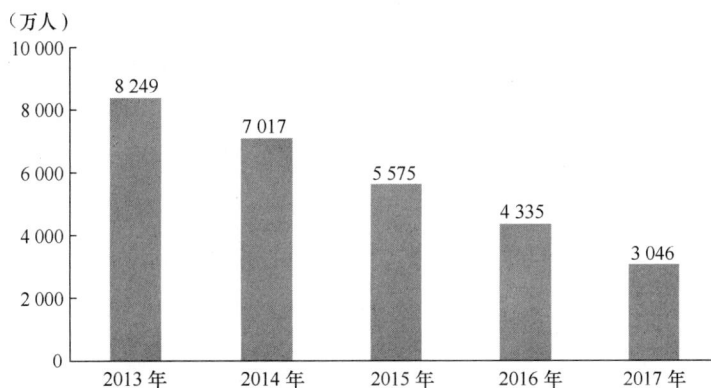

图 18 2013—2017 年年末全国农村贫困人口

十、教育、科学技术和文化体育

2017 年研究生教育招生 80.5 万人，在学研究生 263.9 万人，毕业生 57.8 万人。普通本专科招生 761.5 万人，在校生 2 753.6 万人，毕业生 735.8 万人。中等职业教育招生 582.4 万人，在校生 1 592.5 万人，毕业生 496.9 万人。普通高中招生 800.1 万人，在校生 2 374.5 万人，毕业生 775.7 万人，具体如图 19 所示。初中招生 1 547.2 万人，在校生 4 442.1 万人，毕业生 1 397.5 万人。普通小学招生 1 766.6 万人，在校生 10 093.7 万人，毕业生 1 565.9 万人。特殊教育招生 11.1 万人，在校生 57.9 万人，毕业生 6.9 万人。学前教育在园幼儿 4 600.1 万人。九年义务教育巩固率为 93.8%，高中阶段毛入学率为 88.3%。

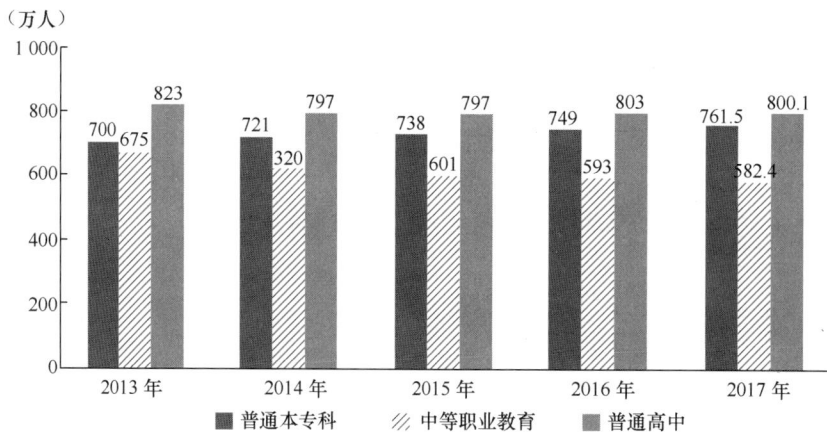

图 19　2013—2017 年普通本专科、中等职业教育及普通高中招生人数

2017 年研究与试验发展（R&D）经费支出 17 500 亿元，比 2016 年增长 11.6%，与国内生产总值之比为 2.12%，其中，基础研究经费 920 亿元，具体如图 20 所示。2017 年国家重点研发计划共安排 42 个重点专项 1 115 个科技项目，国家科技重大专项共安排 454 个课题，国家自然科学基金共资助 43 935 个项目。截至 2017 年年底，累计建设国家重点实验室 503 个，国家工程研究中心 131 个，国家工程实验室 217 个，国家企业技术中心 1 276 家。国家科技成果转化引导基金累计设立 5 支子基金，资金总规模 247.2 亿元。2017 年境内外专利申请 369.8 万件，授予专利权 183.6 万件，PCT 专利申请受理量为 5.1 万件。截至 2017 年年底，有效专利 714.8 万件，其中，境内有效发明专利 135.6 万件，每万人口发明专利拥有量 9.8 件。2017 年共签订技术合同 36.8 万项，技术合同成交金额 13 424 亿元，比 2016 年增长 17.7%，具体见表 14。

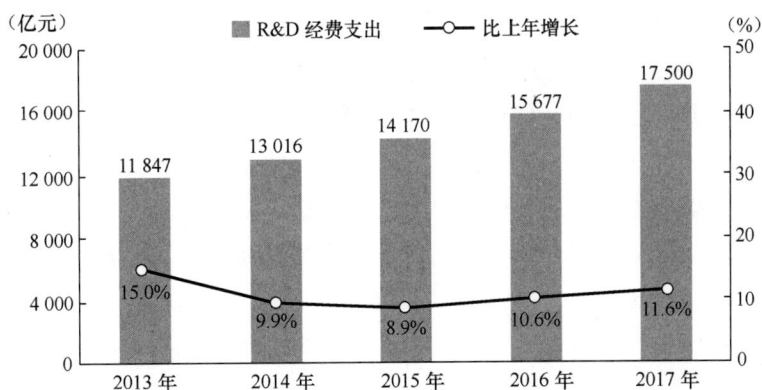

图 20　2013—2017 年研究与试验发展（R&D）经费支出及其增长速度

表 14　2017 年专利申请、授权和有效专利情况

指　标	专利数（万件）
专利申请数	369.8
其中：境内专利申请	351.3
其中：发明专利申请	138.2
其中：境内发明专利	123.4
专利授权数	183.6
其中：境内专利授权	170.5
其中：发明专利授权	42.0
其中：境内发明专利	32.0
2017年年末有效专利数	714.8
其中：境内有效专利	620.4
其中：有效发明专利	208.5
其中：境内有效发明专利	135.6

　　2017 年成功完成 17 次宇航发射。首颗高轨道高通量通信卫星实践十三号、首颗大型硬 X 射线空间探测卫星"慧眼"卫星成功发射；北斗导航全球卫星系统组网首发双星成功发射；天舟一号货运飞船成功发射，并完成与天宫二号交会对接。"墨子号"量子卫星成功实现预定科学目标，暗物质粒子探测卫星"悟空"发现反常电子信号，C919 大型客机、"鲲龙"AG600 水陆两栖飞机首飞成功。

　　2017 年年末全国共有产品检测实验室 35 000 个，其中，国家检测中心 739 个。全国现有产品质量、体系认证机构 401 个，已累计完成对 140 250 个企业的产品认证。全国共有法定计量技术机构 4 037 个，2017 年强制检定计量器具 8 326 万台（件）。2017 年制定、修订国家标准 3 811 项，其中新制定 2 684 项。

2017 年年末全国文化系统共有艺术表演团体 2 054 个，博物馆 3 217 个。全国共有公共图书馆 3 162 个，总流通 72 641 万人次；文化馆 3 327 个。有线电视实际用户 2.20 亿户，其中，有线数字电视实际用户 1.98 亿户。2017 年年末广播节目综合人口覆盖率为 98.7%，电视节目综合人口覆盖率为 99.1%。2017 年生产电视剧 310 部 13 310 集，电视动画片 83 599 分钟。2017 年生产故事影片 798 部，科教、纪录、动画和特种影片 172 部。出版各类报纸 368 亿份，各类期刊 26 亿册，图书 90 亿册（张），人均图书拥有量 6.49 册（张）。2017 年年末全国共有档案馆 4 237 个，已开放各类档案 13 806 万卷（件）。2016 年，文化及相关产业增加值 30 785 亿元，比 2016 年增长 13.0%；占国内生产总值的比重为 4.14%，比 2016 年提高 0.19 个百分点。

2017 年我国运动员在 24 个运动大项中获得 106 个世界冠军，共创 6 项世界纪录。2017 年我国残疾人运动员在 11 项国际赛事中获得 160 个世界冠军。2017 年，体育产业增加值 6 475 亿元，比 2016 年增长 17.8%，占国内生产总值的比重为 0.9%，比 2016 年提高 0.1 个百分点。

十一、卫生和社会服务

2017 年年末全国共有医疗卫生机构 99.5 万个，其中医院 3.0 万个，在医院中，公立医院 1.2 万个，民营医院 1.8 万个；基层医疗卫生机构 94.0 万个，其中乡镇卫生院 3.7 万个，社区卫生服务中心（站）3.5 万个，门诊部（所）23.0 万个，村卫生室 63.8 万个；专业公共卫生机构 2.2 万个，其中疾病预防控制中心 3 482 个，卫生监督所（中心）3 133 个。2017 年年末卫生技术人员 891 万人，其中执业医师和执业助理医师 335 万人，注册护士 379 万人，具体如图 21 所示。医疗卫生机构床位 785 万张，其中，医院 609 万张，乡镇卫生院 125 万张。2017 年总诊疗 81.0 亿人次，出院 2.4 亿人次。

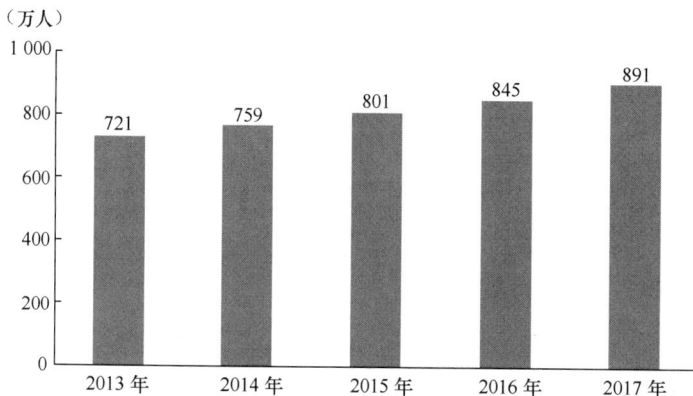

图 21　2013—2017 年年末卫生技术人员人数

2017 年年末全国共有各类提供住宿的社会服务机构 3.2 万个，其中，养老服务机构 2.9 万个，儿童服务机构 656 个。社会服务床位 749.5 万张，其中，养老服务床位 714.2 万张，儿童服务床位 9.6 万张。2017 年年末共有社区服务中心 2.5 万个，社区服务站 13.9 万个。

十二、资源、环境和安全生产

2017 年全国国有建设用地供应总量 60 万公顷，比 2016 年增长 16.4%。其中，工矿仓储用地 12 万公顷，增长 1.6%；房地产用地[68]11.5 万公顷，增长 7.2%；基础设施等用地 36.5 万公顷，增长 26.1%。

2017 年水资源总量 28 675 亿立方米。2017 年平均降水量 640 毫米。2017 年年末全国监测的 604 座大型水库蓄水总量 3 518 亿立方米，比 2016 年年末蓄水量有所增加。2017 年总用水量 6 090 亿立方米，比 2016 年增长 0.8%。其中，生活用水增长 2.8%，工业用水增长 0.2%，农业用水增长 0.6%，生态补水增长 1.7%。万元国内生产总值用水量 78 立方米，比 2016 年下降 5.6%。万元工业增加值用水量 49 立方米，下降 5.9%。人均用水量 439 立方米，比 2016 年增长 0.3%。

2017 年完成造林面积 736 万公顷，其中，人工造林面积 390 万公顷，占全部造林面积的 53.0%。森林抚育面积 830 万公顷。截至 2017 年年底，自然保护区达到 2 750 个，其中国家级自然保护区 463 个。新增水土流失治理面积 5.6 万平方公顷。

初步核算，2017 年能源消费总量 44.9 亿吨标准煤，比 2016 年增长 2.9%。煤炭消费量增长 0.4%，原油消费量增长 5.2%，天然气消费量增长 14.8%，电力消费量增长 6.6%。煤炭消费量占能源消费总量的 60.4%，比 2016 年下降 1.6 个百分点；天然气、水电、核电、风电等清洁能源消费量占能源消费总量的 20.8%，上升 1.3 个百分点，具体如图 22 所示。全国万元国内生产总值能耗下降 3.7%。重点耗能工业企业单位烧碱综合能耗下降 0.3%，吨水泥综合能耗下降 0.1%，吨钢综合能耗下降 0.9%，吨粗铜综合能耗下降 4.8%，每千瓦时火力发电标准煤耗下降 0.8%。全国万元国内生产总值二氧化碳排放量下降 5.1%。

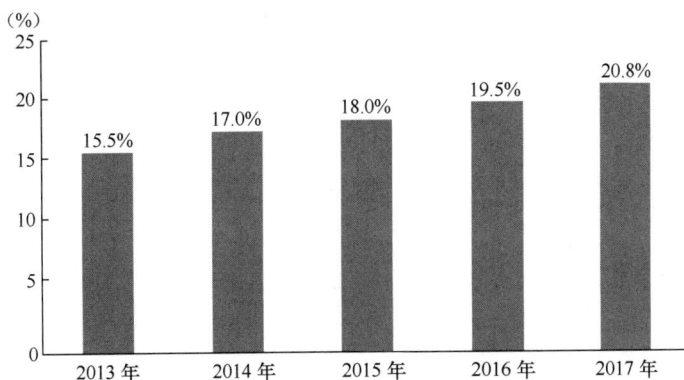

图 22　2013—2017 年清洁能源消费量占能源消费总量的比重

在近岸海域 417 个海水水质监测点中，达到国家一、二类海水水质标准的监测点占 67.8%，三类海水占 10.1%，四类、劣四类海水占 22.1%。

在监测的 338 个地级及以上城市中，城市空气质量达标的城市占 29.3%，未达标的城市占 70.7%。细颗粒物（PM2.5）未达标城市（基于 2015 年 PM2.5 年平均浓度未达标的 262 个城市）年平均浓度 48 微克 / 立方米，比 2016 年下降 5.9%。

在监测的 323 个城市中，城市区域环境质量好的城市占 5.9%，较好的占 65.0%，一般的占 27.9%，较差的占 0.9%，差的占 0.3%。

2017 年平均气温为 10.39℃，比 2016 年上升 0.03℃，共有 8 次台风登陆。

2017 年农作物受灾面积 1 848 万公顷，其中，绝收 183 万公顷。2017 年因洪涝和地质灾害造成直接经济损失 1 910 亿元，因旱灾造成直接经济损失 375 亿元，因低温冷冻和雪灾造成直接经济损失 19 亿元，因海洋灾害造成直接经济损失 58 亿元。2017 年大陆地区共发生 5.0 级以上地震 13 次，成灾 11 次，造成直接经济损失 148 亿元。2017 年共发生森林火灾 3 223 起，森林火灾受害森林面积 2.5 万公顷。

注释：

[1] 本公报中数据均为初步统计数。各项统计数据均未包括香港特别行政区、澳门特别行政区和台湾省。部分数据因四舍五入的原因，存在着与分项合计不等的情况。

[2] 国内生产总值、各产业增加值和人均国内生产总值绝对数按现价计算，增长速度按不变价格计算。

[3] 国民总收入，原称国民生产总值，是指一个国家或地区所有常住单位在一定时期内所获得的初次分配收入总额，它等于国内生产总值加上来自国外的初次分配收入净额。

[4] 人户分离的人口是指居住地与户口登记地所在的乡镇街道不一致且离开户口登记地半年及以上的人口。

[5] 流动人口是指人户分离人口中扣除市辖区内人户分离的人口。市辖区内人户分离的人口是指一个直辖市或地级市所辖区内和区与区之间，居住地和户口登记地不在同一乡镇街道的人口。

[6] 2017 年年末，0～14 岁（含不满 15 周岁）人口为 23 348 万人，15～59 岁（含不满 60 周岁）人口为 91 570 万人。

[7] 2017 年度农民工数量包括年内在本乡镇以外从业 6 个月及以上的外出农民工和在本乡镇内从事非农产业 6 个月及以上的本地农民工两部分。

[8] 农产品生产者价格是指农产品生产者直接出售其产品时的价格。

[9] 居住类价格包括租赁房房租、住房保养维修及管理、水电燃料等。

[10] 产能利用率是指实际产出与生产能力（均以价值量计量）的比率。企业的实际产出是指企业报告期内的工业总产值；企业的生产能力是指报告期内，在劳动力、原材料、燃料、运输等保证供给的情况下，生产设备（机械）保持正常运行，企业可实现的、并能长期维持的产

品产出。

[11] 工业战略性新兴产业包括节能环保产业、新一代信息技术产业、生物产业、高端装备制造产业、新能源产业、新材料产业、新能源汽车产业七大产业中的工业相关行业。

[12] 高技术制造业包括医药制造业，航空、航天器及设备制造业，电子及通信设备制造业，计算机及办公设备制造业，医疗仪器设备及仪器仪表制造业，信息化学品制造业。

[13] 装备制造业包括金属制品业，通用设备制造业，专用设备制造业，汽车制造业，铁路、船舶、航空航天和其他运输设备制造业，电气机械和器材制造业，计算机、通信和其他电子设备制造业，仪器仪表制造业。

[14] 规模以上服务业包括年营业收入 1 000 万元及以上，或年末从业人员 50 人及以上的交通运输、仓储和邮政业，信息传输、软件和信息技术服务业，房地产业（不含房地产开发经营），租赁和商务服务业，科学研究和技术服务业，水利、环境和公共设施管理业，教育，卫生和社会工作；年营业收入 500 万元及以上，或年末从业人员 50 人及以上的居民服务、修理和其他服务业，文化、体育和娱乐业法人单位。

[15] 战略性新兴服务业包括节能环保产业、新一代信息技术产业、生物产业、高端装备制造产业、新能源产业、新材料产业、新能源汽车产业七大产业中的服务业相关行业。

[16] 高技术产业投资包括医药制造、航空航天器及设备制造等六大类高技术制造业投资和信息服务、电子商务服务等九大类高技术服务业投资。

[17] 工业技术改造投资是指工业企业利用新技术、新工艺、新设备、新材料对现有设施、工艺条件及生产服务等进行改造提升，实现内涵式发展的投资活动。

[18] 网上零售额是指通过公共网络交易平台（主要从事实物商品交易的网上平台，包括自建网站和第三方平台）实现的商品和服务零售额。其中，网上零售额包括的服务，以及少部分用于生产经营或被转卖的商品不统计在社会消费品零售总额中。

[19] 为推进财政资金统筹使用，2017 年 1 月 1 日起将新增建设用地土地有偿使用费、南水北调工程基金、烟草企业上缴专项收入 3 项政府性基金调整转列一般公共预算。为此，在 2016 年基数中考虑 3 项政府性基金转列一般公共预算的影响，并以此为基础计算同口径同比增减额和增减幅。

[20] 全员劳动生产率为国内生产总值（以 2015 年价格计算）与全部就业人员的比率。

[21] 制造业产品质量合格率是指以产品质量检验为手段，按照规定的方法、程序和标准实施质量抽样检测，判定为质量合格的样品数占全部抽样样品数的百分比，统计调查样本覆盖制造业的 29 个行业。

[22] 六大高耗能行业包括石油加工、炼焦和核燃料加工业，化学原料和化学制品制造业，非金属矿物制品业，黑色金属冶炼和压延加工业，有色金属冶炼和压延加工业，电力、热力生产和供应业。

[23] 火电包括燃煤发电量，燃油发电量，燃气发电量，余热、余压、余气发电量，垃圾焚烧发电量，生物质发电量。

[24] 钢材产量数据中含企业之间重复加工钢材约 24 000 万吨。

[25] 移动通信手持机、钢材 2016 年产量根据有关专项调查进行了调整，2017 年产量增速均按可比口径计算。

[26] 少量发电装机容量（如地热等）公报中未列出。

[27] 根据第三次农业普查结果对 2016 年固定资产投资基数进行调整，2017 年增速按可比口径计算。

[28] 固定资产投资（不含农户）按东部、中部、西部和东北地区计算的合计数小于全国数据，是因为有部分跨地区的投资未计算在地区数据中。其中，东部地区是指北京、天津、河北、上海、江苏、浙江、福建、山东、广东和海南 10 省（市）；中部地区是指山西、安徽、江西、河南、湖北和湖南 6 省；西部地区是指内蒙古、广西、重庆、四川、贵州、云南、西藏、陕西、甘肃、青海、宁夏和新疆 12 省（自治区、直辖市）；东北地区是指辽宁、吉林和黑龙江 3 省。

[29] 基础设施投资是指建造或购置为社会生产和生活提供基础性、大众性服务的工程和设施的支出。公报中的基础设施投资包括交通运输、邮政业，电信、广播电视和卫星传输服务业，互联网和相关服务业，水利、环境和公共设施管理业投资。

[30] 民间固定资产投资是指具有集体、私营、个人性质的内资企事业单位以及由其控股（包括绝对控股和相对控股）的企业单位建造或购置固定资产的投资。

[31] 房地产业投资除房地产开发投资外，还包括建设单位自建房屋以及物业管理、中介服务和其他房地产投资。

[32] 高速铁路是指线路最大速度 200km/h 及以上的铁路和 200km/h 以下仅运行动车组列车的铁路。

[33] 各省（自治区、直辖市）汇总上报截至 2017 年 12 月底建档立卡贫困户农村危房改造实际竣工数。

[34] 货物进出口、服务进出口、吸收外资采用人民币计价。对外投资和对外承包工程由于技术原因仍主要沿用美元计价。

[35] "一带一路"是指"丝绸之路经济带"和"21 世纪海上丝绸之路"。

[36] 服务进出口按照《国际收支手册（第六版）》标准统计，增速按可比口径计算。

[37] 邮政行业业务总量按 2010 年价格计算。

[38] 电信业务总量按 2015 年价格计算。

[39] 移动电话交换机容量是指移动电话交换机根据一定话务模型和交换机处理能力计算出来的最大同时服务用户的数量。

[40] 固定互联网宽带接入用户是指报告期末在电信企业登记注册，通过 xDSL、FTTx+LAN、FTTH/O 以及其他宽带接入方式和普通专线接入公众互联网的用户。

[41] 固定互联网光纤宽带接入用户是指报告期末在电信企业登记注册，通过 FTTH 或 FTTO 方式接入公众互联网的用户。

[42] 移动宽带用户是指报告期末在计费系统拥有使用信息，占用 3G 或 4G 网络资源的在网用户。

[43] 手机上网人数是指过去半年通过手机接入并使用互联网的 6 周岁及以上中国居民数量。

[44] 软件和信息技术服务业包括软件开发、信息系统集成服务、信息技术咨询服务、数据处理和存储服务、集成电路设计和其他信息技术服务等行业。

[45] 社会融资规模增量是指一定时期内实体经济（境内非金融企业和个人）从金融体系获得的资金总额。

[46] 社会融资规模存量是指一定时期末（月末、季末或年末）实体经济（境内非金融企业和个人）从金融体系获得的资金余额。

[47] 全国中小企业股份转让系统又称"新三板"，是 2012 年经国务院批准设立的全国性证券交易场所。

[48] 公司信用类债券包括非金融企业债务融资工具、企业债券以及公司债、可转债等。

[49] 原保险保费收入是指保险企业确认的原保险合同保费收入。

[50] 全国居民收入名义增速快于分城乡居民收入增速的原因是：在城镇化过程中，一部分在农村收入较高的人口进入城镇地区，但在城镇属于较低收入人群，他们的迁移对城乡居民收入均有拉低作用。但无论在城镇还是农村，其收入增长效应都会体现在全体居民收入增长中。

[51] 人均收入中位数是指将所有调查户按人均收入水平从低到高（或从高到低）顺序排列，处于最中间位置调查户的人均收入。

[52] 全国居民 5 等份收入分组是指将所有调查户按人均收入水平从高到低顺序排列，平均分为 5 个等份，处于最高 20% 的收入群体为高收入组，依此类推依次为中等偏上收入组、中等收入组、中等偏下收入组、低收入组。

[53] 减贫人口等于当年贫困人口减去 2016 年贫困人口，也相当于当年脱贫人口减去当年返贫人口。

[54] 贫困发生率是指贫困人口占目标调查人口的比重。

[55] 贫困地区包括集中连片特困地区和片区外的国家扶贫开发工作重点县，原共有 832 个县。2017 年开始将新疆阿克苏地区纳入贫困监测范围。

[56] 参加城乡居民基本医疗保险人数增加较多，一是原参加新型农村合作医疗人员并入城乡居民基本医疗保险参保人员统计；二是开展全民参保登记，基本医疗保险覆盖面进一步扩大。

[57] 农村特困人员是指无劳动能力、无生活来源、无法定赡养、抚养、扶养义务人或者其法定义务人无履行义务能力的农村老年人、残疾人以及未满 16 周岁的未成年人。

[58] 2017 年研究生招生、在学研究生指标口径发生变化（增加非全日制研究生）。

[59] 中等职业教育包括普通中专、成人中专、职业高中和技工学校。

[60] PCT专利申请受理量是指国家知识产权局作为PCT专利申请受理局受理的PCT专利申请数量。PCT（Patent Cooperation Treaty，专利合作条约）是专利领域的一项国际合作条约。

[61] 总流通人次是指本年度内到图书馆场馆接受图书馆服务的总人次，包括借阅书刊、咨询问题以及参加各类读者活动等。

[62] 特种影片是指那些采用与常规影院放映在技术、设备、节目方面不同的电影展示方式，如巨幕电影、立体电影、立体特效（4D）电影、动感电影、球幕电影等。

[63] 人均图书拥有量是指在一年内全国平均每人能拥有的当年出版图书册数。

[64] 总诊疗人次指所有诊疗工作的总人次数，包括门诊、急诊、出诊、预约诊疗、单项健康检查、健康咨询指导（不含健康讲座）人次。

[65] 出院人数指报告期内所有住院后出院的人数，包括医嘱离院、医嘱转其他医疗机构、非医嘱离院、死亡及其他人数，不含家庭病床撤床人数。

[66] 社会服务床位数除收养性机构外，还包括救助类机构、社区类机构以及军休所、军供站等机构的床位。

[67] 国有建设用地供应总量是指报告期内市、县人民政府根据年度土地供应计划依法以出让、划拨、租赁等方式将土地使用权提供给单位或个人使用的国有建设用地总量。

[68] 房地产用地是指商服用地和住宅用地的总和。

[69] 万元国内生产总值用水量、万元工业增加值用水量和万元国内生产总值能耗按2015年价格计算。

资料来源：

本公报中户籍人口城镇化率、民用汽车、交通事故数据来自公安部；城镇新增就业、登记失业率、社会保障、技工学校数据来自人力资源社会保障部；外汇储备、汇率数据来自外汇局；财政数据来自财政部；制造业产品质量合格率、质量检验、国家标准制定修订等数据来自质检总局；水产品产量数据来自农业部；木材产量、林业、森林火灾数据来自林业局；灌溉面积、水资源、水土流失治理数据来自水利部；发电装机容量、新增220千伏及以上变电设备数据来自中电联；新建铁路投产里程、新增建铁路复线投产里程、电气化铁路投产里程、铁路运输数据来自铁路总公司；新改建公路里程、港口万吨级码头泊位新增通过能力、公路运输、水运、港口货物吞吐量数据来自交通运输部；新增民用运输机场、民航数据来自民航局；新增光缆线路长度、电信业务总量、电话交换机容量、电话用户、宽带用户、移动互联网接入流量、上网人数、互联网普及率、软件业务收入等数据来自工业和信息化部；棚户区住房改造、公租房、农村地区建档立卡贫困户危房改造数据来自住房和城乡建设部；货物进出口数据来自海关总署；服务进出口、外商直接投资、对外直接投资、对外承包工程、对外劳务合作等数据来自商务部；管道数据来自中石油、中石化、中海油；邮政业务数据来自邮政局；农村地区互联网普及率数据来自中国互联网络信息中心；旅游数据来自旅游局、公安部；货币金融、公司信用类债券数据来自人民银行；上市公司数据来自证监会；保险业数据来自保监会；城乡低保、农村特困人员救助供养、社会服务、农作物受灾面积、洪涝地质灾害造成直接经济损失、旱灾造成直接经济损失、低温冷冻和雪灾造成直接经济损失来自民政部；教育数据来自教育部；重点研发计划、科技重大专项、国家重点实验室、科技成果转化引导基金、技术合同等数据来自科技部；自然科学基金项目数据来自自然基金委；国家工程研究中心、国家工程实验室、企业技术中心、万元国内生产总值二氧化碳排放等数据来自发展改革委；专利数据来自知识产权局；宇航发射数据来自国防科工局；艺术表演团体、博物馆、公共图书馆、文化馆数据来自文化部；广播电视、电影、报纸、期刊、图书数据来自国家新闻出版广电总局；档案数据来自档案局；体育数据来自体育总局；残疾人运动员数据来自中国残联；卫生数据来自卫生计生委；国有建设用地供应数据来自国土资源部；自然保护区、环境监测数据来自环境保护部；平均气温、登陆台风数据来自气象局；海洋灾害造成直接经济损失数据来自海洋局；地震次数、地震灾害直接经济损失数据来自地震局；安全生产数据来自安全监管总局；其他数据均来自国家统计局。